보물지도 21

• 기적을 보길 원하는 이들의 꿈의 목록 •

보물지도21

기획 | 김도사 · 권마담

박애숙 정미숙 남영화 신은주 허지숙 권희려
김선옥 박근희 김상월 권윤교 박소연 곽경빈
박영민 표성원 유현이

위닝북스

하고 싶은 것, 바라는 것만
잠재의식에 심어라!

사람들에게 인생에서 가장 바라는 것이 무엇이냐고 물으면, 대부분 "행복하고 싶다."고 말한다. 그런데 왜 극소수의 사람들만이 행복한 것일까? 우리는 잘못된 곳에서 행복을 찾고 있는 것은 아닐까?

대부분의 사람들은 남들이 가는 쉽고 편한 길로만 간다. 마음을 감추고 눈을 가린 채 현실이 주는 안일함에 젖어 결국 살아가는 이유를 잃어버리게 된다. 그래서 잠재력을 발휘하지 못하고 주위 사람들을 위해 열심히 살아가지만, '나'가 없는 삶은 언젠가는 물거품이 되어 사라지게 된다.

내가 품고 있는 생각과 말이 강력한 끌어당김의 법칙으로 이루어져 지금의 현실을 만든 것이다. 우리가 하는 생각과 말에는 에너지가 있어서 모두 우주에 전해진다. 그래서 그 주문이 이루어져 지금의 현실을 만든 것이다. 이제부터는 긍정적인 생각과 말을 함으로써 잠재의식을 긍정으로 가득 차게 해야 한다. 잠재의식은 우주와 연결된 파이프라인이다.

항상 사랑과 감사를 생각하고 말한다면 우주는 우리의 소망을 들어줄 것이다.

《보물지도 21》의 저자 15명은 '한국책쓰기1인창업코칭협회'와 대한 민국 최고의 코치 김도사님을 만나 긍정적인 생각과 말로 삶을 변화시키고 있다. 우리는 지식과 경험, 인생의 지혜와 비법 등이 담긴 책을 펴내고 작가, 코치, 강연가, 1인창업가의 길을 걷고자 한다. 내가 좋아하는 일을 좋아하는 장소에서 좋아하는 사람들과 함께 할 수 있다는 것은 축복이다.

꿈을 이루기 위해서는 가장 먼저 내가 원하는 것을 이룬 모습을 상상할 수 있어야 한다. 그러한 느낌과 말과 행동들을 생생하게 떠올려 우리는 《보물지도 21》에 꿈과 소망을 모두 담았다. 그것들이 상상 안에서 이미 이루어졌다고 선포하며, 미래에 대한 믿음을 가진다. 우리가 하고 싶은 것, 바라는 것만 잠재의식에 심으며, 시간과 돈, 노력을 내 미래를 위해서 쓰고, 확신의 힘으로 나아간다.

2020년 8월

정미숙

+CONTENTS+

PART 01

살아갈
용기를 주며
운명을 바꿔 주는
책 쓰기

|박애숙|

박애숙

공인중개사, 자기계발 작가, 동기부여가, 강연가

공인중개사로서 현재 부동산 사무실에서 일하고 있다. 책 쓰기를 통해 동기를 제공받은 수혜자로서, 동기부여가이자 자기계발 작가로 활발히 활동 중이다. 저서 《당신의 과거는 당신의 미래가 아니다》(가제)가 출간될 예정이며, '부와 행운을 끌어당기는 말버릇'이란 주제로 저서를 집필 중이다.

01.
작가가 되어
나의 이름으로 된 책
출간하기

이게 가능할까?

나 스스로에게 묻는 말이지만 강의를 들으려고 '한국책쓰기1인창업 코칭협회(이하 한책협)'에 발을 디디면 마음이 백팔십도로 달라진다. 같이 공부하는 동기들이 열심히 과제하는 모습을 보면 아, 나도 이번 주는 열심히 해야겠구나, 하고 반성한다. 그렇게 다시 동기부여를 받으며 집으로 오곤 한다.

나는 부동산 사무소에서 공인중개사로 일한다. 낮에는 일하고 밤에는 책 쓰기 공부를 하기 위해 한책협에 수강 신청을 했다. 일주일에 한 번 하는 공부라서 부담스러워하지 않으며 등록했다.

이 책 쓰기 공부를 하기 위해 몇 번 강의를 듣는다는 표현은 알맞지 않은 것 같다. 그보다는 도사님이 전 생을 걸고 책 쓰기 노하우를 전해 주신다는 표현이 맞을 것 같다. 전수란 이런 의미가 아닐까. 어느 암자

속의 도인이 제자에게 자신의 노하우와 비법을 전해 주는 것. 세상을 능히 이기는 길을 알려 주시는 도사님 같은.

나에게 개인적인 책 쓰기는 도사님의 책 쓰기 노하우를 잘 전달받아서 나의 것으로 만드는 것이 아닐까 싶다. 아니, 나의 삶을 글 속에 잘 정리하는 것이 진짜 책 쓰기 비법이 아닐까 싶다. 말하듯이 쉽게, 물 흐르듯이 자연스럽게 글을 쓰는 것이 쉽지는 않다. 표현력과 어휘력이 부족하다 보니 이게 맞을까 저게 맞을까 단어 하나 고르고 선택하는 데도 신중해진다.

내가 책을 쓰려는 첫 번째 이유는 내가 삶을 참 열심히 산 것 같기 때문이다. 그렇게 열심히는 살았는데 남들에 비해 특별할 것도 없는 삶이다. 오히려 마음과 재정이 퇴보한 삶을 살고 있었을 뿐이다. 막연히 뭔가 다른 나의 삶이 있지 않을까, 그렇다면 바꿔야지 하는 마음만으로 살고 있었을 뿐이다. 하지만 나의 마음 깊은 곳에는 운명을 바꾸고 싶다는 간절한 바람이 있었다. 운명을 바꾸려면 어떤 게 필요할까?

어떻게 해야 운명이 바뀔까? 책을 통해 또는 유튜브를 통해 나의 운명과 삶을 바꿀 수만 있다면…. 나는 운명이 바뀐다는 얘기가 쓰여 있는 책을 사고 또 읽었다. 정말로 운명을 바꿔 보고 싶어 상담도 받고 웃음치료를 공부하러 가기도 했다. 그렇게 참 많이 노력했지만 운명은 바뀌는 것이 아니었다. 도돌이표 같은 삶이 나의 앞에 펼쳐졌다.

책을 읽으면서 깨닫게 된 것이 있다. 나의 환경은 모두 내가 선택했고 그것이 이렇게 현실세계에 드러나고 있다는 말이었다. 이 말이 나에겐 제일 충격으로 다가왔다. 그러면 언제 내가 이런 환경을 선택했을까? 날마다 마주하는 남편의 모습에서 막연하게 내가 저지른 잘못들이 생각났다.

어릴 적부터 난 사람을 보면 속으로 판단하고 정죄하는 버릇이 있었다. 누구를 만나도 단점이 먼저 보이면 속으로 그 사람을 무시했다. 내 판단으로 가까이할 사람인지 아닌 사람인지 철저하게 구분하고 살았다. 내 기준에 미치지 못하는 사람을 많이도 정죄하고 미워했다. 아, 그래서 나에게 이렇게 도돌이표 같은 환경이 주어졌다는 것을 알게 되었다. 내가 많이도 나를 힘들게 했다는 것을 알게 되었다.

나는 날마다 출근할 곳이 있어 좋아라했다. 나는 나를 하루에도 수천 번 감사라는 말을 달고 사는 감사의 나로 만드는 과정에 있다. 작년부터 공인중개사로 일하면서 뜻대로 되지 않으면 유튜브를 보며 많은 위로와 사랑을 스스로에게 베풀었다. 그중 김새해 작가가 리뷰해 주는 모든 책을 사서 읽고 내용을 실천했다. 그녀는 운명을 바꾸려거든 하루에 만 번 "감사합니다."라고 하라고 했다. 그래서 나는 카운터기를 들고 의도적으로 하루에 만 번 "감사합니다."를 외치며 살기도 했다.

지금도 틈만 나면 나오는 말이 "감사합니다."다. 또한 틈만 나면 나오는 말이 "소원이 이루어지고 있어."다. 내 소원은 나를 향해 달려와 나에게 어떤 계기를 가져다준다. 그러면 나에게는 나를 바꿔야지 하는 마음이 생긴다. 그것을 버릇처럼 만들면서 나는 출근할 곳이 있음에 감사했다. 처음에는 한 달에 100만 원 벌기가 어려웠다. 내가 친구들과 만들어 놓은 모임이 8개 정도 되는데 그 모임의 회비를 내지 못할 만큼. 모임을 유지하고 있기가 미안할 정도였다.

남편은 수입도 안정적이지 못하고 1년의 반은 집에서 쉰다. 그렇지만 바다처럼 넓은 마음의 소유자다. 그런 사람이 나의 남편이고 나의 동반자다. 아니, 동행인이라는 표현이 맞을 거 같다. 남편도 그렇게 느끼는 것 같다. 서로 조심하고 간섭하지 않으며 하루하루를 조용한 가족으로서 살고 있다.

이렇게 마음이 평온해지기까지 나는 나와 많이 싸워야 했다. 남편의 뒤통수에, 남편의 마음에, 남편의 생각에 수없이 많은 비수를 꽂았다. 남자로서 가족을 돌보지 않은 책임감 없는 남편. 집에만 있으면서 사람을 피곤하게 하는 남편. 세상이 싫어하는 온갖 것을 가지고 사는 남편. 남편의 그런 모습을 마음으로 비난하며 나는 날마다 죄를 짓고 살았다. 나 스스로를 바라보기가 힘들 정도였다. 잠자리에 들면 제발 다음 날 눈이 뜨이지 않기를 많이 빌었었다.

작년 11월쯤 호주에 살고 있는 나의 딸이 엄마를 초대했다. 엄마와 같이 여행하자며. 그렇게 호주를 가게 되었다. 아낌없이 엄마를 배려하고 대접해 주는 딸의 성숙한 모습과 마음에 나는 슬프고 힘들었던 마음을 위로받고 집에 돌아왔다.

나의 딸은 나의 동지이자 친구다. 성숙한 나의 동반자 같은 딸이다. 나는 딸이 있어 행복하다고 말하고 싶은 사람이다.

2020년 드디어 나는 회갑을 맞이했다. 회갑이 되는 해에 회갑여행으로 친구들과 함께 성지순례를 가기로 했다. 회갑여행으로 성지순례차 이스라엘에 가기로 한 날이 드디어 닥쳤다. 2월 18일부터 8박 9일의 일정으로 성지순례 여행을 가게 된 것이다.

그런데 코로나 창궐로 인해 여행지에서 발이 묶여 우리는 되돌아오게 되었다. 그러곤 자가격리를 2주 정도 하게 되었다. 나는 그 시간에 김도사님의 동영상을 보고 책을 사서 봤다.

책을 사서 보다 보니 책 속에 김도사님의 전화번호가 들어 있었다. 대박. 충격이었다. 감동을 받았지만 전화는 할 수 없고 해서 소심하게 문자를 보냈다. 한책협에 오면 운명이 바뀐다는 말씀에 많이 끌렸던 것 같다. 뿐만 아니라 "성공해서 책을 쓰는 게 아니라 책을 써서 성공한다."라는 문구에 마음이 꽂혔다. 나는 무스펙에 유명하지도 않다. 그럼에도 불구하고 책을 써서 김새해 작가처럼 사랑 한 스푼을 시청자에게 나눠 주는 멋진 모습을 가끔은 상상하기도 했다.

하지만 막상 용기를 내 책을 쓰는 법을 배워 책을 쓰리라 마음먹었다고 책이 쓰이는 것은 아니지 않은가. 나는 다람쥐 쳇바퀴 돌듯 하루하루의 삶을 살아 내기 바빴다. 그러다 지금은 이끌림대로 끝없이 방황하던 마음을 내려놓고 한책협의 수강생이 되어 책을 쓰는 과정에 있다.

외모에 대한 콤플렉스로 인해 나는 힘들고 지쳤었다. 그리고 지금까지 그 콤플렉스를 안고 살아왔다. 그것을 알고 있기 때문에 책을 쓰며 진정한 나를 찾아 거듭나고 싶었다. 우리 대신 십자가를 지신 예수님의 사랑에 의지해서 오늘도 나는 한책협에 공부하러 간다.

나처럼 운명과 삶을 바꾸고 싶으면 한책협에 등록해서 책을 한번 써보시길. 나처럼 철저하게 자신과 만나는 시간을 가져 자신의 삶을, 운명을 바꿔 보시길.

나는 나를 바꿔 가는 과정에 있는 내가 좋다. 살아가는 용기를 얻는 과정이기 때문이다. 운명을 바꾸기. 이것이 내가 책을 쓰는 이유다.

02.
우리 가족
크루즈여행 가기

　우리 가족은 모두 네 식구다. 현재는 3명이 같이 기거하고 있다. 각자다 개성이 다른지라 모래처럼 편하게 살고 있다. 그런데 모래를 뭉치면 건물을 지을 수 있지 않나. 그렇듯이 모래가 되어 살고 있는 우리 가족도 가끔은 건물을 하나씩 올린다. 특히 남편은 참을성이 없어 우리 가족은 다시 건물을 올리는 기회를 만들어야 한다. 늘 그러다 보니 이제는 겁도 안 난다. 단지 자신의 역할을 잘해내고 있다는 생각뿐이다. 아내로서 나의 역할은 어디까지일까? 내 책임은 어디까지일까? 이런 고민을 하며 남편의 모습을 바라볼 때가 있다.

　가장이니만큼 남편은 이끌어 가야 할 가족의 무게를 크게 느끼지 않겠는가. 대한민국의 가장들이 그렇듯 남편은 일에 파묻혀 지낸다. 그러다 보니 아이가 어떻게 자라는지, 남자아이의 특성은 무엇인지, 어떻게 아빠의 역할을 해야 하는지 등등 많은 부분을 아이와 공유하지 못한다. 그러다 훌쩍 성인으로 자라 버린 아이들을 맞닥뜨리게 된 것이다. 그렇게 서로 소 닭 보듯이 하다가, 서로 성인인 양 하다가도 조금만 불편하면 남편은 아이처럼 화를 내지를 때가 많다. 그러면 내가 또 죄 가운데 있는 것 같아 가슴이 아프다.

아빠와 아들은 서로를 등한시하다 가끔은 남처럼 산다. 그런 모습이 안쓰러워 도와주고 싶었지만 나는 내 한 몸 지켜 내기 바빴다. 나는 아이의 감정을 제대로 헤아리지 못했던 것이다. 아이의 모습에서 아빠 모습이 보일 때마다 큰 소리로 혼내거나 소리를 질러 대며 아이를 키웠다. 부모의 자격도 없는 우리 부부는 그렇게 아이들에게 상처와 아픔을 주며 살아왔다. 지금 딸아이는 호주에 혼자 나가서 살고 있다. 혼자서 잘 살아 내고 있음에 감사한다. 대견한 마음뿐이다.

아들은 독신이다. 소확행을 부르짖으며 사는 초식남이다. 그런 모습을 볼 때면 저 아이의 기질이 그러한데 난 장군 같은 아들을 마음속에서 그리고 있었구나 싶다. 아이가 내 잔소리를 받아 내느라 얼마나 힘들었을지 생각하면 마음이 아프다.

우리 아들은 세상에서 가장 착한 아이다. 엄마를 배려할뿐더러 엄마의 아픔을 고스란히 자신의 마음에 담고 산다. 이제는 자신이 하고 싶은 노래를 7년째 연습하며 공부하고 있다. 노래 얘기만 나오면 표정이 바뀌고 얼굴 한가득 웃음꽃이 핀다. 그 모습이 삶의 의미를 찾은 때문이지 싶어 한시름 놓는다.

그래도 자식은 자식이 아닌가. 자식이 아무리 나이가 들어도 부모의 눈에는 어린아이로 보인다는 말도 있듯이. 여든 살의 노모가 50대 아들한테 "애야, 차 조심해라."라고 당부한다지 않는가. 그런 부모의 마음이 나이가 드니 이해가 된다. 나이가 들어야 알 수 있는 것이 많은 게 삶이지 싶다.

이제 내 나이 환갑. 먼 미래라고 생각했는데…. 그러다 나이가 들어 지금이 되었다. '지금 하지 않으면 언제 할 건데'라는 말이 가장 마음에 와 닿기도 한다. 그래서 나 자신을 찾겠다고, 나 자신을 드러내겠다고 책 쓰기에 도전하고 있다. 살아 볼 가치가 있는 세상이라고 외치고 싶은 나이가 되어서.

책 쓰기 공부를 하는 과정 중 공저를 쓰면서 크루즈여행이 나의 꿈이라는 것을 알게 되었다. 남편은 자신의 삶을 늘 고달파하며 힘들어하는 사람이다. 그렇게 지친 삶을 잘 살아 내 준 남편에게 함께 크루즈여행을 가자고 할 것이다. 손잡고 남편을 다독이며 고생했다고, 살아 있어 줘서 고맙다고 말할 것이다. 같이 여행하고 싶은 사람들이 또 있다. 바로 나의 아들딸이다. 성인이 된 아이들과 딱 한 번 같이 여행을 간 적이 있다.

하지만 그때처럼 서로 멀뚱멀뚱한 기분으로 가지는 않을 것이다. 럭셔리한 여행을 즐기는 한 폭의 아름다운 광경을 떠올린다. 시골에서 살고 계신 엄마와 함께 거창한 크루즈여행을 하리라. 그 꿈을 버킷리스트에 담는다.

책 쓰기 도사님 김태광 대표님과 권동희 이사님은 버킷리스트는 반드시 이루어진다고 말씀하신다. 말씀대로 언제나 결과에서 시작하는 마음을 갖자고 생각하며 지금 이 일을 시작하고 있다. 좋은 일, 사랑의 일, 축복의 일이 다가오고 있다. 난 크루즈여행 날짜를 2020년으로 하고 싶다. 꼭 가족과 함께.

크루즈여행을 가서 바다에 대고 말하고 싶다. 바다야, 우리 가족의 많은 아픔들 사연들 다 네가 가져가. 그리고 바람에, 깊은 바다에 묻어 줘. 다시는 우리 가족이 서로에게 상처 주며 살지 말고 행복하게 서로 위로하며 살고 싶어. 그러니 부탁해, 바다야. 우리 엄마 건강 지켜 주고 세상에서 가장 행복한 사람이 되게 지켜 줘. 우리 딸 내 딸, 엄마 딸로 태어나 줘서 고마워. 우리 아들에게도 엄마 아들로 태어나 줘서 고맙다고 말하고 싶어.

나의 남편. 남편은 남의 편이라고 했던가. 늘 진짜 남의 편이 되어 살았던 남편. 과거 시누이 편, 시댁 편에 바람피운 년과 편먹어 항상 나를 외롭고 힘들게 했던 남편. 나는 그런 남편을 원망하고 불평만 한 멍청이 바보다.

지난날 나는 왜 저런 남편을 택했나. 키만 작지 않았더라도 너 같은 놈과 절대 결혼하지 않았을 텐데, 하며 나의 작은 키를 원망하며 살았다. 하지만 이제는 남편을 다 용서했다. 그러기 위해 먼저 나를 용서했다. 그리고 크루즈여행을 통해 사랑과 행복과 격려와 위로가 넘치는 가정 본연의 모습이 되었으면 하는 마음을 갖는다. 크루즈여행을 버킷리스트로 작성한 이유다. 그것만으로도 행복하고 화해한 기분이다.

살다 보면 누구에게라도 행운의 기회가 세 번은 온다고 한다. 그런데 난 기회가 온 것을 아직까지 느끼지 못했다. 늘 지치고 힘든 삶이 나의 삶이었다. 단지 남한테 돈을 빌리지 않을 정도면 족하다 여기고 살았던 지난날이었다. 그래서 한 번도 남에게 돈을 꾸러 간 일은 없었다.

은행돈을 빌려서 지렛대의 원리를 이용해 부를 만들 기회도 있었다. 그러나 난 늘 성경의 비유처럼 주인의 질책을 받을까 봐 두려워 한 달란트를 땅속에 묻어 두었던 종과 같았다. 안타까운 우리 가족. 내가 크지 못한 의식으로 살았기 때문에 그들을 그렇게 키웠음을 이번 책을 쓰면서 반성하게 되었다.

진심으로 가족을 사랑하고 내가 살고 가족을 살리는 일에 앞장서는 멋진 인생을 그려 본다. 크루즈여행을 갈 거다. 아마 갔다 온 후에는 크루즈여행의 홍보대사가 되어 있을지도 모르겠다. 행복한 버킷리스트 쓰는 맛을 이제야 알겠다.

공저를 통해 나를 들여다보고 나를 만나는 멋진 시간을 주신 김도사, 김태광 대표님을 존경하고 사랑한다. 한 사람 한 사람을 소중히 생각하고 살리는 도사님이시기에 구세주라는 말도 맞는 것 같다. 우리의 구세주 김도사님께 진심으로 감사드린다.

나의 크루즈여행의 후기는 두 번째 책에 담을 수 있을 것이다. 크루즈여행하기를 버킷리스트로 작성하면서 신나고 행복한 마음에 오늘 나는 춤을 추고 있다. 행복한 하루다.

03.
아들과 함께
성지순례 다녀오기

오늘 아침에 나는 아들에게 "너의 버킷리스트는 뭐니? 혹시 네가 죽기 전에 엄마하고 하고 싶은 거 있으면 말해 봐."라고 했다. 그랬더니 아들은 머뭇거리며 "생각해 보지 않아서 답이 없어. 모르겠는데?" 한다. 엄마한테 해 주고 싶은 것이 있을까? 난 아들의 소확행과 초식남의 모습이 정말로 싫다. 하지만 아들의 성향이 어릴 적 제대로 지도하지 못한 내 탓인 것 같아 미안할 뿐이다.

아들에게 난 너랑 성지순례 가는 게 꿈이다 했더니 아들은 "나는 거기는 싫은데. 혹시 이집트나 그리스라면 몰라도."라며 단칼에 자른다. 그런 아들의 태도가 나에게는 상처가 된다. 그래도 나는 성지순례를 나의 버킷리스트로 작성한다.

나는 아들과 함께 하고 싶은 게 많다. 특히 노래하는 것을 좋아하는 아들에게 "내가 듀엣으로 너의 무대에 서는 것은 어떠니?" 했더니 그건 생각해 보겠단다. 반은 승낙인 셈이다. 그것만으로도 성공한 거 같다.

나는 아들의 반승낙에 즐거운 마음으로 출근했다. 어제 시골 엄마가 보내 주신 취나물과 상추를 직원들과 나눠 먹으려고 쇼핑백에 가득 담아 출근했다. 나는 부동산 사무실에서 일하는 공인중개사다. 나의 이름을 걸고 일하지만 진짜 사장은 따로 계신다. 이름을 빌려주고 있을 뿐인 대표라서 공휴일에도 출근했다. 모든 책임은 내가 지게 된다.

아들과 함께 성지순례를 가고 싶은 이유는 내가 올 2월에 회갑기념으로 교회 친구들과 함께 성지순례를 다녀왔기 때문이다. 너무 아름다운 경관과 정직한 산의 모습에 감동스럽고 행복했던 경험을 아들과 함께 나누고 싶었기 때문이다. 그런데 코로나로 인해 여행을 마무리하지 못하고 돌아오게 되었다.

전 세계에 번진 코로나로 인해 이스라엘은 하루 동안 여행하고 말았다. 그러곤 갈릴리 호숫가에 있는 호텔에 들었다. 이틀을 내리 숙소의 복도에서 눈으로만 갈릴리 호수를 여행했다. 그리고 이스라엘에서 제공해주는 전용기를 타고 한국에 왔다. 전용기를 타는 기분은 좋았다. 특별한 경험이 없거나 미완성인 여행에도 언제나 행복은 있는 법. 여행은 바로 행복충전이라고 나는 언제나 말한다. 아들과 같이 가면 아들의 케어를 받을 수 있겠지. 아들이 엄마를 더 챙기겠지. 아들의 삶의 무게와 아들의 본모습이 보고 싶어서 아들과의 여행을 꿈꿔 본다.

아들이 사랑하는 아들의 인생 소확행. 초식남 아들을 대표하는 단어다. 나는 아들이 아버지로부터 받은 많은 상처와 아픔, 엄마로부터 받은 상처와 아픔을 잊어버리기를 바란다. 하지만 마음 깊은 곳에서 불쑥 불쑥 터져 나오는 아들의 상처를 보면 내가 힘들어지고 내가 먼저 죽었으면 하는 마음이 들 때가 있다. 아들로 인해 마음이 지옥을 오간다. 아들의 상처는 지금도 현재진행형인 것 같다. 아빠, 엄마와 같이 사는 것이 감당하기 힘들 텐데. 그래도 견디며 사는 모습을 보면 대견하기도 하고 감사하기도 하다.

네이버에서 성지순례를 검색해 본다. 거기에는 성지순례가 구주 예수의 탄생과 그 생애와 죽음 및 부활의 배경이 되는 가나안 땅(팔레스타인)을 위시하여 성경 역사의 주 무대가 되는 지역들(초대교회의 주 무대가 된 소아시아 등)을 경건한 마음으로 두루 돌아보면서, 직접 눈으로 확인하고 발로 밟으며 거룩한 뜻을 되새기는 여정을 말한다고 나와 있다.

모든 기독교인들의 교리서인 성경. 그것의 기초가 되는 지명과 예수님의 사랑의 흔적, 예수님의 고향, 가장 간단한 말로 예수님이 사시던 집. 아니 지금도 살고 계신 집. 우리가 예수님의 사랑을 몸소 느껴 보고자 떠나는 곳. 예수님을 사랑하고 예수님의 사랑을 본받고자 순례객이 되어 예수님의 발자취를 따라 성경 속의 인물들과 대화하고 그들의 삶의 배경을 느껴 보는 것. 의미 있고 가치 있는 곳을 여행하는 기분은 세계 최고의 기쁨인 것 같다.

같은 종교를 가졌기 때문에 여행객 모두는 한마음이다. 버스를 타고 움직이며 이곳저곳을 여행하는 동안 내내 즐거움과 기쁨이 가득하다. 이런 여행을 통해 삶의 의미와 기쁨을 충전하는 것이 아닐까. 그러곤 집에 돌아와 더 신나고 즐거운 일상을 사는 기쁨을 누리는 것이 아닐까. 더 깊은 하나님의 사랑에 감사하며 나를 비롯한 이웃과 내 주변을 살리는 멋진 사람의 삶을 선택하고자 열심히 살게 되는 게 아닐까.

사람이 한 번 가기는 어려워도 두 번째는 익숙해지지 않는가? 나의 경우도 초행길은 엄청 힘들었다. 하지만 두 번째 길은 익숙한 풍경과 거리감이 있어 편하게 가게 될 것이다. 그것처럼 나의 아들과 함께하는 성지 순례길에 내가 가이드가 되고 예수님의 사랑을 전하는 엄마가 되고 싶다. 그래서 이 버킷리스트를 적어 보는 것이다.

꿈은 이루어진다. 버킷리스트는 반드시 이루어진다. 그리될 걸로 믿고 미리 하나님에게 감사기도를 드린다. 네빌의 의식의 깨달음에 대한 비유로 하나님의 말씀인 성경을 깊이 있게 알게 되었다. 나이 듦이 두렵지 않고 멋지게 느껴진다. 나를 응원하고 나를 사랑하는 멋진 날, 모든 것에 감사한다. 특히 김도사님의 천재 같은 지도력에 감사하고 또 감사한다.

사랑합니다. 존경합니다. 세상의 모든 감사의 말을 다 드립니다.

04.
안면도에 한국에서
가장 작은 교회 짓기

    결혼해서 내가 처음으로 여름휴가를 갔던 바닷가가 안면도이고 십리포 해수욕장이다. 십리포 해수욕장에 처음 가면서 무엇을 준비해야 할지 몰라 허둥거렸다. 집에 있는 과일들과 밥을 해 먹으려고 작은 무쇠 솥을 가지고 바닷가를 갔다. 너무 좋았다. 우리 네 식구, 나와 남편 그리고 딸과 아들은 아름다운 바닷가에서 여름휴가를 지내고 집으로 돌아왔다. 그렇게 일상의 삶을 살면서 늘 그 바닷가가 그리웠다.

    그리하여 다음 해에는 옆집에 살고 있는 동생 가족과 함께 그곳으로 또 휴가를 갔다. 우리 집 귀염둥이 강아지도 함께. 태안과 안면도, 그곳을 갈 때면 나는 고향에 온 것처럼 편하고 좋았다. 오히려 우리 시골 고향보다 더 고향 같은 곳이다. 왜인지는 몰라도 내가 나이를 먹으면(60세 전후) 반드시 이곳에서 삶을 정리하고 살고 싶은 마음이 들었었다.

    여행을 다녀온 후에는 언제나 마음이 그곳에 가 있었다. 나는 그곳에서 사는 꿈도 꾸고 기도하며 지냈다. 그러나 현실에 젖어 살면서 꿈은 어디론가 가 버렸다. 경제적으로 힘들게 사는 날들의 연속이었다. 지금쯤 이 꿈이 이루어졌어야 하는데…. 이제야 다시 알게 된 나의 작은 꿈. 그 꿈을 접고 살았는데 이번 버킷리스트를 통해 다시 툭 튀어나왔다는 것이다. 스스로도 놀란 일이다. 그렇게 전에 가졌던 소망 하나가 생각나서 갑자기 쓰게 되었다.

한국에는 교회들이 많다. 통계청에 의하면 실제 약 8만 교회가 있다고 한다. 갈 교회도 많은데 왜 또 교회를 지으려고 하느냐고 물어볼 수도 있겠다. 하지만 내가 다니는 큰 교회에서 가끔 나는 수박 겉핥기식으로 알아 가는 우리의 신앙생활에 깊이가 없음을 느낄 때가 많았다. 내가 힘들고 어려울 때만 외치며 기도할 뿐이었다.

나는 교회로부터 실제적인 도움의 손길을 받고 싶었다. 나는 누구 한 사람에게라도 손 벌릴 수 없는 처지였다. 실제 삶이 고달플 때 누가 쌀 20킬로그램만 사 줘도 살 듯싶었다. 하지만 나는 그런 마음이 들었을 때도 선뜻 교회에 말씀드릴 수 없었다. 나는 십일조도 하고 교회에서 요구하는 것은 웬만하면 거의 다 하려고 했다. 그런데 왜 내가 어려움에 처했을 때 하나님을 대신하는 교회가 그것을 몰라줄까? 왜 나에게 도움을 주지 않을까? 하는 의문이 많이 들었다.

그러면 뭐가 문제였을까? 나는 진정한 종교생활을 했나? 진실하신 하나님을 만나지 못했나? 어떻게 해야 하나님을 제대로 만날까? 하나님은 어디에 계시나? 등등 많은 질문들만 가득 안은 채 성경 속에서 교회 속에서 살고 있었던 것이다. 그래서인지 난 서로 여유가 있더라도, 또 마음이 쉼을 얻고 싶으면 일상을 벗어난 곳에서 나를 돌아볼 수 있었음 했다. 그런 장소가 있었으면 하는 마음이 늘 들었다.

그런 곳이 있었다면 아마 난 그곳에서 쉼을 얻을 수 있었을 것이다. 혼자서 하나님과 대화하며 나의 내면에 거하시는 하나님을 만날 수 있었을 것이다. 그런데 우리나라에서는 교회를 크게만 지으려고 애쓴다. 또한 큰 교회를 통해 서로서로 유대관계를 맺는다. 서로 경쟁하듯 교회를 크게 지으려 하다 보니 건축헌금뿐만 아니라 각종 헌금 목록이 즐비하다. 교회 입구에 비치된 헌금봉투로 인해 자존심과 자존감이 작아졌던 사람은 없었을까? 반성해 본다.

당당하려고 또 살아갈 힘을 얻으려고 다니는데 교회에서 더 비교당하고 더 작아질 때가 있곤 했다. 교회가 하나의 사회처럼 느껴질 때가 있곤 했다. 그런 회의가 들다 보니 마음이 고달팠다. 마음 한편에서는 교회에 가지 않으면 뭔가 불안해서 견딜 수 없을 것 같았다. 그런 일화들을 많이 듣기도 했다. 정말 우리는 스스로 교회에서 벗어나 가끔 쉼을 가져야 한다고 생각했다.

바닷가에서 파도소리 들으며 마음에 드는 책 한 권을 골라 읽을 수 있는 곳. 또한 잠도 자고 쉼도 얻을 수 있는 작은 숙소가 있는 곳. 정한 기간 없이 쉴 수 있는 만큼 쉬고 일상으로 돌아가게 해 주는 교회 겸 쉼터. 최고 5명 내외를 수용할 수 있게끔 교회성전은 최소한으로 작아야 한다고 생각한다. 스스로 목회자가 되어 혼자서 예배하고 앞에 성도를 둔 것처럼 설교할 수 있는 곳. 자신들의 이야기들을 자신에게 들려주는 멋진 셀프 목회자가 될 수 있는 곳. 하나님을 찬양하는 그런 성전은 2~3명이 앉을 공간이면 충분하다. 작은 강대상 하나 있으면 충분하다. 마이크도 필요 없다. 오롯이 하늘로 뻗은 십자가 통로만이 필요할 뿐이다.

그런 곳에서 큰 소리로 찬양하고 설교하고 울고 웃는 멋진 예배를 경험하게 해 주고 싶다. 이런 나의 작은 소망을 이번 버킷리스트에 올리게 되어 영광이다. 혼자이면 좋겠지만 친구들과 함께라도 3명 이상 들어가지 못하는 그런 성전이기를 바란다.

십자가를 하늘에 닿도록 최대한 높게 올리고 싶다. 성전 꼭대기에서부터 성전 안으로 들어오는 아름다운 빛으로 평안함과 안식을 누릴 수 있도록 하고 싶다. 이 쉼터에 오시는 분은 모든 것을 자급자족했으면 좋겠다. 혼자 살아 보면 자급자족이 어렵다는 사람도 있겠고 자신의 부족함을 느끼는 사람도 있을 것 같다. 나는 그곳이 진정으로 자신을 만나는 장소이기를, 또한 하나님의 사랑을 느끼는 곳이기를 바란다.

또한 하나님과 함께하는 조화로운 자연 속에서 자신이 자연의 일부임을 깨달으면 족하지 않을까? 바람이 지나는 소리를 들으며 바람과 대화하고 햇빛 좋은 마당에 앉아 나른함에 낮잠 한잠 자는 그런 시간이면 족하지 않을까? 그런 마음으로 이 같은 작은 교회를 지어 살고 싶다. 빌려주고도 싶다.

이 교회 마당은 최대한 키가 작고 낮은 꽃들이 가득하면 족하다. 노란 민들레, 하얀 계란꽃. 빨간 장미 등등 세상의 작은 꽃들을 모두 심고 가꾸며 살고 싶다. 그리고 오시는 분들에게 꽃 하나하나를 설명해 드리며 마음에 드는 꽃 한 송이를 따 드리고 싶다. 먹을 수 있는 꽃은 먹게 해 드리고 싶다. 아름다운 세상에 소풍 나온 기분을 마음껏 누리게 해 주는 쉼터. 세상의 경쟁 속에서 자신의 자리를 지키느라 지치고 힘든 날이면 오롯이 나로 나를 볼 수 있게 해 주는 쉼터를 만들어 주고 싶다.

마당이 넓었으면 해서 안면도의 1,000평 땅을 보러 간 적도 있었다. 그런데 어느 날부터 모든 꿈을 현실에 묻어 버리고 허덕이며 살았다. 이때를 위함이었을까? 마음이 무겁다. 나이 먹으니 힘든 부분이 너무 많다. 과연 이런 욕심이 가당키나 한 것인지? 한없이 늘어나기만 하는 욕심…. 죽어야 나와 함께 땅속에 묻히려나?

세상에 왔다 잘 살고 간다고, 나 떠나는 것 아쉬워 말라며 그냥 내가 쉬었던 쉼터 뒤 끝자락의 한 줌 흙으로 돌아가고 싶다. 평생 바다를 그리워했는데, 평생 와디 럼이 그리웠는데, 이스라엘의 아름다운 광야와 호주의 아름다운 바다가 그리웠는데…. 그 그리움들을 안고 세상을 떠나고 싶다.

난 나처럼 작은 산들이 있는 곳이 좋다. 웅장한 높은 산은 나를 힘들게 하는 것 같아 싫다. 아마 그래서 태안과 안면도가 좋은 거 같다. 나지

막한 산과 들판이 있고 바다가 있는 태안은 나의 고향과 같다. 그런 곳에 묻히면 잘 살았다 하겠지. 시원한 바람을 타고 자유로운 영혼으로 살기 전까지는 그곳에서 살고 갈 거다. 아니, 그러리라 믿는다.

05.
진짜
할머니 되기

나는 지금 환갑이다. 내 친구들은 거의 할머니가 되어 있다. 남편의 성을 따서 이름을 지어 준 진짜 손자손녀들이 거의 1~2명은 있다. 많이 자란 친구의 손자손녀들은 벌써 중학생이다. 마냥 부럽기만 하다. 나에겐 손주가 없네! 언제쯤 생길까?

어릴 적 내 할머니는 40대 중반에 나에게서 할머니라는 호칭을 들으셨을 거다. 우리 할머니는 지금 106세로서 생존해 계신다. 내가 할머니가 되고도 남는 지금까지 할머니로 살아 계시니 나는 100세 시대를 몸으로 느끼며 사는 셈이다.

우리 할머니의 아들이자 나의 아버지는 장남이셨다. 지금 아버지가 살아 계시다면 84세다. 엄마와 동갑이시니 나이를 잊으려야 잊을 수 없다. 돌아가신 지 30년이 넘었다. 엄마는 84세의 나이로 시골에서 농사도 짓고 나물도 재배하시며 삶을 풍족하게 지내신다. 오히려 나보다 수입이 좋다. 농사지은 농산물로 목돈 만드시고 아버지가 남겨 놓은 연금을 매달 받으시니 넉넉한 삶을 살고 계시는 것이다.

우리 엄마의 자녀들은 모두 7남매다. 다들 결혼해서 잘 살고 있다. 큰딸인 나부터 시작해서 7남매의 자녀들은 모두 합해 14명. 평균 출산율이 2명이니 우리는 나라를 위해 제 역할은 다한 것 같다. 자녀들을 많이 낳지 않아도 될 만큼 우리 또래는 희생이 강요되던 엄마들의 세대에서 벗어나 있다. 대신 여성으로서의 자신의 역할을 스스로 찾아 나섰다. 그렇게 경쟁을 뚫고 어디에서든 하나의 일꾼으로서의 자신의 역할을 다했다. 우리는 베이비부머 세대의 건아들이었다.

내 또래의 친구들은 나라의 새로운 기둥으로 자리 잡아 지금도 여전히 현역에서 일한다. 일 하지 않으면 견디지 못하는 것이 내 또래 친구들의 특징이기도 한 것 같다. 뭔가 일해야지 하는 막연한 생각 때문에 우리 세대는 일을 위한 일에 많이 동원되었다고 생각한다.

나는 결혼하느라 직장을 그만두었다. 그리고 집에서 잠깐 살림하다 다시 직장을 구해 일했다. 적은 소득이라도 가정에 보탬이 되고 싶어 무작정 일을 찾았다. 아무 조건도 제시하지 않고 무작정 직장을 다녔다. 나의 가치에 따른 대가는 생각하지도 않았다. 일할 수 있으면 하는 기대감과 적은 월급에도 직장인이라는 뿌듯함을 느끼며 직장을 다녔다.

나에겐 일의 대가로 주어지는 소득이 중요한 게 아니었다. 무조건 성실하고 근면하게 살아야 했다. 남의 일도 기회가 되면 대신 열심히 해서 상사로부터 인정받아야 했다. 일에 빠져 살았던 지난날, 일하지 않으면

죄를 짓고 있는 것 같았다.

이런 베이비부머 세대들이 이 나라의 기둥이 되어 그들의 자리를 확장하고 만들어 나갔다. 한편은 참 서럽기도 하다. 서로 상생하고 존귀한 존재로서 돕는 것도 배우고 살았어야 했는데…. 우리 세대는 어떤 곳에 서든지 열심히 성실히 일하는 것만이 최고라고 생각했다. 남보다 1시간 먼저 출근하고 남이 하지 않는 것까지 모조리 끌어와 일했던 내 또래의 친구들. 일중독자처럼 살았다고 해도 과언이 아니다. 나도 그랬다.

지금 우리나라는 평균수명이 자꾸 길어지고 있다. 우리 또래의 평균수명은 아마 85세 이상일 거라 생각한다. 지금 환갑이라 하지만 내가 어릴 때 환갑을 맞은 시어머님과 비교하면 나는 너무 젊고 활기찬 모습이다. 내가 어릴 적 예순이 넘으면 진짜 할머니 중 상할머니였다.

정말 상할머니가 되기 전 중할머니일 때 난 진짜 너무너무 할머니가 되고 싶다. 나의 아들딸이 결혼해서 나에게 손주를 안겨 주기를, 우리 딸이 결혼 적령기가 되면서 잔뜩 기대하고 있었다. 지금 나의 아들딸은 모두 서른 살이 넘었다. 그럼에도 불구하고 지금도 아이처럼 자신만 챙기고 연애만 좋아한다. 뿐만 아니라 자신이 희생하는 것은 엄청 싫어한다. 집에서 자신의 가치만 대접해 주기 바라는 것처럼 살아가고 있는 것이 눈에 보인다. 그런데다 지금은 나이가 나이인 만큼 연애를 접고 있어서 마음이 많이 아프다.

"끝에서 시작하라." 하신 도사님과 네빌 고다드의 꿈의 도전을 기도로 응답받길 기대한다. 지금은 손자손녀를 기대하며 감사하고 있다. 이것도 이루어주실까? 아마 기도대로 된다면 진심으로 행복하고 신날 거 같다. 새 생명이 이 땅에 오기를 기다리는 할머니가 있다는 것을 알면 빨리 올 텐데. 어서 와서 나와 좋은 인연을 맺고 내가 할머니 되는 것을 축복해 주기 바란다. 나의 작은 아기 손자손녀들아.

기대했건만 우리 딸은 아예 결혼 생각이 없다고 한다. 나는 늘 가족 간에 소통이 안 되고 자기희생이 없는 사랑을 찾는 우리 아이들의 사랑법에 화가 치밀었다. 그러다 이제는 아이 생각을 내려놓고 끝에서 시작하며 기도하고 있다. 딸을 위한 기도가 아니라 내가 원하는 바를 생각하고 기도하는데 행복한 것은 어찌 된 일일까?

내가 손자손녀를 그리 가지고 싶어 하는 이유는 무엇일까? 생명은 고귀할뿐더러 어린 생명을 안거나 옆에 두면 내가 사는 세상이 더 밝고 아름답고 풍요가 넘치는 것처럼 느껴진다. 지나가는 아이의 삐삐거리는 신발소리만 들어도 나는 나도 모르게 밖으로 나간다. 그러곤 그 소리가 들리지 않을 때까지 아이를 바라보곤 한다.

아이가 지나간 후 나의 귀에서는 환청이 들린다. 삐삐삐삐. 아! 나는 그래서 진짜 할머니가 되고 싶다. 진짜 내 손주의 작은 손가락, 발가락을 만지며 내 아이들이 어렸을 때를 생각하고 내 어릴 적을 생각하고 싶다. 조금이라도 건강할 때 아들딸을 대신해서 키워 주고 싶은 마음이 내 안에 넘쳐 난다.

이 꿈은 이루어질까? 버킷리스트에 올렸으니 이루어질 거야. 그렇게 내가 나를 위로한다. 끝에서 시작하는 나의 인생길은 자기계발서를 읽기 시작한 지 아마 거의 40년이 되어 그때의 책 한 권으로 기억될 것이다.

《정상에서 만납시다》. 노만 필 빈센트 작가의 책을 읽었던 그때는 정말로 세상을 뒤엎을 것처럼 내 안에서 뭔가 느껴졌었는데…. 지금은 그 정도는 아니지만 인내하고 관조하는, 마음이 넓고 가슴이 따뜻한 사람으로 살고 있다. 그러니 난 진짜 할머니가 되고 싶다. 이제 나는 할머니가 된다.

감사합니다. 내 손자손녀 돌잔치에 오세요. 독자 여러분을 초대합니다.

PART 02

힘들어하는
사람들에게
행복과 희망을
전달하는 작가 되기

|정미숙|

정미숙

독서법 코치, 모녀 작가, 유튜버, 자기계발 작가, 동기부여가, 강연가

현재 딸과 함께 칼국수 가게를 운영하는 동시에 '하루한권독서연구소' 공동대표로 활동하고 있다. 평범한 주부였지만 2년 동안 책을 읽고 독서로 삶의 해답을 찾게 되었다. 평범한 사람들에게 꿈과 희망을 찾아 주고, 그들의 꿈을 성장시키는 효과적인 독서법을 알려 주는 코치로 활동하고 있다. 현재 '2년 동안의 독서로 변화한 삶'을 을 주제로 《평범한 사람도 특별하게 만드는 독서의 기적》(가제)을 집필 중이다.

01.
한 달 동안
크루즈여행 하기

전 세계인이 여행에 열광하고 있다. 여행을 일상처럼 즐기고 있는 것이다. 자신의 일을 하면서도 해외에서 한 달 동안 사는 시대다. SNS에는 하루가 멀다 하고 여행하면서 찍은 사진들이 올라온다.

나는 원래 여행을 좋아하지 않는다. 여행보다는 그림을 그리거나 독서하는 것을 좋아한다. 워낙 소심하고 겁이 많은 성격인지라 활동적인 것보다 정적인 것을 좋아한다. 놀이기구도 아이들이 타는 회전목마나 천천히 돌아가는 것만 탄다.

몇 해 전 여름휴가차 단양엘 갔다. 아이들이 패러글라이더를 타고 싶다고 해서 같이 타기로 했다. 패러글라이더에 몸을 싣는 순간 나는 내리고 싶다고 고함을 지를 뻔했다. 땅에서 내 발이 떨어지는 순간 눈물이 났다. 얼마나 후회했는지 모른다. 그 이후로 패러글라이딩을 한 번도 하지 않았다. 대신 가게를 그만두면 제일 먼저 가족들과 크루즈여행을 하고 싶다.

한 달 동안 크루즈여행 하기는 나의 새로운 꿈이다. 그동안 엄청 비싼 줄 알고 크루즈여행을 할 엄두조차 내지 못했다. 그러다 유튜브 〈권마담tv〉를 통해 '가족들과 크루즈여행 가기'라는 버킷리스트를 갖게 되었다. 16년 동안 장사하며 열심히 산 나에게 주는 선물로. 그리고 힘든 현실임에도 나를 원망하지 않고 잘 따라와 준 고마운 가족들에게 주는 선물로.

우리 가족은 크루즈여행을 통해 한층 더 행복하고 더 성장할 것이다. 나는 생생하게 꿈꾼다. 사진으로만 보던 럭셔리한 크루즈가 내 눈앞에 떡하니 있다. 심장이 두근두근 요동치기 시작한다. 배에 올라타서는 말문이 막힐 것이다. 이곳이 배 안이라는 게 믿기지 않을 정도로 으리으리하기 때문이다. 나는 환호성을 올리며 행복에 겨워 어깨를 절로 둥실거린다.

크루즈를 타고 바다에서 잠을 자고, 배 위에서 해 뜨는 걸 보고, 수영도 하고, 외국인 친구들과 공연도 즐길 수 있다. 새로운 곳에 기착해서 잠시 여행도 한다. 선상에서 보내는 여유로운 생활, 매일 밤 즐기는 파티 등을 생각하며 나는 크루즈여행을 꿈꾼다.

내가 크루즈여행을 선택한 이유가 있다. 여러 도시를 이동하며 여행할 경우 도시를 옮길 때마다 짐을 풀고 다시 싸야 한다. 교통수단을 이용해야 하는 여행은 이동 과정이 불편하다. 이런 과정들은 여행 일정이 길거나, 방문하고자 하는 도시가 많을 때 번거롭게 다가온다.

크루즈의 가장 큰 장점은 그런 불편함을 아예 겪지 않아도 된다는 점이다. 움직이는 호텔, 바다 위의 리조트라는 수식어답게 낮에는 기항지에서 관광하고 밤에 잠잘 동안 다른 곳으로 이동하기 때문이다. 뿐만 아니라 아이들 프로그램이 따로 있어 쉬고 싶을 때도 내 마음대로 쉴 수 있다. 크루즈에서 뭐 하고 놀 수 있을까? 화려한 공연에 댄스뿐만 아니라 선내에서 자유로운 쇼핑까지 즐길 수 있다.

다른 나라의 색다른 음식을 먹어 보는 것도 크루즈여행의 묘미다. 프랑스, 이탈리아, 아메리카, 아시아 요리는 물론이고 스낵바, 뷔페, 룸서비스 등을 이용할 수 있다. 여행하면서 입맛이 다를 경우 메뉴 선택에도 어려움을 겪을 수 있는데 크루즈여행에서는 그런 걱정은 하지 않아도 된다.

크루즈여행을 꿈꾸면서 바라는 것 하나가 선상 라이프스타일이다. 평소에는 시간적 혹은 경제적 여유가 없어서 접하기 어려웠던 것들을 매일같이 누릴 수 있다. 가족 단위 여행을 원한다면 크루즈여행이 안성맞춤이다.

우리 민족은 지금 여행을 숭배하는 민족이다. 익스피디아 조사 결과에 따르면 대한민국 직장인 10명 중 6명은 연간 3회 이상 여행을 떠나고 있다. 남녀노소 할 것 없이 모두가 여행에 푹 빠져 있다. 그렇다면 모두 같은 여행을 원할까? 해외여행이 활발해지면서 첫 해외여행을 경험하는 시기도 점점 빨라지고 있다. 아무리 해외여행이 보편화된 시대라고는 하지만 나에게 일상을 벗어나는 것은 특별한 일이다. 장사는 생계수단이기도 하지만 손님들과의 약속을 지키는 일이다. 나는 그 약속을 무엇보다 소중히 여겼다. 단순히 가게 문을 열고 닫는다는 의미가 아니었다. 우리 가게를 찾아 주는 손님들에 대한 감사의 표현이었다.

그런 의미에서 크루즈여행은 다른 사람들에게는 평범한 일상일지 모르지만 나에게는 생애에서 특별한 시간이다. 이 특별한 시간을 좁은 비행기에 몸을 싣고 허비하고 싶지는 않다. 지금까지 애쓴 나와 가족들을 위해 좀 더 멋지게 보내고 싶을 뿐이다. 그렇다면 일생에 몇 번 되지 않을 여행 중에 크루즈여행이 하나쯤 들어 있어도 나쁘지는 않을 것이다.

누구나 한 번쯤은 상상해 보지 않을까? 한 달 동안의 크루즈여행을. 나는 생각만 해도 신난다.

'바다 위의 럭셔리 호텔'이라 불리는 크루즈! 영화 〈타이타닉〉 주인공들의 포즈도 따라 해 보고 싶다. 크루즈여행 중에서도 알차고 가성비가 높은 코스가 북유럽 러시아 여행이라고 한다.

크루즈를 타면 북유럽의 6개국을 호텔이나 버스 이동 없이 편안히 휴식을 취하는 밤 시간에 이동한다. 유럽여행 코스 중에서도 최대한 많은 것을 볼 수 있는 알찬 일정이라고 한다. 러시아 여행 일정 2일 중에는 '백조의 호수' 발레 공연과 야경투어까지 포함된다. 그만큼 다채로운 코스로 구성된다. 특히 스칸디나비아 반도는 바다가 잔잔해서 멀미 걱정 없이 편안하게 항해할 수 있다. 초대형 선박이므로 다양한 부대시설을 골고루 즐기면서 크루즈여행의 재미를 느낄 수 있다고 한다.

신나는 여행을 계획할 때는 항상 예기치 않은 어떤 일이나 상황에 대비하는 것이 중요하다. 특히나 크루즈여행은. 크루즈여행은 일반적인 여행과 다르기 때문이다. 선박 내에서 판매되는 물건의 종류가 한정적이기 때문에 보다 더 신중하게 계획해야 한다.

크루즈여행 내내 슬리퍼와 샌들만 신는다면 편하긴 하지만, 활동적인 프로그램을 즐기기 어렵다. 기항지 관광 프로그램 외에도 선박 내 활동(로프코스)에 운동화가 필요할 수 있다.

카브리 해 크루즈를 택한다면 1년 내내 맑은 하늘과 수정 같은 바다를 볼 수 있다. 수영복과 자외선 차단제, 샌들 등을 챙겨야 한다.

마음만 먹으면 지금 당장이라도 떠날 수 있는 크루즈여행. 이동하느라 매일 짐 짜고, 행군하듯 따라가는 패키지여행과는 비교할 수도 없다. 크루즈여행은 때로는 즐거움을, 때로는 여유로움을, 때로는 스펙터클함을 느끼게 해 주기 때문이다.

전 세계 사람들과 소통하고, 문화를 배우고, 언어를 습득하게 하는 여행. 한 달 동안 가족들과 크루즈여행을 하고 싶은 이유다. 크루즈여행! 상상만 해도 너무 가슴이 벅차다. 이제 꿈이 아닌 현실로 다가오고 있다.

모두가 잘 먹고, 잘 자고, 잘 노는 가성비 대비 최고의 크루즈여행을 향해 출발!

02.
책 출간하고
유튜브 구독자 10만 만들기

현재 전 세계의 수많은 사람들이 SNS의 세상에 푹 빠져 있다. SNS는 최근 폭발적으로 성장하면서 커다란 관심의 대상이 되었다. 역사는 오래 되지 않았지만 등장한 서비스의 수가 많다. 그만큼 그 특징 또한 다기다 양하다. 휴대전화는 없어서는 안 되는 소통의 수단이 되었다. 스마트폰의 활성화로 전 세계 사람들과 소통할 수 있는 시대가 온 것이다.

돈을 버는 수단도 다양해졌다. 돈을 한 푼도 들이지 않고 창업할 수도 있다. 비용은 적게 들이고 돈은 많이 벌 수 있는 시대가 온 것이다. 사람은 누구나 날로 먹는 걸 좋아한다. "공짜라면 양잿물이라도 먹는다."라는 속담도 있지 않은가.

자영업자 비율이 가장 높은 곳이 대한민국이다. 누구나 자신의 사업을 꿈꾸는 것이 현실이다. 하지만 안타깝게도 모두가 성공하는 것은 아니다.

나는 열심히 살면 행복은 그냥 오는 줄 알았다. 그래서 정말 열심히 일했다. 밤 12시까지 가게를 하면서 집안일에 반찬까지 내 손으로 다 만들었다. 16년을 그렇게 보냈지만 행복하지 않았다. 돈은 월급쟁이보다 조금 더 벌 수 있었다. 하지만 얻은 것보다 잃은 것이 더 많았다.

행복한 삶은 그냥 오는 것이 아니었다. 삶을 살아가야 하는 법도 공부해야 한다. 학교에서 배운 지식이 아닌 세상을 살아가는 공부를 해야 한다.

살아오면서 가장 잘한 일은 책을 좋아하고 많이 읽은 것이다. 나는 어려서부터 친구들과 노는 것보다 책을 더 좋아했다. 하지만 가정형편이 좋지 않아 집에 있던 책을 반복해서 여러 번 봐야 했다.

결혼 전 직장생활을 할 때도 시간이 나는 대로 책을 읽었다. 예전에는 '깨비 책방'이라고 해서 얼마 안 되는 돈을 받고 책을 빌려주는 곳이 있었다. 나는 우리 동네 '깨비 책방' 단골손님이었다. 결혼하고는 공공도서관에서 책을 꾸준히 빌려서 봤다.

내 인생에는 늘 책이 있었다. 그리고 어떤 책을 읽어야 인생에 도움이 되는지도 알았다. 2년 전 막내와 공공도서관에서 만난 《절제의 성공학》, 《이기적 삶의 권유》, 《머니 룰》, 《거인들의 발자국》, 《부자아빠 가난한 아빠》, 《도덕경》, 《황희 정승》, 《새벽에 읽는 주역》, 《유대인 엄마의 힘》, 《놓치고 싶지 않은 나의 꿈 나의 인생》, 《생각하라 그러면 부자가 되리라》 등은 내가 인생을 살아가는 데 필요한 방향을 제시해 주었다.

최고의 자리에서 최고의 제품을 최저 비용으로 팔 수 있다면 누구나 성공할 수 있겠지만 현실은 그리 녹록지 않다. 결국 다른 방법을 찾아야 한다. 이러한 현실 속에서 SNS로 창업하고 유튜브를 이용해 고수익을 올리는 사람들이 있다.

책 《신용불량자에서 페라리를 타게 된 비결》에서는 죽도록 일해서 돈을 벌고, 절약하고, 모으는 것만으로는 절대 젊어서 부자가 될 수 없다고 한다. 150억의 자산을 가진 저자도 과거에는 평범한 월급쟁이에 지나지 않았다고 한다. 지금은 250권의 책을 쓰고, 책 쓰는 지식을 사람들에게 나누어 주고 있다. 적은 시간을 일하고도 큰 수익을 올리는 수십 개의 파이프라인을 가지고 있다.

저자는 사람들이 가지고 있는 인생 스토리와 경험, 자신만의 해결책을 돈으로 바꾸는 비결을 알려 주는 코치로 활동하고 있다. 그로 인해 그동안 수많은 사람의 인생이 달라졌다고 한다.

우리가 이 세상에 온 진짜 이유는 원하는 것을 창조하고, 사랑하는 사람들과 소중한 것들을 나누기 위함이다. 그러기 위해서 이제 우리의 위치를 직장인에서 1인 지식 창업자로 바꿔야 한다. 스펙 인생에서 벗어나 우리의 인생 스토리를 책으로 펴내야 한다. 그리고 저자, 강연가, 사업가, 유튜버로 살아야 한다. 죽도록 일만 해서는 절대 부자가 될 수 없다.

작가가 되고 유튜버가 되는 것은 거창한 일이 아니다. 내가 습득한 소중한 지식과 경험을 필요로 하는 다른 사람들에게 나눠 주기만 하면 된다. 꿈과 목표를 이룬 비법과 고민에 대한 해결책 등을 사람들에게 알려 주고 비용을 받으면 된다. 세상에서는 수많은 사람들이 삶을 영위해 나가고 있다. 그리고 모두 고민을 안고 살아간다. 그 고민을 해결하는 것은 개인의 성장이나 발전에 꼭 필요한 일이다.

만약 고민을 해결하지 못하면 그것을 평생 안고 살아가야 한다. 해결하지 못한 고민이 한두 가지가 아니라면 우리 머릿속은 실타래처럼 뒤엉켜 있을 것이다. 나는 내가 얻은 지식과 경험들을 힘들어하는 사람들에게 내가 쓴 책과 '유튜브'를 통해서 알리고 싶다.

세상에는 남의 일에 감 놔라 배 놔라 하는 것보다 더 가치 있는 일들이 많다. 나는 가게를 운영하느라 소중한 가족과의 여행을 늘 뒤로 미뤘다. 소중한 시간들을 일하는 데만 써 버렸다. 돈을 벌기 위해 소중한 인생을 낭비하기만 했다. 하지만 책 쓰기를 하며 그 소중한 시간들을 온전히 소중한 사람들을 위해 쓰는 법을 배웠다.

'유튜브'를 꾸준히 하는 사람들이 있다. 그들은 조금만 시간을 투자해 꾸준히 유튜브를 만들어 보라고 한다. 그러면 그것을 누군가와 공유하는 기쁨도 있고 나날이 발전하는 재미 또한 쏠쏠하다고 말한다. 그들은 영상에 대해 1도 몰랐던 사람들이다. 그런 만큼 영상이 방영될 때마다 뿌듯하다고 한다. 이들에게는 처음에 로고도 제대로 없었다고 한다. 좋은 촬영 스팟을 찾지도 못했다고 한다. 폰트도 시각적으로 좋지 못했다고 한다. 하지만 시청자와 공감하고 소통하는 재미가 있다고 한다. 메

일과 댓글로 응원 받을 땐 진한 감동까지 느꼈다고 한다.

나는 유튜브 채널 〈부자의 선물〉을 운영하고 있다. 개설한 지 한 달 정도 되었는데 구독자가 21명이다.

내가 읽은 책들을 읽고, 그림을 넣고, 녹음을 하고 유튜브에 업로드하면 마음이 뿌듯해진다. 아직도 초보라 영상을 업로드하는 데는 시간이 많이 걸리지만 할 때마다 조금씩 실력이 늘어난다. 내 유튜브 영상을 보고 우리 아이들과 주변 사람들만 응원의 댓글을 달아 주고 있다. 그래도 기분이 좋다. 나는 유튜브 영상 만드는 법을 1도 몰랐다. 우리 아이들에게 배웠다. 아직도 손에 익지 않아 영상을 업로드할 때마다 유튜브를 배워 가고 있다. 조금씩 기술이 늘어나는 것에 만족할 뿐이다. 구독자가 지금은 21명이지만 처음에는 0명이었다.

나는 구독자 10만 명을 목표로 하고 있다. 내가 올린 영상들이 누군가에게 희망이 될 수도 있다고 생각하면 구독자 수는 중요하지 않다. 그리고 내가 올리는 영상들이 아주 조금씩 좋아지고 있기 때문에 구독자 수도 반드시 늘 것이다.

나는 책을 출간하기 위해 한책협에서 책쓰기 과정을 배우고 있다. 그 과정이 끝나면 그동안 읽은 책들의 지식과 경험들을 바탕으로 세상에 하나뿐인 내 책을 출간할 것이다. 책이 출간되면 나는 새싹 저자에 새싹 유튜버가 되는 셈이다. 그래도 괜찮다. 베스트셀러 작가나 100만 유튜버도 처음에는 나처럼 새싹이었다. 중요한 것은 얼마나 꾸준히 하는가다.

세상에는 공짜가 없다. 노력하지 않고 거저 얻는 것은 하나도 없다. 늘 성실하고 한결같아야 한다.

평균수명이 늘어날수록 우리가 살아 내야 할 시간은 길어진다. 그리고 그 시간을 살아 낼 힘을 준비하지 못하면 어려움에 직면하게 된다. 내 유튜브 영상을 통해 사람들이 희망을 얻고 답을 얻어 행복해졌으면 좋겠다. 내가 책을 읽고 행복해진 것처럼 많은 사람들이 내 책과 유튜브를 보며 나처럼 꿈을 찾길 바란다. 온 지구상에 사랑의 향기가 가득하길 소망한다.

사랑하고 감사하고 축복합니다.

03.
위로와 꿈, 희망을 주는
동화작가 되기

나는 어릴 적 《소공녀》를 좋아했다. 우리 집은 가난했다. 그리고 부모님은 자주 다투셨다. 아침부터 저녁까지 조용한 날이 거의 없었다. 그럴 때마다 나는 《소공녀》와 《키다리 아저씨》, 《이상한 나라의 앨리스》를 읽었다.

소공녀 세라는 부유한 환경에서 공주처럼 자랐다. 그러나 아버지의 죽음과 파산으로 인해 비극이 일어난다. 그녀는 자신이 다니던 기숙사 학교에서 하녀로 전락하게 된다. 그러다 마지막에는 돌아가신 아버지의 막대한 유산을 다시 물려받게 된다. 예전의 신분을 되찾게 된 것이다.

나는 우리 부모님이 싸우는 날에는 세라가 되는 상상을 했다. 세라처럼 부자 부모님과 행복하게 사는 상상을 했다.

상상 속의 내 부모님은 부자이고 다정다감한 분들이다. 부드러운 눈빛으로 나를 바라봐 준다. 그럴 때면 나는 행복감을 느낀다. 그런 상상만으로도 나는 행복해졌다.

어릴 적 동화책은 현실을 잊을 수 있게 해 주는 유일한 안식처였다. 스무 살을 넘기고 애 엄마가 되었을 때도, 나이 쉰을 바라보고 있는 지금도 나는 소공녀의 꿈을 그대로 간직하고 있다. 나에게 《소공녀》는 아픈 현실을 버티게 해 주는 동화책이었다.

동화책 《이상한 나라의 앨리스》에서 앨리스는 시계를 든 토끼를 따라 굴속으로 뛰어든다. 그렇게 이상한 나라에 도착한 앨리스의 신비한 모험이 펼쳐진다.

책의 저자 루이스 캐럴은 본래 영국의 수학자로, 본명은 찰스 루트위지 도지슨이다. 책은 도지슨이 헨리 리델가의 아이들과 뱃놀이하며 즉흥적으로 들려주었던 이야기로부터 시작된다. 도지슨은 아이들에게 들려줬던 동화를 2년 5개월에 걸쳐 글로 썼다. 그는 성직자의 자격을 얻었음에도 내성적인 성격과 말더듬증으로 평생 설교단에 서지 않았다.

그로 인해 도지슨은 내면의 슬픔을 간직한 채 살았던 것 같다. 그 슬픔이 《이상한 나라의 앨리스》를 탄생시켰을 것이다. 내면의 슬픔을 글로 표현함으로써 많은 사람들의 공감을 얻었을 것이다.

출간된 지 150여 년이 지난 지금까지도 《이상한 나라의 앨리스》는 만화, TV 드라마, 연극, 영화, 뮤지컬 등으로 수차례 각색되고 있다. 아이들뿐만 아이라 어른들에게도 여전히 큰 사랑을 받고 있는 이유가 아닐까.

나른한 오후 흰 토끼를 따라 토끼 굴에 들어간 앨리스는 이상한 나라를 맞닥뜨리게 된다. 탁자 위에 놓인 무언가를 마신 후 갑자기 몸이 커지기도 하고 작아지기도 한다. 그리고 뒤죽박죽된 모험을 하게 된다. 자신의 눈물로 만들어진 웅덩이에 빠지기도 하고, 기묘한 동물들과 만나는 등 황당한 경험을 한다. 또한 애벌레를 만나 몸이 커지기도 하고 작아지기도 한다. 버섯을 얻고 웃는 얼굴을 한 체셔고양이와 끝나지 않는 다과회를 즐기기도 한다.

한편 앨리스는 토끼와 모자장수를 만나 하트 여왕의 크로케 경기에 참여한다. 그러다 앨리스는 갑자기 이상한 재판의 증인으로 불려 나가게 된다. 재판 중 하트 왕과 하트 여왕의 심기를 건드린 앨리스는 트럼프 병정들의 공격을 받게 된다. 그 순간 꿈에서 깨어나 현실로 돌아온다.

동화란 무엇일까? 그저 아이들이 읽는 이야기책이 전부일까? 이 세상에는 어른들에게까지 지혜를 알려 주는 명작들이 참 많다. 무한한 상상력의 힘뿐만 아니라, 긍정의 힘으로 고난을 이겨 내고 마법 같은 환상의 미래를 맞이하게 한다. 마법 같은 환상의 미래를 따라가다 보면 진한 감동을 받기에 이른다.

세월이 흘러도 사람마다 관심사와 관점은 다르게 마련이다. 동화는 작가 자신의 삶의 여정에 상상을 덧대어 어린이에게는 환상을, 어른들에게는 심오한 해석을 들려준다.

《이상한 나라의 앨리스》를 언제 마지막으로 읽었는지 기억나지 않는다. 노란 머리에 하늘하늘한 원피스를 입은 앨리스와 바쁘게 달려가는 토끼만 떠오를 뿐 스토리조차 제대로 기억나지 않는다.

지금 생각하면 상상 속에서만 일어날 수 있는 모험이다. 순수한 앨리스가 대책 없이 느껴지기도 한다. 어릴 적에는 스스로 생각하며 어려운 상황을 헤쳐 나가는 앨리스가 좋았다. 어른이 된 지금 내게 가장 필요한 것은 대책 없던 앨리스가 아무 이유도 없이 좋았던 순수함이 아닐까.

비록 꿈속에서의 모험이었지만 모험을 통해 앨리스는 자신도 모르는 사이에 성장해 나갈 수 있었다. 그때는 몰랐다. 동화책이 저자들이 자신의 경험을 재창조해 나처럼 힘들어하는 어린이들에게 꿈과 희망을 주기 위해 쓴 것이라는 것을.

꿈에서 깬 앨리스는 과연 지금 어떤 어른으로 성장했을까? 그리고 지금의 나는 어떤 어른으로 성장했을까? 다시는 돌아가지 못할 어린 시절의 추억이 떠오른다. 그 추억들 때문에 지금의 내가 있는 것이 아닐까 생각해 본다.

창비출판사의 '좋은 어린이 책 공모 수상작'인 《짜장면 불어요》의 이현 동화작가는 10년 넘게 동화를 썼다. 그리고 《동화 쓰는 법》을 출간했다. 동화작가를 지망하는 나 같은 사람들을 위한 책이다.

이현 작가는 "사람들의 문장력은 천차만별이다. 누구도 최고의 문장을 쓸 수 있다고 자신할 수 없다. 하지만 최선을 다해 쓸 수는 있다. 다짐하고 노력하는 것은 누구나 할 수 있는 일이다."라고 강조했다.

자신이 쓸 수 있는 최고의 문장, 그건 확신으로부터 나온다. 독자는 작가가 아니라 인물에게 공감하며 이야기를 읽는다. 어떤 경우에도 이야기의 시작과 절정만은 미리 계획하는 게 좋다.

쓰는 동안에도 절정을 계속 의식해야 한다. 그때의 개연성에 대해. 의미에 대해. 이미지에 대해. 그리고 절정에서 주인공을 둘러싸는 여러 감각에 대해. 어린이를 독자로서 진지하게, 정직하게 대해야 한다. 더 잘될거라 거짓말을 해서는 안 된다. 동화 쓰기의 작법을 따라가다 보면 어떤작품이 좋은 동화인지 알게 된다고 한다.

이현 작가의 책 뒤편에는 '동화를 쓰려는 분들에게 권하는 동화와 청소년 책 100권'이라는 제목이 달려 있다. 그 아래 이현 작가님이 좋은 동화의 사례로 꼽는 책이 있다. 100권의 목록과 간단한 추천사가 있다. 모두 주옥같은 책들이다.

나는 동화를 쓰고 싶었다. 여러 이유가 있지만 어릴 적 힘들 때 기댈곳이라고는 아무 데도 없는 내가 유일하게 기댈 수 있었던 것이 동화책이었다.

어린 시절 동화책을 통해 위로받고 꿈꿀 수 있었다. 나처럼 힘들어하는 아이들에게 늘 힘을 주고 지켜 주는 키다리 아저씨가 되고 싶다. 소공녀 세라를 읽고 슬픔 대신 느낀 꿈과 희망을 주고 싶다.

이상한 나라의 앨리스처럼 우습고도 황당한 모험을 감행한 황당한경험을 들려주고 싶다. 그래서 현실의 슬픔에서 벗어나 잠시라도 아이들을 웃게 해 주고 싶다.

동화는 어린이들에게는 놀라운 환상의 세계를 보여 준다. 그리고 어른들을 시간을 거슬러 소꿉놀이하던 동심의 세계로 데려다준다.

04.
1인 창업으로 성공해서
1년에 1억 벌기

여러분은 지금 어떤 상황에 놓여 있습니까? 대부분의 사람들은 매일 아침부터 저녁까지 직장을 오가며 받는 월급으로만 살아간다. 사람들은 평생 한 직장에서 일하며 그 직장에서 나오는 돈으로만 생활하는 방식을 조금도 이상하게 여기지 않는다.

하지만 안정된 직장은 환상에 지나지 않는다. 현재 노동시장에는 노동자의 기술과 역량이 넘쳐 나고 있다. 우리는 그동안 일과 공부에서 탑이 되기 위해 최선을 다했다. 밤새워 공부하고 밤새워 일하면서 말이다. 앞으로 수명이 늘고, 실업률이 높아진다는 것은 누구나 다 아는 일이다. 그것을 알면서도 무엇을 해야 할지 몰라 하던 대로 사는 것이다.

나는 16년 동안 장사를 하며 월급쟁이로 받는 월급보다 배 이상의 돈을 모았다. 그리고 그러기 위해서는 배 이상의 노력과 시간과 체력을 쏟아야 했다. 그 결과 원인도 알 수 없는 배의 통증에 시달려야 했다. 몸이 지치다 보니 화내는 날도, 사는 것이 힘들고 우울해지는 날도 많았다. 돈이 많아진다고 해서 꼭 행복해지는 것은 아니라는 사실을 깨달았다.

나는 어려서부터 "송충이는 솔잎을 먹고 살아야 한다.", "돈을 밝히면 나쁜 사람이다."라는 말을 많이 듣고 자랐다. 그래서 아무리 힘들어도 왜 이렇게 힘들어야 하는지 이유를 찾지 않았다. '그냥 이것이 내 운명이야' 생각하며 그저 열심히만 했다. 나는 착한 사람이 되기 위해 최선을 다했다. 적은 돈에 만족하고 하루 종일 열심히 일만 했다. 하지만 돌아오는 것은 고통밖에 없었다. 나는 결론을 내릴 수밖에 없었다. 이렇게 살다가는 오래 버티지 못한다고.

과거를 되돌릴 수는 없다. 나는 모든 사람들이 가난의 피해자가 되지 않기를 바란다. 그리고 가난이 대물림되지 않기를 바랄 뿐이다. 아침이면 피곤한 몸으로 지하철을 타고 회사에 출근하거나 미래에 대한 걱정으로 하루를 보내는 삶을 그만두어야 한다. 지금 우리가 힘든 건 게을러서도, 능력이 없어서도 아니라 '방법'이 잘못되었기 때문이다.

지금의 내가 무엇을 원하는지, 과연 내가 나의 세상에서 보고 싶은 풍경이 무엇인지, 다른 사람의 시선 따위는 의식하지 말고 오로지 자신만의 생각에 집중해야 하지 않을까. 예를 들어 싱글맘이 남들에게 불행하게 보일까 봐 전전긍긍한다면 더 불행해진다. 싱글맘인 채로 행복한 삶을 살 수 있다고 생각해야 행복해진다. 생각을 바꾸지 않는 한 상황은 절대 달라지지 않는다. 내가 원하는 감정이 생기도록 생각을 바꿔야 한다. 진실로 내가 바라는 것을 생각해야 한다.

진실로 내가 바라는 것을 생각했다면, 그것이 이루어졌을 때의 감정 또한 상상해야 한다. 그리고 그것을 이루었을 때의 감정을 느낄 수 있어야 한다. 사실 지금은 내가 바라는 것들이 이루어졌을 때 어떤 기분인지 알 수 없다. '내가 바라는 것이 이뤄지면 어떤 감정일까? 알고 싶어 기대가 돼!' 하고 그 감정에 설렘을 느낄 때 내가 바라는 것이 더 빨리 이루어진다.

2018년 1월에 제주도로 가족여행을 갔다. 그런데 가족여행이 기대했던 것보다 즐겁지 않았다. 아이들에게 즐거운 추억을 만들어 주고 싶었는데 아쉬움이 너무 컸다. 그래서 이유를 찾았다. 우리는 여행경비를 최대한 아껴야 한다고 생각했다. 그래서 즐길 수 있는 것보다는 그 돈에 맞춰 할 수 있는 것을 찾았다. 그러다 보니 아쉬움이 많이 남는 가족여행이 되어 버린 것이다. 나는 앞으로는 즐거운 가족여행을 위해서 여행을 즐기는 데 필요한 돈과 시간을 아끼지 않기로 했다. 그리고 그렇게 여행을 갔을 때의 감정을 온전히 느낀다. 그러면 다음에 꼭 그렇게 할 수 있다는 확신이 서기 때문이다.

우리의 머릿속은 옷장과 같다. 옷장을 정리해야 하는 것처럼 머릿속도 정리해야 한다. 옷장을 열어 보면 마음에 드는 옷, 필요 없는 옷, 어울리지 않는 옷이 있다. 옷장을 정리하려면 필요한 것과 필요 없는 것을 구분하고, 소중하게 간직해야 할 것만 간직하고 필요 없는 것은 버려야 한다.

내 머릿속의 감정도 노트에 끄집어내어 필요한 감정인지 아닌지 판단해야 한다. 필요 없는 생각과 감정, 아무짝에도 쓸모없는 먼지와 쓰레기는 당장 버려야 한다. 대신 소중한 생각, 간직하고 싶은 감정들만 소중히 간직해야 한다.

나는 버킷리스트에 '1인 창업으로 성공해서 1년에 1억 벌기'를 썼다. 또한 소중한 사람들과 행복한 시간을 보내고 또 수많은 사람들과 새로운 인연을 맺으며 멋진 나날을 보내는 소망을 갖는다.

간절한 소망은 이루어진다. 나는 지금까지 살아온 세상이 아닌, 다른 세상의 풍경을 생각하면서 삶이 변화하는 것을 경험하고 있다. 나는 12시까지 문을 열어야 하는 치킨 장사가 너무 힘들어 칼국수 장사를 하기로 했다. 마침 군에서 지원해 주는 리모델링의 업종 변경 시점과 정확하게 일치해 2,500만 원이라는 돈이 생겼다. 딸과 하는 가게라 인테리어를 카페처럼 예쁘게 꾸미면 좋겠다고 생각했는데 카페보다 더 예쁜 가게가 되었다. 가게에는 5년 동안 내가 그린 수채화를 걸어 놓고 있다.

가게를 하면서 덜 힘들고 돈을 더 많이 버는 방법을 찾으면 찾을수록 내 바람이 현실이 되는 것을 느꼈다. 그래서 버킷리스트에 1인 창업으로 성공해서 1억을 버는 법을 적고, 방법을 찾다가 한책협을 알게 되었다.

한책협은 김도사님이 24년간 1만 권의 책을 읽고 250권이 넘는 책을 펴낸 곳이다. 또한 9년간 1,000명의 평범한 사람들을 작가, 강연가, 1인 창업가 등으로 양성해 낸 곳이다. 김도사님 자신 또한 꿈꿔 온 모든 것을 이루고 무일푼에서 150억 부자가 되었다.

김도사님은 자신의 성공 비결은 바로 '글쓰기의 힘'이라고 말한다. 책을 읽고, 쓰고, 생생하게 상상하면 거짓말처럼 이루어진다는 것이다. 나는 지금껏 숨 가쁘게 현실을 살아 내느라 돌아보지 못했던, 희망, 사랑, 행복, 열정에 대해 생각해 보게 되었다.

나와 우리 딸아이는 한책협 카페에 가입한 지 10일 만에 책쓰기 1일 특강을 신청해서 들었다. 지금은 작가가 되기 위해 책 쓰는 법을 배우고 있다. 나는 어릴 때부터 글 쓰는 것을 좋아했다. 그래서 우리 아이들이 백일장에 나가는 것을 유독 반겼다. 화실의 선생님께 백일장에서 그림은 안 그리고 글만 쓴다고 혼난 적도 있다. 선생님이 심사해서 상을 준다고 해도 나는 글을 썼다.

치킨집은 주말이면 아이들이 학교를 가지 않기 때문에 오전부터 주문이 들어온다. 그런데 백일장은 토요일에 열리곤 했다. 그래서 백일장이 있는 날엔 큰 아이들한테 가게를 부탁하고 남편의 눈총을 받으며 막내를 데리고 백일장에 갔다. 내가 글 쓰는 것을 좋아해서 그런지 막내도 글 쓰는 것을 좋아하고 곧잘 큰 상을 받아 왔다.

우리 친정집은 풍족하기보다 늘 모자라는 쪽이었다. 친척들 중에도 풍족한 사람이 거의 없었다. 나는 정신적으로 의지할 사람도 없었다. 그래서 나는 어려서부터 힘든 사람들에게 어떻게 살아야 할지 답을 주는 사람이 되기를 바랐다. 한책협에서 책 쓰는 법을 배워 작가가 되고, 강연을 할 것이다. 그렇게 해서 나같이 멘토가 없는 사람들에게 멘토가 되어 꿈과 희망을 주는 사람이 되기를 바란다.

우리는 더 이상 행복해지기 위해 다른 사람에게 머리를 숙일 필요도, 다른 사람의 기대에 부응할 필요도 없다. 난 2년 동안 시간만 나면 책을 읽었다. 책을 읽으면서 가장 중요하게 생각하는 것은 내가 하고 싶은 것이 어떤 것인지, 내가 꿈꾸는 세계가 어떤 모습인지를 상상하고 찾고 행동하는 것이다. 지금 자신이 존재하는 세상이 전부가 아니다. 지금 있는 세상은 나의 결정으로 이루어진 세계일 뿐이다. 그러므로 우리가 살고 있는 세상이 정말로 즐겁고 행복한지 항상 자기 자신에게 물어보아야 한다.

나는 진짜 나를 찾고 싶었다. 나는 너무 길게 힘들고 혼란스럽고 고통스러운 시간을 보냈다. 그래서 내가 얻은 깨달음을 바탕으로 나처럼 힘들어하는 사람들이 행복과 희망을 찾을 수 있도록 도움을 주고 싶다는 바람을 갖게 되었다.

나는 내가 읽은 책의 스승님들로부터 가르침을 받는다. 그리고 그 가르침을 많은 사람들에게 나누어 주며 희망을 전하고 싶어 한다. 그래서 '부자의 선물'이라는 유튜브를 운영하고 있다. 많은 사람들이 '부자의 선물' 공간에서 작은 영감이라도 얻길 바란다. 나는 모든 사람들이 부와 행복이 함께 따라오는 삶을 살길 바란다.

05.
사람들과 소통하며
희망을 전하는
베스트셀러 작가 되기

나는 어린 시절부터 다른 이들에게 큰 가치를 전달하는 사람이 되고 싶었다. 생각해 보면 어릴 때부터 그런 삶을 원해 왔는데 방법을 몰랐던 것 같다. 살면서 힘든 일이 있을 때마다 어떻게 해결해야 하는지 묻고 싶었다. 하지만 내 주위에는 조언을 해 줄 만한 사람이 없었다. 그런 내게 2년 동안의 독서는 내가 그동안 찾고 싶었던 것에 대한 답을 주었다. 더 나아가 성장할 수 있는 사람이 되게 해 주었다. 어린 시절 내가 겪은 고통들을 다른 사람들은 조금이나마 일찍 깨달아 지금보다 더 낳은 삶을 살았으면 좋겠다.

그동안 책에서 배운 인생의 지혜를 미약하지만 사람들을 돕는 일에 쓰고 싶다. 예전에는 어떻게 해야 할지 몰라 마음만 간절했었다. 그런데 2년 동안의 독서는 이제 나의 경험과 깨달음을 책에 담아 알려야 되겠다는 생각을 하게 했다. 인생에 가장 큰 위기가 닥쳤을 때 나는 인생의 의미를 책에서 찾았다. 책 속의 스승들은 나에게 세상과 소통하는 법을 가르쳐 주었다. 46년 동안 어떤 누구도 나에게 가르쳐 주지 않은 것을 책이 가르쳐 주었다. 누구나 마음속에 한 가지씩 꿈을 품고 있다는 것을.

초등학생이었던 막내와 동네 도서관에 책을 빌리러 자주 갔었다. 그 도서관에서 《유대인 엄마의 힘》이라는 책을 만났다. '동양인 엄마'에서 '유대인 엄마'로 거듭나는 순간을 옮긴 책이었다. 저자 사라 이마스는 유대인 이민 가정 출신으로 중국 상하이에서 태어나고 슬하에 2남 1녀를 둔 평범한 엄마였다. 그녀는 남편과 이혼 후 세 자녀를 데리고 고국 이스라엘로 가게 된다.

중국은 우리나라와 교육제도가 비슷하기 때문에 나는 이 책에 끌렸다. 사라는 아이들을 위해 모든 걸 해 주던 중국의 생활방식을 버리고 아이들을 믿어 보고 지켜보기로 했다. 아이들이 못할 거라고 단정 짓는 대신 아이들이 하는 걸 지켜보기로 한 것이다. 그 덕분에 사라의 자녀들은 몸과 마음 모두 세계적인 부호로 자랐다. 특히 사업으로 이른 나이에 백만장자가 된 아들은 엄마에게 저택과 자동차를 선물했다.

그녀는 캥거루족, 헬리콥터 부모가 갈수록 많아지는 오늘날, 절반의 사랑을 감추고도 아이를 크게 키운 자신의 이야기를 세상의 모든 부모에게 전해 주고 싶다고 했다. 나는 이 책을 읽고 진정한 사랑이 무엇인지, 아이들이 행복한 삶을 살도록 돕는 길이 무엇인지 알게 되었다. 그리고 진정한 삶의 의미를 도서관에서 찾기로 했다.

나는 시간이 날 때마다 도서관에 들러 책을 빌렸다. TV나 휴대전화는 보지 않았다. 그냥 책만 읽었다. 책은 내가 아는 세상이 아닌 다른 세상이 존재한다는 사실을 가르쳐 주었다. 세상에는 무수히 많은 생각들이 존재한다. 나는 그걸 모르고 내 생각만 옳다고 고집하며 살고 있었다.

다행히 책을 만나 나는 나만의 세상에서 조금씩 벗어날 수 있었다. 책을 읽으면 읽을수록 답답했던 가슴이 풀렸다. 책을 읽다가 웃기도 하고 울기도 했다. 카페에 가서 친구들을 만나는 것보다 재미있었다.

책에는 한 사람이 겪은 성공과 실패가 그대로 담겨 있었다. 책 한 권에는 시련과 고통, 역경과 좌절을 극복하는 노하우가 모두 들어 있었다. 그렇게 2년 동안 책을 읽었더니 책을 쓰고 싶다는 소망이 생겼다. 나는 지금 한책협의 책쓰기 과정을 듣고 있다. 내가 《유대인의 엄마의 힘》에서 얻은 교훈을 하나씩 삶에 적용시키면서 좋은 일들이 일어나기 시작했다. 그러면서 나도 다른 사람들과 내 이야기를 하고 싶다는 생각이 들었다. 배운 것을 다른 사람들과 나누고 싶다는 생각이 들었다.

《해리 포터》의 시작은 놀랍다. 《해리 포터》의 저자 J. K. 롤링은 출발이 늦어진 열차 속에서 잠시 딴생각을 했다. 그러다 갑자기 그녀의 머릿속을 채우기 시작한 것이 있었다. 바로 마법의 세계에 사는 사람들의 이야기다. 그녀는 그 순간을 이렇게 이야기한다.

"마음속에 뭔가 꿈틀거리며 치솟는 느낌이었다. 글을 쓴 이후로 그렇게 흥분해 본 적이 없었다. 아이디어 하나에 몸이 그런 식으로 반응할 줄은 정말 몰랐다."

　그녀는 내가 아는 최고의 베스트셀러 작가다. 전 세계인을 깜짝 놀라게 한 《해리 포터》 이야기는 어디에서 왔을까?

　베스트셀러는 참신하기만 해서도 안 된다. 익숙하기만 해도 곤란하다. 새로움과 식상함의사이 어딘가를 꿰뚫어야 한다. 나는 베스트셀러 작가가 되고 싶다. 아마 모든 사람이 한 번쯤 베스트셀러 작가가 된 자신을 상상해 보았을 것이다.

　《해리 포터》를 쓴 롤링은 어렸을 때 손에 잡히는 대로 소설을 읽었다고 한다. 어려운 가정환경을 탓하는 대신, 미친 듯이 책을 읽고 책을 위안으로 삼았다. 탐욕스러울 정도로 책을 읽었다. 그 시간들이 모두 의미가 있었던 셈이다.

　창작과 성공의 길은 단순하고 쉽지 않다. 그녀는 책을 읽고 계획을 짜고 쓰는 데 몇 해를 보냈다. 그 치열한 노고의 결과물이 《해리 포터》였다. 그녀는 자신의 글을 다듬고 자극을 받으며 자신의 글을 쓰는 데 최선을 다했다. 나에게는 나만의 인생 경험이 있다. 그 과정에서 얻은 지식도 있다. 2년 동안 읽은 책들과 공조가 일어나면 나의 경험과 노하우를 바탕으로 나의 도움을 필요로 하는 사람들을 돕고 싶다. 평생 성장하는 작가가 되어 희망을 바라는 사람들과 함께하고 싶다.

내가 책으로부터 얻은 지식과 삶의 지혜들을 한 권의 책으로 엮어 많은 사람과 나누고 싶다. 사람들은 성공담보다는 다른 사람이 고생한 이야기에 더 크게 공감한다. 그래서 비슷한 역경들을 헤쳐 나온 이야기에는 더 크게 공감할 수 있다. 사람들은 내가 어떤 경험을 했는지 알게 된 후에야 내가 알고 있는 지식과 성취한 것들에 관심을 보인다.

'제8회 세계문학상'에서 1위를 차지한 장편소설《개를 산책시키는 남자》의 전민식 씨는 무명작가였다. 그는 막일, 식당 불판 닦기, 미군 하우스보이, 역할 대행 알바, 웨이터, 다방 DJ, 대필 작가 등 숱한 직업을 전전했다. 그러한 인생의 무게만큼 그의 깨달음도 컸다. 그 결과 많은 사람들의 공감을 얻어 베스트셀러 작가가 될 수 있었다. 나 또한 살아오면서 전민식 씨만큼은 아니지만 많은 경험을 했다. 2년 동안 읽은 책을 통해 깨달은 것도 많다.

나는 현재 한책협의 책쓰기 과정을 듣고 있다. 2년 동안 읽은 책에서 얻은 지혜와 나의 경험들을 책에 오롯이 담고 싶다. 독서를 통해 내 인생이 눈부시게 바뀐 놀라운 변화를 많은 사람들에게 이야기해 주고 싶다. 나는 독서를 통해 확고한 꿈을 가지게 되었고, 실타래처럼 엉킨 인간관계가 술술 풀렸다. 부정적인 사고가 긍정적인 사고로 바뀌는 경험을 했다.

내가 했으면 모든 사람들이 할 수 있다. 나는 내 책을 통해 나와 같은 아픔을 지닌 사람들에게 희망을 찾아 주고 싶다. 나는 내 책이 베스트셀러가 되어 많은 사람들이 희망을 갖고 세상을 바라봤으면 좋겠다.

사람들은 자신의 문제와 현실을 매우 잘 알고 있다. 상황을 개선하는 데 도움이 되는 영감과 가르침을 찾고 있을 뿐이다. 베스트셀러 작가가 되고자 하는 내가 찾은 비결은 우리에게 숨겨진 창의성을 세상 밖으로 꺼내 보이는 것이다. 《해리 포터》의 J. K. 롤링처럼.

나는 책을 읽으며 변화를 꿈꿨다. 어제보다 나은 오늘을 위해, 조금씩 성장해 나가기 위해 책을 읽고 글을 쓰기로 했다. 내 삶의 주인공은 나다. 마흔여덟의 나이에 꾸는 꿈은 새로운 나를 새로운 세상과 만나게 해 준다. 우리 삶은 수많은 이야기로 이어진다. 가슴을 뜨겁게 만드는 것이 무엇인지 나 자신에게 물어봐야 한다.

최근의 경제는 불안정하다. 많은 사람들이 앞으로 어떻게 살아가야 할지에 대한 적절한 조언을 절실하게 구하고 있다. 힘들어하는 사람들에게 조언 대신 슬며시 내놓을 수 있는 책. 그런 책을 쓰고 싶다. 보는 순간 내가 그랬던 것처럼 마음의 위로가 되고, 책장을 넘기며 울다가 웃을 수 있는 그런 마법 같은 책을 쓰고 싶다.

PART 03

사람들의
이야기를 들어 주고
조언과 희망을 주는
메신저 되기

|남영화|

남영화

독서법 코치, 모녀 작가, 유튜버, 자기계발 작가, 동기부여가, 강연가

현재 엄마와 칼국수 가게를 운영하고 있으며 '하루한권독서연구소' 공동대표로 활동하고 있다. 유아교육과를 졸업하고 어린이집 교사로 지내다가 2년 동안 책을 읽고 진정한 꿈을 찾았다. 10~20대에 방황했던 자신의 삶과 책을 통해 알게 된 노하우를 주제로 《삶의 근육을 키우는 하루 한 권의 힘》(가제)을 집필 중이다.

01.
가족들과
크루즈여행 하기

"인생은 짧고 세상은 넓다. 그러므로 세상 탐험은 빨리 시작하는 것이 좋다."

사이먼 데이븐의 말이다. 지금도 늦지 않았다. 이 넓은 세상을 탐험하려면 지금부터라도 열심히 여행을 다녀야 한다.

나는 여행을 좋아한다. 조금 더 솔직하게 말하면 새로운 것을 좋아한다. 새로운 사람, 새로운 환경, 내가 해 보지 못했던 것들을 접할 때의 희열을 잊을 수 없다. '내가 살아 있구나', '나도 할 수 있구나' 하는 자신감이 생긴다.

나는 '~하고 싶어'라는 말을 자주 한다. 주변에서 무슨 일을 한다거나, 어떤 곳엘 다녀왔다고 하면 나도 꼭 다 해 보고 싶다. 새롭게 무언가를 할 생각을 하면 힘이 나고, 적극적인 사람이 된다. 그런데 가게에 있으면 자주 의욕이 없어지곤 한다. 나는 엄마와 칼국수 가게를 운영하고 있다. 때문에 '하고 싶어!, 가고 싶어!'라고 말해도 곧 내가 갈 수 없는 현실을 마주하게 되기 때문이다. 그리고 그에 따른 슬픔이 밀려오기 때문이다.

내가 책 쓰기를 하게 된 계기는 우선은 사람들에게 희망을 전해 주는 메신저가 되고 싶어서다. 하지만 더 나아가서는 나 자신의 자유를 찾고, 가족들과 추억을 더 많이 만들고 싶기 때문이다.

나의 학창시절 부모님은 치킨가게를 운영하셨다. 그래서 나는 학교를 마치면 친구들과 놀고 싶은 마음이 굴뚝같아도 바쁜 가게로 달려가야 했다. 대학을 졸업하고 직장인이 된 나는 '이제 어엿한 나의 직장이 있으니 부모님을 돕지 않아도 되겠지?'라고 생각했다. 하지만 곧 가게 일을 돕고 있는 나를 발견할 수 있었다.

가게를 돕는 게 몸에 배어서인지 저녁을 먹은 후 가게가 바쁘면 나도 모르게 뛰어나가 도와주고 있었다. 감옥에 갇힌 듯 답답하게 현실에 잠겨 있는 나에겐 힐링의 시간이 필요했다.

치킨집은 나뿐만 아니라 가족 모두가 힘들게 매달려야만 운영이 되었다. 돈을 벌기 위해 시간과 건강을 소비하는 형국이었다. 김도사님의 《100억 부자의 생각의 비밀》에 보면 "인생은 시간이다."라는 말이 있다. 우리는 돈을 벌기 위해 시간을 소비하는 것이 아니라 시간을 사기 위해 돈을 소비해야 한다.

언젠가 TV에서 이런 말을 들은 적이 있다. "사람들에겐 살면서 힘듦이나 외로움이라는 부정적인 상황을 이겨 낼 수 있는 방법이 있다. 바로 자신이 살면서 행복했던 추억들을 하나씩 꺼내어 보는 것"이라는. 죽기 직전엔 그 추억들이 파노라마처럼 지나가면서 행복한 죽음을 맞이하게 된다고 한다. 하지만 이런 추억이 없는 사람들은 힘들 때 주저앉거나, 슬픈 죽음을 맞이하게 된다고….

그러다 문득 우리 부모님이 생각났다. '두 분 다 어렸을 때 힘든 시절을 겪었는데 행복한 추억이 많이 쌓여 있을까?' 나는 부모님이 우리와 함께하는 동안 더 많은 추억과 시간을 만들어 드리고 싶었다.

가족여행은 서로를 더 알아 가는 시간이 되었다. 다 같이 모여 여행 계획표를 짤 때면 한마음이 된다. 그렇게 행복할 수가 없다. 설렘이 가득한 시간이다. 멀리 가지 않아도, 주변 다리 밑에서 고기도 구워 먹고, 물놀이를 하며 하루를 보내는 것만으로도 우리 가족은 힐링이 되었다. 우리 모두가 감옥으로부터 탈출하는 시간이었다.

그렇게 1년에 두 번 있던 가족여행은 우리 가족들을 위한 축복의 시간이었다. 우리는 휴가지에서 찍은 사진을 보며 그때의 재미났던 추억들을 하나씩 풀어놓는다. 사진은 우리가 함께한 시간을 보여 준다. 여행은 여행 과정에서 끝나는 것이 아니다. 여행을 끝내고 돌아오면 더 큰 것이 주어진다.

아나톨은 "여행이란 우리의 사는 장소를 바꾸어 주는 것이 아니라, 우리의 생각과 편견을 바꿔 주는 것"이라고 말한다. 가족여행을 다녀오면 서로를 바라보는 시선이 바뀐다. 서로에 대한 편견이 없어질뿐더러 마음이 여유로워지기 때문이다. 나는 가족여행, 친구들과의 여행을 다녀올 때마다 내가 바뀌고 있다는 것을 느낀다.

세상은 넓다. 그럼에도 불구하고 우리는 좁은 땅에서 아웅다웅하며 살아간다. 우물 안 개구리처럼 TV, SNS를 통해 우리나라 밖을 본다. 그러니 우물을 벗어나 직접 넓은 세상으로 나가야 한다. 그렇게 해서 넓은 마음과 깊은 생각을 배워야 한다.

해외여행을 자주 다니는 사촌 언니가 가끔 여행지에서 찍은 사진을 단톡방에 올린다. 그러면 우리 가족은 "우와, 너무 예쁘다. 우리도 다 같이 가자!"라고 말하며 사진 속 해외여행을 한다. 아빠는 TV다큐멘터리 프로그램을 통해 TV 속 해외여행을 자주 다니신다.

사촌 언니는 "영화야, 한번 다녀와 봐. 영어 못해도 괜찮아! 진짜 한번 다녀오면 생각이 바뀐다니까. 다음에 언니랑 같이 갔다 오자."라고 행복한 얼굴로 이야기한다. 사촌 언니의 모습을 보면서 여행을 다녀온 후로 언니의 성격도 많이 바뀐 것 같다는 생각이 들었다. 변화하기 위해 나에게도 여행이 필요할 것 같다는 생각이 들었다.

우리 가족은 언젠가 돈을 많이 모아서 해외여행을 다녀오자는 약속만 한 채 아직 다녀오지 못했다. 우리 가족에게 해외여행은 먼 미래의 버킷리스트였다.

2020년 4월, 유튜브를 보던 중 〈권마담TV〉를 알게 되었다. 〈권마담

TV〉를 통해 살면서 처음으로 크루즈여행에 대해 알게 되었다. 권마담은 돈이 많은 부자들만 갈 수 있다고 생각했던 크루즈여행이 적은 비용으로 다녀올 수 있다는 것을 알려 주었다. 그때부터 〈권마담TV〉의 크루즈여행을 더 살펴보았다. 그곳에서는 크루즈여행의 장점, 좋았던 점, 크루즈여행에 관련된 팁 등을 잘 설명해 주고 있었다.

나아가 권마담의 《나는 100만 원으로 크루즈 여행 간다》에는 크루즈에 대한 기본지식부터 종류, 저렴하게 예약하는 방법, 크루즈 내부의 다양한 시설 등 크루즈의 모든 것이 담겨 있었다. 그것들을 직접 획득한 노하우를 통해 알려 주고 있어서 신뢰가 갔다. 〈권마담TV〉를 본 후 우리 가족은 2년 안에 크루즈여행을 다녀오자고 다짐했다. 바다 위 새로운 세상에서 가족들과 함께 즐기는 상상을 하면서.

예쁜 옷을 입고 한껏 꾸민 후 간단하게 짐을 꾸려 집을 나선다. 예약한 크루즈에 타고, 가족 모두 짐을 푼 후 지칠 때까지 크루즈 안을 다니며 탐험한다. 시간에 구애받지 않고 천천히 이야기를 나누며 맛있는 음식을 먹는다. 다양한 이벤트에도 참여해 보고, 공연을 관람한다. 크루즈여행을 끝내고 돌아오면서 우리는 크루즈여행을 다녀올 수 있었음에 감사하며, 다음을 기약한다. '다음번엔 어디로 다녀와 볼까? 다음 달에 다녀올까?'라는 행복한 고민을 하면서.

02.
땅을 사서
벚꽃공원 만들기

봄이면 벚꽃구경을 가고, 여름이면 바다와 계곡으로, 가을이면 산으로, 겨울엔 얼음이 꽁꽁 언 한천으로 향했다. 모든 사람이 그렇듯 나도 자연을 좋아한다.

어렸을 때부터 모래로 소꿉놀이를 하고, 두꺼비집을 만들고, 봉숭아를 따서 손톱을 물들이고, 올챙이를 잡고 놀며 자연과 함께 지냈다. 특히 나무를 좋아한다. 그중에서도 벚꽃나무를 좋아한다. 나는 개나리와 벚꽃이 피지 않으면 아직 봄이 오지 않았다고 이야기할 정도다.

대학시절 교수님께서 "벚꽃구경 가서 사진 찍어 오면 결석처리 안 한다."라고 말씀하셨다. 그 말에 나는 다음 날 친구들과 교수님께 '벚꽃구경 갑니다'라는 문자를 남기고 꽃구경을 다녀왔다. 다음 날 교수님께 혼났지만 잊을 수 없는 꽃구경이었다. 그 정도로 나는 벚꽃을 좋아했다.

치킨집을 할 때는 밤늦게 가게를 마치고 12시쯤 가족들과 벚꽃구경을 다녀왔었다. 밤늦게 벚꽃을 구경할라치면 핑크빛 눈이 내리는 것 같왔다. 솜사탕 구름이 밤하늘에 떠 있는 것 같기도 하고, '오로라를 보면 이런 느낌일까?'라는 생각이 들 정도로 예뻤다. 그렇게 벚꽃과 함께 커서인지 나는 언제나 "나중에 집을 지으면 우리 집 마당에 꼭 벚꽃나무를 심을 거야."라고 이야기하곤 했다.

영덕에 가면 메타세쿼이아 길이 있다. 나는 그곳을 두 번 다녀왔는데 계절이 바뀔 때마다 그곳이 생각난다. 키 큰 나무가 우거진 숲으로 들어가면 나는 이상한 나라의 앨리스가 된다. 마치 조그마해진 내가 숲속을 탐험하고 있다는 생각을 하게 된다. 앨리스처럼 작아진 나는 나무들을 구경하면서 셀카를 찍고 시원한 바람을 느끼며 산책을 한다. 그러면 신선한 공기가 나에게 들어와 몸이 가벼워지고 행복한 느낌이 든다.

두 번째로 메타세쿼이아 숲을 찾았을 때 나는 그곳이 개인의 땅이라는 것을 알고 깜짝 놀랐다. '이렇게 멋진 곳이 개인의 땅이라고?' 나는 개인 소유의 숲이 있다는 사실을 그때 처음 알았다. '우리나라에 메타세쿼이아 숲처럼 개인이 소유하고 있는 숲이 더 있지 않을까?' 궁금증이 생긴 나는 개인 소유 숲에 대해 더 알아보았다.

먼저 병마와 싸우는 아내를 위해 한 그루, 두 그루 심다가 명소가 된 강원도 홍천 은행나무숲이 있다. 그리고 부산 기장의 아홉산숲, 곤지암의 화담숲 등 우리나라에 생각보다 많은 개인 소유의 숲이 있었다. 그런 정보를 얻자 나도 숲을 가질 수 있다는 생각이 들었다. 중요한 것은 나는 숲을 만드는 방법도, 무엇이 필요한지도 모른다는 점이었다. 제일 먼저 생각난 것은 땅이다. 땅이 있어야 나무를 심고, 숲을 만들 수 있다. 그 다음은 돈이다. 돈이 있어야 땅을 사고, 벚꽃나무를 사서 심을 수 있다. 나에게 '돈을 벌어야겠구나. 부자가 되어 벚꽃공원을 만들어야겠다'라는 꿈이 생겼다.

나의 꿈은 마당 앞 벚꽃나무에서 나의 땅 벚꽃나무숲으로 바뀌었다. 왜 이렇게 벚꽃공원을 만들고 싶어 할까? 벚꽃구경을 할 때 혼자 구경 오는 사람은 드물다. 가족이나 연인, 친구, 지인들과 함께 걸으며 사진을 찍고, 이야기를 나눈다. 나도 그랬다. 벚꽃구경을 다니면서 추억을 쌓았고, 만개한 벚꽃나무 사이에서 걸을 때면 너무 기뻤다. 세상이 나에게 이벤트를 해 주고 있는 것 같았다.

나는 벚꽃공원을 만들어서 많은 사람들과 행복을 나누고 싶다. 예쁜 숲에서 만개한 벚꽃을 구경하며 사랑을 키우고, 긍정적인 마음을 얻고 싶다.

매일 아침 일어나서 나는 제일 먼저 나의 꿈을 생생하게 상상하고 마음속으로 말한다. '나는 베스트셀러 작가다. 나는 나의 이름으로 된 땅, 집, 차를 소유하고 있다. 나는 내가 산 땅에 벚꽃공원을 만들어서 사람들과 행복을 나눈다.'

그러다 보면 항상 똑같은 영상이 머릿속에 떠오른다. 누군가 예쁜 원피스를 입고 있는 내 사진을 벚꽃나무 길에서 찍어 주고 있는 모습이다.

그곳은 내가 만든 벚꽃공원이다. 그 상상에 더욱 집중하다 보면 유모차를 끌고 웃으며 지나가는 가족들, 나무 밑에 돗자리를 펴고 할머니, 할아버지, 아들, 손자 삼대가 모여 도시락을 먹는 모습, 연인이 함께 다니며 사진을 찍는 모습 등 행복한 모습이 생생하게 그려진다.

03.
희망을 주는
베스트셀러 작가 되기

2년 전까지만 해도 나는 책과 거리가 먼 사람이었다. 책과 글을 대하기로는 웹소설, 내가 하는 일과 관련된 서류 정도였다. 이런 내가 어떻게 책을 읽게 되었을까?

2년 전, 엄마가 갑자기 책을 읽기 시작하셨다. 그렇게 몇 달을 꾸준히 읽으시더니 엄마의 모습이 조금씩 변하기 시작했다. 행동이 바뀌고, 생활이 바뀌고, 우리에게 하는 말들이 바뀌었다. 엄마는 우리 3남매와 아빠에게 매일 "책을 읽어라, 책 읽으니까 너무 좋다. 책에서 이렇게 하면 성공한대."라고 말하셨다. 하지만 나머지 우리는 "책 읽어서 다 바뀌고, 성공한다면 다 책을 읽지."라며 엄마 말을 무시했다.

그러던 어느 날 내가 책을 읽게 된 계기가 생겼다. 평소 직장생활, 연애문제로 힘들어할 때 엄마에게 이야기하면 맞장구를 쳐주고, 함께 호박씨를 까는 것이 일상이었다. 그런데 엄마는 "그랬구나, 그럴 때는 이렇게 하면 돼."라면서 해법을 알려 주기 시작했다. 그렇게 엄마의 말을 생각하며 직장생활을 했더니 마음이 편안해졌다. 내가 "엄마, 어떻게 알았어요? 진짜 신기해요!"라며 놀라자 엄마는 "그거 다 책에서 배운 거야. 엄마가 책에 다 있다고 했잖아."라고 말하셨다.

그 이후로 나도 바뀌고 싶은 마음에 책을 읽으려고 노력했다. 하지만 습관이 되지 않아서 책을 한두 장 읽다가 포기하곤 했다. 책을 읽지 않으니 나의 부정적인 생활이 반복되었고, 모든 생활이 다시 힘들어졌다. 그런 나에게 엄마는 유튜브 강연 영상과 북튜브를 추천해 주셨다.

북튜브를 보는데 책의 내용이 쏙쏙 귀에 들어왔다. 그 책을 읽고 싶다는 생각이 들기 시작했다. 그렇게 나는 스스로 책을 구입해서 읽기 시작했다. 한 권을 다 읽고 나자 그것과 관련된 책도 구입해서 읽게 되었다. TV나 인터넷 서점의 추천도서에도 자주 들어가서 내가 원하는 책이 나오면 사서 읽어 보았다. 그렇게 읽다 보니 독서습관이 잡혔다.

그렇게 2년 정도 독서를 했지만 나에게는 이렇다 할 꿈이 없었다. 그런데도 계속 독서를 했던 이유는 나의 삶이 조금씩 나아지고 있었기 때문이다. '어떻게 하면 꿈을 가질 수 있을까?' 나는 엄마를 보며 생각했다. 나보다 책을 먼저 읽기 시작한 엄마는 밤을 새워 책을 읽기도 하셨다. 그러더니 작가가 되어서 글을 쓰고, 강연을 하고 싶다고 하셨다. 언제인지 TV프로그램에 초청되어 자신이 강연하고 있는 모습이 보인다는 것이었다. 그때 엄마의 모습은 10대인 막내보다 더 젊어 보였다. 그런 엄마의 모습을 보고 나는 더 절실히 책을 읽었다. 무언가 지금의 삶과 다른 삶을 살고 싶다는 욕망이 가득해졌다.

그렇게 책을 읽고, 또 읽었지만 모르는 것투성이에 꿈을 찾지 못해 방황하는 내 모습만 보였다. 나는 엄마에게 "엄마, 나는 책을 읽는데도 왜 꿈이 없죠? 나는 엄마처럼 하고 싶은 게 없어요."라고 말했다. 그러자 엄마는 "책을 덜 읽어서 그래. 더 읽으면 네가 하고 싶은 게 생각날 거야."라고 말하셨다. 그래서 나는 책을 몇 달간 더 읽었다. 그래도 내가 꿈을 찾지 못하고 있을 때 엄마가 한책협 카페를 알게 되셨고, 함께 책쓰기 1일 특강에 갈 기회가 생겼다.

책쓰기 1일 특강에 가기 일주일 전 김태광 작가님의 책 5권을 구입해서 읽었다. 책을 읽으면서 마음이 너무 아파 눈물을 흘리기도 했다. 그리고 나도 책을 쓸 수 있다는 희망을 가지게 되었다. 김태광 작가님이 항상 강조하는 "성공해서 책을 쓰는 것이 아니라 책을 써야 성공한다."라는 글을 보고 정말 가슴이 두근거렸다. 특히 《100억 부자의 생각의 비밀》이란 책을 읽을 때는 뒤의 내용이 궁금하고, 설레었다. 자고 일어나자마자 눈곱도 떼지 않은 채 책을 읽고 있는 나의 모습을 발견할 정도였다.

이 책을 읽으면서 나는 '왜 이렇게까지 이 책을 보고 있지? 내가 이 책에서 원하는 게 뭐지? 내 가슴이 왜 이렇게 두근거리지?'라는 물음을 떠올렸다.

곰곰이 생각해 보니 내가 작가가 될 수 있다는 희망 때문이었다. 나의 인생은 아무도 살아 보지 못했던 것이다. 작가가 되면 나와 비슷한 경험을 하고 있을 사람들에게 조언을 해 주거나 어떻게 살아야 하는지 알려 줄 수 있을 것이다. 그런 희망에 내 가슴이 뛰고 있었던 것이다. 책을 쓰면 성공할 수 있다는 것도 좋았다. 하지만 누군가에게 희망을 줄 수 있다는 사실에 가슴이 설레어 일이 손에 잡히지 않았다.

나는 왜 작가가 되어서 사람들에게 희망을 주려고 할까? 나는 어린 시절부터 돈이 정말 갖고 싶었다. 그런데 힘든 가정형편과 주변 환경 때문에 돈이 밉고, 싫었다. 집에 들어가는 것이 싫어서 학교가 끝나면 친구들과 이곳저곳을 걸어 다니기 일쑤였다. 나는 훼미리마트(지금의 CU)에서 삼각 김밥과 500컵 컵라면을 즐겨 먹었다. 그런 나에게 어느 날 한 친구가 장학센터를 소개해 줬다. 나는 그곳의 리더십 교육에 참가하고 봉사활동을 했다. 나는 집에서 벗어나고 싶을 때마다 그곳에 갔다. 나중엔 봉사활동 이력으로 생에 첫 장학금을 받는 기회까지 잡았다.

어딘가에 가고는 싶지만 나를 받아 줄 곳이 없고, 누구에게 조언을 구하고 싶지만 주변에 그런 이야기를 해 줄 사람이 없는 인생. 그것이 정말 캄캄하고 서글픈 인생이라는 것을 잘 알고 있다. 학창시절은 성인이 되기 전 성인이 되었을 때 겪어야 할 것을 연습하는 단계라고 생각한다. 그 시기에 배운 것이 없고, 어떻게 해야 할지 몰라 방황했다면 성인이 되어서도 방황하고 만다. 그런 아픔을 누군가 겪고 있다면 얼른 구해 주고 싶은 게 나의 꿈이었다. 10대, 20대, 어쩌면 나이가 더 많아도 방황하고 있는 사람이 있다면 손을 잡아 주고, 이야기를 들어 주고, 내 경험을 알려 주고 싶다.

도움을 청하는 사람은 정말 많을 것이다. 중요한 건 내가 그 사람들을 모두 찾을 수도, 찾아갈 수도 없다는 것이다. 김태광 작가님은 "책을 펴내면 책은 나의 분신이 된다."라고 말했다. 전국, 전 세계에까지 뻗어 나가서 나의 이야기를 들려주고, 희망을 전해 줄 수 있다면서.

나는 그 문구를 보자마자 '내가 산 인생이 어쩌면 아무것도 아닌 게 아닐지도 몰라. 누군가는 나처럼 비슷한 힘듦을 겪고, 비슷한 질문을 하며 방황하고 있을지 몰라. 나의 책이 그 사람들에게 희망을 전해 줄 수도 있어!'라는 생각이 들었다. 그렇게 나는 책 쓰기 수업을 들었고, 희망을 주는 사람이 되기 위해 책을 쓰고 있다.

'내가 베스트셀러 작가가 된다면 사람들에게 어떻게 희망을 줄 수 있을까?' 생각해 보았다. 제일 먼저 책을 출간하면 사람들에게 희망을 줄 수 있다. 문제는 많은 사람들이 책을 읽지 않는다는 것이다. 그러니만큼 책을 대신해 사람들이 좋아하는 스마트폰을 활용해야 한다. 모든 사람이 스마트폰으로 나의 강연을 시청하게 하고, 영상을 찍어 올려 사람들에게 희망을 전해 줄 것이다.

나는 사람들에게 희망을 주며 더 큰사람으로 성장할 것 같다. 돈을 많이 벌게 된다면 학창시절 때부터 하고 싶었던 기부를 꾸준히 하고 싶다. 학창시절 나는 '누가 나에게 기부 좀 해 줬으면 좋겠다'라는 생각을 했었다.

한번은 슈퍼에서 600원짜리 음료수를 사 먹으려다 50원이 모자라서 못 사 먹었던 적이 있다. 그렇게 서러웠던 적이 없었다. 나는 50원의 소중함을 그때 깨달았다. 그때부터 바닥을 보며 다녔는지 돈을 줍는 일도 많아졌던 것 같다. 10원짜리 하나일지라도 눈에 띄면 뛰어가서 주웠다. 옆의 친구들은 "뭐 그런 걸 줍냐."라고 말하며 자신들 주머니에 있던 10원짜리를 나에게 주었다.

나는 돈이 없으면 서글프다는 사실을 알고 있다. 어렸을 땐 돈이 너무 없었다. 그러다 보니 집의 돈을 훔치기도 했다. 그로 인해 호되게 혼난 적도 몇 번 있었다. 사람들이 나쁜 짓을 하는 데는 다 이유가 있다. 무언가를 훔친다면 그건 정말 절박하기 때문이다. 그러면 그 사람들은 죄인이 되고 만다. 남의 것을 훔친 것은 잘못한 일이지만 억울하다고, 너무 힘들다고 불평불만 하는 부정적인 사람이 되고 만다. 나는 사람들에게 부정적인 마음이 싹트기 전에 도움을 주고 싶다. 그래서 그들이 선한 마음을 간직할 수 있도록, 그리고 그 사람들이 희망을 주는 사람이 될 수 있도록 노력할 것이다.

04.
유명한
북튜버 되기

나는 사실 파워블로거가 꿈이었다. 네이버 블로그 〈엉아의 또바기 이야기〉는 나의 일상을 기록하는 블로그다. 블로그로 사람들에게 나의 이야기를 알리고 싶었고, 돈도 벌고 싶었다. 그래서 나는 200만 원을 들여 블로그 마케팅을 배웠다. 그러나 지금까지 1원도 벌지 못했다. 블로그 상위노출을 해도 돈은 들어오지 않았다. 무작정 수익 글을 올리기도 했는데 블로그가 유명하지 않으니 수익이 나올 리가 없었다.

처음엔 그래도 블로그에 요리, 데이트, 책 리뷰를 올리며 이웃들과 왕래하는 것이 나의 일상이었고 재미있었다. 이웃이 증가하고, 블로그의 하루 방문자 수가 늘고, 나의 포스팅도 늘어 갔다. 블로그에 글을 올리기 시작하면서 책을 더 자주 읽게 되었고, 내용을 자기화해서 정리할 수 있는 능력이 생겼다. 블로그에 책 후기를 올리면서 사람들과 책에 대해 이야기를 나누기도 했다. 누군가 내가 쓴 글을 본다는 것이 좋았다. 그것이 자기계발을 하는 것이라고 생각했다.

유튜브를 보던 어느 날 '블로그를 하지 말고 지금 당장 유튜브를 시작하라'라는 문구를 보았다. 영상에 들어가서 왜 그렇게 해야 하는지 들었다. 블로그로는 돈을 벌기 힘들지만 유튜브는 내가 하는 만큼 돈을 벌 수 있다는 것이었다. 처음엔 블로그를 운영하면서 이웃의 수가 늘어나는 데 재미를 느끼고, 이웃들과 서로 왕래하며 즐거움을 느꼈다. 그러나 점점 '내가 왜 이걸 하고 있지?'라는 생각이 들었다. 점점 나태해지고 있을 때 이 영상을 본 것이다. 순간 '유튜브를 시작해야 하나?'라는 생각이 들었다.

모든 일은 재미와 흥미도 있어야 하지만 돈이 들어와야 꾸준히 할 수 있다고 생각한다. 몸과 마음이 힘들어 '내가 때려치우고 말지!'라는 말을 마음속으로 내뱉으면서도 직장생활을 계속하는 이유는 돈이 들어오기 때문이 아닌가. 블로그로는 이웃의 수, 포스팅 수, 방문자 숫자만 늘어날 뿐이었다. 나의 통장 잔고는 그대로거나 아래로 내려갔다. 200만 원을 들여 배웠는데 아까워서라도 포스팅은 해야 했다. 나는 자주 오는 이웃들을 위해 블로그를 억지로 이끌어 가고 있었다.

그런데 내가 좋아하는 일을 하며 돈까지 벌 수 있다니 유튜브를 하고 싶다는 마음이 간절했다. 그러나 자신이 없었다. 부끄럽고, '내가 잘할 수 있을까?'라는 생각이 들어서였다. 그렇게 며칠을 '할까, 말까' 고민하던 중 엄마가 먼저 북튜브를 시작했다.

컴퓨터를 잘 다루지 못하는 엄마에게 영상 만드는 법, 채널 만드는 법, 영상 포스팅 방법을 알려 드리고 나니 나에게도 용기가 생겼다. 내가 만들어 준 엄마의 채널에 구독자가 조금씩 생기고, 조회 수가 늘어나자 가슴이 두근두근 뛰었다. '아, 나도 할 수 있겠다'란 생각이 들었다. 며칠 뒤 나는 바로 유튜브를 개설했다.

나는 지금 유튜브 채널 〈슬기로운 독서생활〉을 운영하고 있다.

나는 〈슬기로운 독서생활〉 채널에서 독서법, 책 추천, 책 후기 등 책과 관련된 것을 알려주고 있다. 처음에 책을 읽으면 알 듯 말 듯 크게 깨닫기가 힘들었다. 독서법을 모르고 그저 눈으로만 읽었더니 기억에 남는 것이 없었던 것이다. 그러다가 터득한, 책을 읽으면서 밑줄을 긋고, 책을 접고, 생각을 쓰는 나의 독서법을 알려 주고 싶었다. 독서도 방법을 알아야 할 수 있기 때문이다. 또한 내가 읽은 책을 누군가에게 소개해 주고 알려 주고 싶었다. 나는 〈슬기로운 독서생활〉을 통해 독서를 어려워하는 사람들에게 독서법을 알려 주고, 내가 읽고 위로, 응원, 치유, 힘을 얻었던 책들을 추천해 주고 있다.

나는 왜 북튜브를 개설했을까? 첫 번째는 취미가 독서이기 때문이기도 하다. 하지만 책을 읽기 시작한 지 얼마 안 되었을 때 독서습관이 제대로 잡혀 있지 않아서 책에 잘 집중하지 못했었기 때문이다.

그렇게 독서를 힘들어하는 내게 엄마는 평소 듣던 강연 영상과, 북튜브 영상을 공유해 주셨다. 〈체인지 그라운드〉, 〈김새해TV〉, 〈책그림〉, 〈우기부기TV〉, 〈책 데이트〉, 〈세바시〉, 〈김미경TV〉, 〈어쩌다어른〉, 〈김창옥의 포푸리쇼〉, 〈법륜스님의 즉문즉설〉, 〈마인드폴〉, 〈채환의 귓전영상〉 등 좋은 영상을 보고 많이 울기도 했다. 명상도 했다. 나의 잘못된 습관을 고치기도 했다. 그러면서 나도 이렇게 사람들에게 감동을 주는 유튜브를 하고 싶었다.

특히 힘들 때면 김새해 작가의 영상을 자주 보았다. 책을 읽고 힘든 시절을 이겨 내어 건강, 가족, 삶 모든 것이 변한 그녀의 모습을 보며 힘을 얻었다. '나도 저렇게 예쁘게 말하고 싶다. 나도 저렇게 책을 읽어 주고 싶다. 나도 반짝반짝 빛나는 사람이 되고 싶다'라고 생각했었다.

두 번째는 중학생인 막내가 가끔 재미있는 영상이라며 유튜브 영상을 보여 준 것이 계기가 되었다. 어이없는 실험을 하는 영상, 게임을 하면서 욕을 하는 영상, 일상을 이야기하는데 삶에 하나도 도움이 안 되는, 오히려 아무 생각 없게 만드는 영상들. 그 영상들을 보며 화가 나기도 하고 답답함이 몰려왔다.

스마트폰은 스마트하게 쓰는 폰이다. 유용하게 써야 하는데 그런 영상만 본다면 바보상자인 TV와 다른 점이 무엇일까? 아이들에게 스마트폰은 그저 게임을 하거나, 친구들과 연락을 주고받으며 의미 없는 수다를 떨거나, 도움이 안 되는 영상을 틀어 주는 도구일 뿐이다. 스마트폰을 만든 회사에서 정말 이런 모습을 원했을까? 하는 의문이 내게 들었다. 그래서 좋은 영상을 많이 올리는 북튜버가 많아져야 한다는 생각이 들었다. 내가 북튜버를 하게 된 이유다.

나는 막내가 나쁜 영상을 보지 않길 원했다. 휴대전화 사용 시간이 정해져 있는 막내는 그나마 스마트폰을 보는 데 1~2시간을 들인다. 그런데 관리하지 않는 아이들은 하루 종일 이상한 영상을 보며 키득거린다고 한다. 그런 생각을 하자 안타까움이 몰려왔다.

10대는 20대인 성인이 되기 전 어른이 겪어야 할 일들을 미리 체험해 보는 시기다. 나는 그러지 못해서 20대에 많이 방황하고 힘들어했다. 그래서 더욱 유명한 북튜버가 되고 싶다. 아이들의 힘든 고민을 들어 주고, 해결책을 제시해 주는 북튜버가 되고 싶다. 이상한 영상을 보면서 시간을 허비하는 게 아닌, 진정한 나의 삶을 살 수 있는 방법을 알려 주는 북튜버. 힘들고 고민이 많은 사람들의 이야기를 들어 주고, 조언을 해 주는 사람.

나의 10대와 20대엔 그런 사람이 엄마와 선생님 몇 분이었다. 그나마 학교를 졸업하자 나에게 조언을 해 주는 사람은 엄마가 전부였다. 하지만 엄마와 이야기하기 힘든 문제도 있고, 엄마가 해결해 주지 못하는 문제들도 있었다. 그럴 때 더 좋은 조언을 해 줄 수 있는 어른들을 몇 년 동안 찾았지만 찾지 못했다. 그러다가 내가 깨닫게 된 것은 나의 주변엔 그런 사람이 없다는 것이다. 그래서 책을 읽기 시작했고, 북튜브를 보았다. 나의 인생에 조언을 해 줄 수 있는 존재는 책과 북튜브였다.

요즘에 자주 보는 유튜브 채널 〈김도사TV〉, 〈네빌고다드TV〉, 〈권마담TV〉는 내 인생에 또 다른 선물을 주었다. 나에게 성공할 수 있는 방법과 제대로 사는 법을 알려 준 것이다. 나는 내가 좋아하는 유튜버들을 롤 모델 삼아 나도 그렇게 되겠다고 결심했다.

책을 읽어 주는 유명한 북튜버가 되기 위해 나는 책을 더 자주 읽을 것이다. 내가 평소 궁금해했던 것들, 힘들었던 것들을 생각할 것이다. 그리고 연애, 다이어트, 성공, 우울증, 비난, 자기사랑, 습관 등 다양한 분야의 책을 접하고 영상을 만들 것이다.

유명한 북튜버가 되어 사람들과 실시간 영상을 찍으며 이야기를 나누기도 할 것이다. 힘들어하는 사람들이 나의 영상을 보며 치유되기도 할 것이다. 강연도 하고, TV 출연도 할 것이다. 그로 인해 사람들이 책을 더 많이 보고, 힘든 삶에 조금이라도 도움이 되었으면 한다. 그런 바람을 안고 힘들고, 괴로울 때 이야기할 곳이 없는 사람들에게 귀가 되어 줄 것이다. 유튜브 방송으로 번 돈으로 행복한 삶을 살면서 행복을 나누어 주는 기부를 할 것이다. '내가 번 돈이지만 나의 것이 아니다.' 나는 돈을 그렇게 생각한다. 돈이란 필요한 만큼만 있으면 되지 않을까. 죽을 때 싸 들고 갈 것도 아니니까.

05.
1년에 10억 버는
1인 창업가 되기

나는 엄마와 칼국수 가게를 운영하고 있다. 작년에 개업한 우리 가게는 비가 오는 날이면 특히 바쁘다. 오늘은 비가 많이 내려서 가게가 무척 바빴다. 손님들이 줄지어 들어오고, 테이블 위에는 치워지지 않은 빈 그릇이 가득 쌓여 있었다. 전화기는 계속 전화를 받으라며 울어 댔다. 정신없는 점심장사를 끝내고 나니 몸은 힘들고, 지쳤지만 돈을 많이 벌었다는 사실에 기쁨과 뿌듯함을 느꼈다.

그런 기쁨과 뿌듯함도 잠시. 3~4시쯤 되면 온몸에 힘이 없고, 잠이 쏟아진다. 종아리와 허리가 아프고, '오늘 많이 팔았는데 저녁장사까지 해야 되나?'라는 생각과 싸우게 된다. '내가 과연 언제까지 이 일을 할 수 있을까? 20대인 나도 이렇게 힘든데 50대가 되어 가는 엄마는 괜찮을까?'라는 생각이 힘들 때마다 든다.

가끔 TV나 책 속의 부자들을 보면서 나는 "부자들은 내가 보기에 힘들게 일하지 않는다. 잠잘 때도, 여행을 갈 때도 돈이 통장에 들어온다. 그것도 내가 여태 만져 보지 못한 거액이! 나는 그런 생활을 할 수 없을까?"라는 질문을 자주 했다. 직장생활을 할 때나 자영업을 하고 있는 지금이나 월급날이 되면 열심히 일해서 번 돈인 만큼 뿌듯하고, 기쁘다. 하지만 내가 일한 몸값치고는 너무 적은 액수라는 생각이 많이 들었다. 어떻게 하면 부자들처럼 돈을 벌 수 있을까?

우리 아빠는 TV를 항상 켜 놓으신다. 〈생활의 달인〉, 〈서민갑부〉 같은, 서민들의 성공을 다룬 프로그램을 자주 시청하신다. 그럴 때면 가족들이 모여서 다 같이 본다. 현실세계에서 일어나는 일이고, 어떻게 갑부가 되었는지 궁금하기 때문에 그런 프로그램에 눈이 간다. TV에 나오는 갑부들에겐 공통점이 있었다. 힘든 시절을 보낸 점, 꼭 성공하겠다는 절실함, 한 가지 일에 몰두해서 성공할 때까지 실패와 도전을 반복하는 점, 그리고 다들 자유보다는 자신의 일에 묶여 있었다.

그분들은 자신의 분야에서 크게 돈을 벌고 성공한 사람들이다. 그들이 이구동성으로 하는 이야기는 힘들지만 행복하다는 것이다. 그러나 나는 그들에게 자유가 없어 보이는 게 늘 안타까웠다. 성공을 위해 하루 종일 이리 뛰고, 저리 뛰고, 아침 일찍부터 밤늦게까지 일하고 뿌듯해한다. 장사를 해서 성공한 사람들은 자유가 없는 삶을 살고 있었다.

나는 어린이집을 다니면서 엄마의 가게 일을 도왔다. 투잡이나 다름 없는 생활이었다. 내 시간을 하나도 갖지 못한다는 것이 얼마나 슬픈지 몰랐다. 나는 '내가 일하는 기계가 된 것이 아닐까? 내가 이 세상에 태어난 것은 일하기 위해서인가?'라고 생각하면서 가게를 그만두면 좋겠다고 빌었다. 한번은 보름달이 뜨던 날, 달을 향해 두 손을 모으고 "달님, 제발 우리 가게 그만두게 해 주세요."라고 빌었다. 그랬더니 부모님이 "너희가 지금 먹고, 자고, 생활하고, 학교도 다닐 수 있는 게 다 이 가게 덕분인데, 가게 그만두면 뭐 먹고 살려고? 하고 싶은 것만 하면서 인생을 살 수는 없어!"라고 말하셨다. 자유를 갖기 힘든 것. 내가 장사와 직장생활을 싫어하는 첫 번째 이유다.

두 번째 이유는 밥을 제대로 먹지 못하기 때문이다. 누군가는 '이런 일로 일하기 싫다고? 배가 불렀구먼!'이라고 생각할 수도 있겠다. 하지만 나는 밥 먹는 것이 정말 중요하다고 생각한다.

직장생활과 장사를 하면서 나는 점심시간을 기다리곤 했지만 제때 밥 먹기가 힘들었다. 어린이집에서의 점심시간은 전쟁터와 다름없다. 아이들에게 밥을 먹여 주거나, 반찬을 떠 주다 보면 나는 그릇을 치우면서 밥을 먹어야 한다. 행사가 있는 날엔 거의 밥을 먹지 못 한다. 음식업도 마찬가지다. 밥을 먹다가도 손님이 오면 뛰쳐나가야 한다.

나는 빨리 먹으면 잘 체하기 때문에 밥을 천천히 먹는 편이다. 그런데 저녁을 먹다가 가게가 바빠지면 아빠가 내게 다가와 "바쁜데 빨리 먹지!"라며 화를 내셨다. 먹을 때마다 앉았다 일어나는 것이 정말 싫다.

한번은 싫은 티를 냈더니 엄마가 "장사하려면 그런 건 감수해야지.

먹을 거 다 먹으면서 이런 장사 못해."라고 하셨다. 점심으로 면을 먹는 날이면 불어 터진 면을 버리고 다시 끓여 먹기도 한다. 손님들이 밥 먹다가 일어서는 나에게 "장사하면 원래 밥 잘 못 먹어."라고 할 때면 정말 속상하다.

세 번째 이유는 아파도 일을 해야 하기 때문이다. 쉬고 싶지만 전염병에 걸리거나, 못 일어날 정도가 아니라면 출근해야 한다. 나는 어렸을 때부터 그렇게 배워 왔기 때문에 아파도 참고 그렇게 해야 한다고 생각했다. 직장생활을 시작하고 손에는 한포진이 생겼고, 한 달에 한 번 감기몸살로 병원에 가서 링거를 맞았다. 뿐만 아니라 장염에 걸리거나, 체하는 경우도 잦았다.

그런 날이면 나는 집에 가서 푹 잠을 자고 싶었다. 그러나 그러지 못했다. 어린이집에서 퇴근하면 가게가 조용한 틈을 타 약을 먹고 잠을 청했다. 하지만 가게가 많이 바빠질라치면 몸을 일으켜 일을 도우러 나가야 했다. 아파도 쉴 수 없는 직장생활과 장사를 끝내고 싶었다.

지금의 칼국수 가게도 아프다고 편히 쉴 수 없다. 가게 문을 닫으면 하루 장사만 손해 보는 것이 아니다. 가게 문을 들쭉날쭉 열면 손님이 줄게 된다. 문이 자주 닫혀 있다면 누가 그 음식점을 찾아갈까? '나'라도 안 갈 것이다. 나는 일이란 '나의 몸을 망가뜨려 가며 해야 하는 것'이라고 생각했다.

나는 '내가 좋아하는 일만 하면서 이 세상을 살아갈 수는 없는 법'이라고 생각했다. 하지만 한책협에서 1인 창업을 통해 그럴 수 있다고 배웠다.

직장생활을 하면서 매년 1,000만 원짜리 적금통장을 만들어 저금했었다. 저금은 일반인이 부자가 될 수 있는 제일 안전하고, 좋은 투자라고 생각했다. 적금이 만기가 되면 큰돈이 모이게 된다. 나는 거기에 재미를 붙였다. 그게 내 돈이라 생각하니 심장이 쿵쾅거렸다. 그렇게 3년간 직장생활을 하면서 모은 돈이 4,000만 원 정도 되었다. 직장을 그만두었을 때 그 돈을 보고 정말 뿌듯했다.

그러나 저축도 쉬운 일은 아니었다. 무언가 하고 싶은 일이 생길 때 참아야 하고, 먹고 싶은 것과 사고 싶은 것을 아껴 가며 생활해야 하기 때문이다. 나의 재테크 1순위는 무조건 저금이었다. 친구들은 하고 싶은 여행도 실컷 하고, 밤늦게까지 먹고 놀았다. 입고 싶은 것도 마음껏 사 입었다. 그들은 저축하는 나에게 "야, 솔직히 언제 죽을지도 모르는데 놀 수 있을 때 놀아야 돼. 나중에 늙어서 놀아 봤자 무슨 재미가 있냐. 조금이라도 젊을 때 예쁜 사진 찍고 열심히 돌아다녀야지."라고 말했다. 나는 그 말을 반박하지 못했었다. 나도 그렇게 생각했기 때문이다. 모은 돈을 보면 뿌듯했지만 아껴서 저금한다는 것이 약간은 억울했다.

우리의 인생은 길지 않다. 그런 중요한 시간을 힘들게 보낸다는 것은 너무 억울하다. 1인 창업가들을 보면 자신이 좋아하는 일을 자유롭게 하며 돈을 벌고, 하루를 바쁘게 살아간다.

그와 관련된 책을 읽다가 알게 된 곳이 한책협이다. 한책협에서는 책 쓰는 방법을 알려 준다. 책을 써서 작가가 되어 나를 세상에 알려야 한다. 또한 내가 지금 운영하고 있는 네이버 블로그 〈엉아의 또바기 이야기〉와 북튜브 〈슬기로운 독서생활〉에 꾸준히 포스팅하고, 많이 알려야 한다. '성공하기 위해선 성공자의 길을 따라야 한다.' 성공한 사람들의 책을 읽고, 책에서 알려 주는 방법을 일상생활에 적용해야 한다.

1년에 10억 원을 버는 창업가가 된다면 나는 정말 뿌듯할 것이다. 자유를 만끽하며 크루즈여행과 세계여행을 다닐 것이다. 그렇게 1인 창업가로 성장해 나갈 것이다. TV 프로그램에 초청되어 강연을 하고, 블로그와 유튜브도 유명해져서 돈을 많이 벌게 될 것이다. 돈을 많이 벌게 된 나는 기부를 하고, 사람들에게 희망을 주는 메신저가 되어 있을 것이다.

PART 04

선한 사랑을
나누는
착한 병원
설립하기

| 신은주 |

신은주

자기계발 작가, 동기부여가, 강연가

8년간 무속인 생활을 하면서 많은 사람들을 만나고 상담하면서 평범한 사람들에게
자존감을 높이고 꿈과 희망을 심어 주며 잠재력을 일깨워 자신으로 인해 행복한 인
생, 성공하는 인생을 찾을 수 있도록 돕기 위한 상담활동을 하고 있다. '운이 좋아지
는 습관'을 주제로 한 개인저서가 곧 출간될 예정이다.

01.
2020년에 작가 되어
삶이 힘든 사람들의 마음을
치유하는 코치 되기

"이것은 그리스도의 몸이니라."

"아멘."

오빠와 나는 어린 시절 오빠는 신부님 역할을 하고 나는 머리에 보자기를 쓰고 수녀님 역할을 하면서 놀았다. 나는 천주교 집안의 모태 신앙인이다. 큰아버지가 신부님이시고 고모가 수녀님이신 환경 속에서 나도 수녀를 꿈꾸었다. 가난한 경상도 시골 마을에서 태어난 나에게 신부님과 수녀님은 내가 처음 본, 최고로 멋진 직업이었다. 그러니 어쩌면 너무나 당연한 꿈이었다고 하겠다.

나는 국민학교(지금의 초등학교) 1학년 때 서울로 이사를 왔다. 서울로 이사를 오면서 "엄마, 깜깜해서 어떻게 이사해."라고 말했다. 해가 지면 어둑해지는 시골을 생각한 순진한 질문이었다.

하지만 서울은 시골의 작은 마을과는 완전히 달랐다. 밤이 낮보다 더 화려하고 밝았다. 지금까지 볼 수 없었던 것들이 너무나 많았다. 사람들도 많았고, 차도 많았고, 집도 많았고, 시골에서는 보기 힘든 높은 빌딩도 많았다. 무엇보다도 신기했던 것은 수없이 많은 상점과 물건들이었다. 시골의 작은 구멍가게와는 너무나 달랐다. 처음 슈퍼마켓에 갔을 때 진열대에 쌓여 있던 많은 물건들을 보고 놀랐던 기억이 난다.

시골에서 선머슴처럼 자라난 나에게는 모든 것이 새로웠다. 새로운 환경에서 자라면서 자연스럽게 나의 꿈도 변해 갔다.

나는 학교에 가면 당당한 선생님들을 보면서 선생님을 꿈꾸었다. 병원에 가면 간호사를 꿈꾸었다(당시에는 여의사가 많이 있지 않아 남자만 의사가 되는 줄 알았다). 큰 슈퍼에 가면 슈퍼 사장을 꿈꾸었고, 큰 빵집에 가면 빵집 사장을 꿈꾸었다. 그렇게 초등학교 시절이 흘러갔다.

중학교 때는 현대무용을 하면서 이사도라 던컨과 같은 현대 무용가를 꿈꾸었다. 그때는 몰랐다. 그 시절 무대 의상 한 벌 가격이 당시 쌀 한 가마니 가격이었다는 것을. 우리 집 형편으로는 너무나 큰돈이었다. 중학교 3년 동안 간직했던 무용가의 꿈은 자연스럽게 포기해야 했다.

고등학교 시절 집안 형편이 어려워지고 나는 별다른 꿈이나 생각 없이 시간이 흘러보냈다. 그러던 어느 날 성당에서 '마더 테레사 수녀님'의 이야기를 들었다. 그 이야기를 들으면서 나는 어릴 적 나의 꿈을 다시 불러들였다. 수녀가 되고 싶다는 생각은 없어졌지만 마더 테레사 수녀님의 사랑과 희생정신은 나에게 너무나 크게 다가왔다. 그러면서 소외되고 불쌍한 사람들을 도우며 살고 싶다는 막연한 생각이 들었다.

그러나 그것은 정말 생각일 뿐이었다. 일찍 신랑을 만나 결혼한 현실 속의 나는 어릴 적 꿈도 잊은 채 힘들게 하루하루를 살아야 했다.

그렇게 살아오다 어느 날 문득 돌아보니 내 나이 쉰이 넘어 있었다. 신랑은 30년 넘는 시간 동안 자신의 일을 묵묵히 하고 있고 두 아이는 성인이 되었다. 그러면 나는 뭐 하고 살았지? 갑자기 찾아온 허탈감과 우울증은 나를 심하게 무너뜨리고 있었다. 살아 있다는 것이 싫었다. 하루가 천 년처럼 길고 지루했다. 내게는 살아야 할 이유가 필요했다.

"어머니. 독서를 해 보셔요."

딸의 그 한마디에 살아야 할 이유를 찾고 있던 나는 힘들게 서점을 찾았다. 그리고 《미친 꿈에 도전하라》의 권동희 작가, 책 제목이 시선을 당겨서 책을 구입했다. 책을 읽으면서 이건 뭐지? 가슴속에서 무언가 울컥 올라왔다. 어릴 적 꿈이 생각났다. 아니 살아야 할 이유가 조금씩 생기기 시작했다.

나는 《100억 부자의 생각의 비밀》의 김도사 작가, 《김밥 파는 CEO》의 김승호 작가, 《내가 확실히 아는 것들》의 오프라 윈프리 작가, 《마흔의 돈 공부》의 이의상 작가, 《백만장자 메신저》의 브렌든 버처드 작가, 《부의 추월차선》의 엠제이 드마코 작가, 《김 대리는 어떻게 1개월 만에 작가가 되었을까?》의 김도사, 권동희 작가의 책들을 읽었다.

특히 《미친 꿈에 도전하라》, 《100억 부자의 생각의 비밀》이라는 책은 나에게 끝없이 꿈과 성공을 말해 주는 듯했다. 도전하라고, 할 수 있다고, 해 보라고 말하는 듯했다.

그렇게 우연이 아닌 필연처럼 나는 꿈을 찾아, 아니 살아갈 이유를 찾아 분당에 있는 한책협을 찾았다. 그곳에서 책쓰기 1일 특강을 듣고 잊고 있던 나의 오랜 꿈을 확실히 만날 수 있었다. 아니 되찾을 수 있었다. 살고 싶은 목표가 생겼다.

'책을 써서 작가가 되자. 그리고 많은 사람들에게 잃어버린 꿈과 희망을 전하는 마음치유 희망 코치가 되자.'라고 나는 결심했다.

남들처럼 화려한 경력이나 스펙은 없다. 하지만 남들과 조금 다른 내 인생 이야기를 책으로 쓴다면? 책을 읽은 독자들 중에 희망과 용기를 얻는 분이 생길 것이다. 꿈을 꾸시는 분도 생길 것이다. 나는 그렇게 생각했다.

마더 테레사 수녀님처럼 소외되고 힘든 사람들에게 좋은 영향을 준다면 그것보다 더 좋은 일이 어디 있을까. 나는 작가가 되리라 마음먹었다. 하지만 책을 써 본 적도 없는 내가 어떻게 베스트셀러 작가가 될 수 있을까? 어떤 노력을 해서 작가가 되고 마음치유 희망 코치가 될 수 있을까?

수없이 많은 생각이 들었다. 편하게 다가가자. 친구에게 이야기하듯이. 실제 내 이야기를 솔직하게 쓰자. 남들에게 말하기 싫지만 숨기지 말

자. 스무 살 어린 나이에 선택한 동거, 서른 번이 넘는 이사, 이혼의 고비를 넘긴 이야기, 신내림을 받고 무당으로 살아온 이야기, 신랑의 알코올 중독, 생후 14개월 된 아들의 항암치료, 아들과 딸의 유학 이야기, 회사의 파산과 성공 등. 결혼생활 33년 차 50대 주부의 평범하지 않은 이야기를 숨김없이 쓰자.

이런 나의 이야기와 경험을 책으로 쓰고, SNS, 유튜브, 네이버 카페 등을 통해 홍보하리라. 그리고 나를 브랜딩해서 나의 가치를 끌어올리고 베스트셀러 작가, 코치, 강연가로 인생 2막을 살아갈 것이다. 또한 절망과 불행 속에 꿈이 없이 살고 있는 젊은이와 꿈을 잃은 어른들에게 용기와 희망을 전할 것이다. 그렇게 해서 새로운 삶을 선택한 사람들과 하루하루 행복하게 살아갈 것이다.

마더 테레사 수녀님의 주름진 얼굴에 가득한 천사의 미소를 지으면서 나 또한 그렇게 늙어 갈 것이다.

02.
5,000억 부자,
기부가로 살아가기

　5,000억 자산가는 내가 이루고 싶은 꿈 중의 하나다. 5,000억이란 금액을 중요하게 생각하는 것은 아니다. 하지만 난 돈을 좋아하고 돈을 사랑하고 돈을 잘 관리할 수 있기 때문에 꼭 5,000억의 부자가 될 것이다.

　세상에는 큰 부자가 많다. 나 역시 큰 부자로, 기부가로 이름을 남기고 싶다. 내가 이런 생각을 가지게 된 것은 크루즈여행을 하면서부터였다. 보통사람들의 버킷리스트에 늘 들어 있는 크루즈여행. 나는 그 여행을 운 좋게도 일곱 번이나 다녀왔다. 크루즈여행을 싸게 할 수 있는 방법을 알고 있기 때문이다.

　크루즈여행을 다니면서 나는 세 부류의 여행객들을 마주할 수 있었다.

　1. 평생을 열심히 살다 삶의 끝자락에서 여행을 오시는 분

2. 3년, 5년 등 몇 년간 돈을 모아서 여행을 오시는 분

3. 돈과 시간에 관계없이 자유롭게 여행을 오시는 분

보통사람들의 여행은 1, 2번의 경우가 대부분이었다. 사람들은 자신의 일을 열심히 하면서 언젠가는 크루즈여행을 가고 싶어 한다. 그래서 적금을 넣기도 하고 모임을 통해 여행 경비를 모으기도 한다. 그렇게 기다리는 시간을 당연하게 생각하며 살고 있다.

하지만 과연 3년이나 5년 뒤의 기다림 후에도 아무 일 없이 크루즈여행을 갈 수 있을까? 하루하루 너무나 예측할 수 없는 일들이 생기는 현 사회다. 그런 세상에 정말 아무 일 없이 계획된 여행을 갈 수 있을까? 또한 여행을 계획하고 있는 각자에게 아무 일도 생기지 않을까 하는 생각이 든다. 나의 경우 지난 3월에 여덟 번째 크루즈여행이 취소되었기 때문이다. 내가 원한 것이 아닌 뜻밖의 일이 터진 것이다. 바로 전 세계를 불안하게 만들고 있는 코로나19 말이다. 당장 몇 개월 뒤의 일도 예측하기 힘든 요즘 3~5년의 기다림은 조금 생각해 볼 문제인 것 같다.

또한 나이를 먹음에 따라 삶의 끝자락 여행을 생각하시는 분들이 계신다. 나의 경우를 말씀드리면 나는 무릎 연골을 수술해서 장거리 이동이나 많이 걷는 것이 조금 힘이 든다. 아마도 연세가 있으시면 나처럼 어딘가 한두 군데는 불편하실 것이다. '여행은 다리 떨릴 때 가지 말고 가슴 떨릴 때 떠나라'라는 말을 공감하는 요즘이다. 꼭 크루즈여행이 아니라도 모든 여행은 가슴 떨릴 때 하는 것이 본인과 동행자에게도 좋을 것

이다.

세 번째의 '시간과 돈에 관계없이 자유롭게 떠나는 여행'은 나뿐만 아니라 모든 사람들이 원하는 여행일 것이다. 내가 세 번째 크루즈여행에서 만난 70대 노부부가 이 경우였다. 두 분은 나이에 비해 굉장히 건강하셨다. 무엇에든 적극적으로 참여하셨고 성격도 굉장히 유쾌하셨다. 당신들보다 젊은 나이에 여행을 다니는 우리가 굉장히 멋져 보인다고 하시면서 자신들의 이야기를 해 주셨다.

두 분은 호주에 살고 계시고 모두 7명의 자녀가 있다고 하셨다. 입양하신 자녀까지 포함해서. 조금은 많은 자녀를 두신 듯도 했다. 아이들의 성장하는 모습이 너무 좋아서 그렇게 하셨다고 했다. 지금은 그 아이들이 의사, 교수, 사업가 등 각자의 자리에서 열심히 살고 있어서 행복하다고 하셨다.

두 분은 젊은 시절 사업과 투자로 실패도 하고 성공도 하셨다고 했다. 지금까지 많은 기부와 봉사를 하며 살아오신 세월들이 너무 좋은 시간이었던 같다. 그러니 앞으로도 봉사와 여행으로 인생을 마무리하고 싶다고 하셨다.

"아직 젊은 당신들을 축복합니다. 더 많은 기회가 있고 더 많은 것을 가질 수 있으며 더 많은 나눔을 할 수 있는 당신들이 부럽습니다."

두 분이 우리에게 해 주신 축복의 말씀이다.

나는 두 분의 말씀 중 더 많이 가질 수 있다는 말씀이 좋았다. 더 부자가 될 수 있을 것이라는 말씀에 진짜 축복받는 기분이 들었다. 하지만 앞으로 더 많이 나눌 수 있어서 부럽다는 말에는 고개가 갸우뚱해졌다. 나 역시 평소에 나눔의 생활을 하고 있다고 생각해 왔다. 하지만 앞으로 더 많이 나눌 수 있는 것이 부럽다고 하는 말은 처음 들었다. 그래서인지 그 말의 의미를 자꾸 생각하게 되었다.

무슨 의미일까? 여행하는 동안 나는 풀어야 하는 숙제를 받은 아이처럼 생각에 골몰했다. 여행 동안 나는 노부부의 일상이 내가 상상하는 미래의 나의 모습과 많이 닮았다는 생각을 했다. 그러면서 더 열심히 노부부를 관찰하게 되었다.

두 분은 가벼운 아침 산책으로 하루를 시작하셨다. 또한 독서를 즐겨하셨다. 여유롭게 다양한 음식으로 식사를 하시곤 가벼운 운동이나 마사지를 받으셨다. 그러고 나서 쇼핑이나 각자의 여가를 즐기셨다. 그러면서도 많은 사람들과의 교류를 참으로 좋아하셨다. 저녁에는 문화와 예술을 즐기셨다. 그렇게 항상 많은 것을 나누려는 모습이 너무나 열정적이고 아름다워 보였다. 두 분의 입가에 깃들인 다정한 미소가 모든 사람을 편안하게 해 주었다. 이상이 내가 가까이에서 그분들을 며칠 만나 보면서 느끼고 알아 낸 것들이다. 스토킹을 한 것이 아니다. 알고 싶었을 뿐이다. 성공한 분들의 일상을. 부자들은 어떻게 하루를 살아갈까? 하는 호기심도 있었다.

짧은 시간이었지만 노부부의 모습을 보며 꼭 부자가 되어야 한다는 생각은 생각을 넘어 다짐이 되었다. 나이 들어 할 일이 없어지고, 갈 곳

없이 살아가는 어르신들. 아픈 곳이 많아서 자신의 뜻과 다르게 살고 계신 어르신들. 주변 어르신들의 힘든 모습을 보면서 안타까운 마음이 들 때가 많았다. 그분들의 인생도 한때는 너무나 활기차고 아름다웠을 것이다. 누구나 원하든 원하지 않든 나이는 먹을 것이고 늙어 갈 것이다. 그렇다면 나는 어떻게 더 건강하고 멋지게 노후를 살아갈 것인가?

답은 5,000억 부자가 되어야 한다는 것이다. 5,000억 이상을 벌어도 괜찮다. 더 많은 기부를 하면 되니까. 가진 것이 없어서 내가 원하는 것, 하고 싶은 것을 못하기보다는 많이 가지고 있으면서 누리고 나누며 살아갈 것이다.

'돈이 많은 사람은 돈만큼 많은 걱정을 하고 돈이 적은 사람은 적은 걱정을 한다'라는 이야기를 들은 적이 있다. 나는 이 말을 믿지 않는다. 보통사람들이 부자가 부러워서 하는 말일 것이다. 가난한 사람들이 하는 핑계일 것이다. 부자가 되기 힘들어서 하는 변명이라고 나는 생각한다.

내가 만난 부자는 그렇지 않았다. 많이 가진 것에 감사하면서 더 많이 가지려고 했다. 더 많이 기부하고 더 많은 사람들과 나누면서 즐겁고 행복하게 살려고 했다. 결코 어떤 변명이나 핑계를 대려고 하지 않았다. 나 역시 그처럼 부자가 되어서 많은 것을 경험하고, 전 세계를 여행하며 다양한 사람들을 만나고 많은 것을 누리면서 살 것이다. 아직도 세상에는 어려운 사람들이 많다. 나는 그런 사람들에게 나눔을 실천할 것이다. 봉사를 할 것이다. 희망과 꿈을 전할 것이다. 그것이 나에게는 최고의 기쁨과 행복 중 하나가 될 것이다. 크루즈에서 만난 노부부의 말처럼 더 많이 나눌 수 있는 것이 축복이 될 것이다.

"비록 나는 부의 축복에 감사하지만 부로 인해 내가 달라지지는 않았다. 내 발은 아직 땅을 딛고 있다. 단지 좀 더 좋은 신발을 신었을 뿐이다."

내가 존경하는 오프라 윈프리의 말처럼 나는 부자가 되어도 달라지지는 않을 것이다. 조금 더 가졌다고 교만하거나 탐욕스러워지지는 않을 것이다. 감사하는 삶을 살면서 마음이 따뜻해지는 선한 영향을 나누며 살아갈 것이다. 그러다 보면 나의 나눔의 삶을 누군가는 부러워할 것이다. 나의 삶을 닮고자 하는 사람이 생겨날 것이다. 나는 그런 나눔의 삶을 살 것이다.

03.
소아암 환자들을 위한
착한 병원 설립하기

"아버지, 어머니. 오빠 낳아 주셔서 감사합니다. 저희 예쁘게 살겠습니다."

며칠 전 아들과 집으로 인사하러 온 예비 며느리의 손편지에 있던 내용 중 일부다. 보통의 예비 며느리, 예비 사위들이 하는 공통된 말 중의 하나일 것이다. 그러나 나에게는 너무나 감동적인 글이었다. 예비 며느리의 방문은 감동의 순간이었다.

지금부터 30년 전 아들이 생후 14개월 되던 어느 날이었다. 아이의 눈이 조금 이상하다고 느껴져서 대학병원을 찾았다. 그곳에서 나는 아들이 '망막아세포종양'이라는, 일종의 소아암을 앓고 있다는 것을 알았다. 순간 하늘이 무너지는 줄 알았다. 세상의 모든 것이 끝난 것 같았다.

의사 선생님은 한쪽 눈을 제거하고 항암치료를 5년간 받아야 하지만 일찍 발견해서 경과는 비교적 좋을 것이라고 말씀하셨다. 그 말씀이 메아리처럼 먹먹하게 들렸다. 나는 속으로 울부짖었다. 정신 차리자! 내가 정신 차려야 한다! 그러다 간신히 의사 선생님께 말했다.

"그럼, 제 눈을 주세요. 저는 우리 아이보다는 더 살았잖아요. 우리 아이는 이제 시작인데…"

힘들게 그렇게 말하고 나는 오열하고 말았다. 의사 선생님께서는 그럴 수 없다고 하셨다. 지금은 수술과 항암치료가 최선이라고 하시면서.

그 당시 나는 둘째를 임신하고 있었다. 나는 출산 후 산후조리도 하지 못하고 아들의 수술에 매달려야 했다. 아들의 수술과 치료는 빠르게 진행되었다.

너무나 힘든 시기였다. 갓 태어난 둘째 딸아이는 시댁과 친구 집을 전전했다. 나와 아들은 병원생활을 해야 했다. 수술을 받고 나온 아들을 보면서 얼마나 울었는지 모른다. 세상에 태어날 때 분명히 예쁜 두 눈을 가지고 있었는데….

한쪽 눈만 뜬 채 내 품에 안겨 있는 아들을 보면서 하늘이 무너진다는 것이 이런 것이구나 처음 알았다. 얼마나 울었는지 모른다. 지금도 그때를 생각하면 눈물이 난다.

그렇게 아들의 수술이 끝나고 항암치료가 시작되었다. 그런데 문제는 돈이었다. 항암치료비와 생활비 등을 오직 신랑의 월급에만 의지해야 했기 때문이다. 형편이 넉넉할 리가 없었다. 아니, 언제나 부족했다.

아들의 치료와 생활을 위해서는 더 많은 돈이 필요했다. 생활은 점점 더 어려워졌다. 항암치료 중인 아들, 태어난 지 몇 달 되지 않은 둘째 딸아이. 우리 집은 헤어 나올 수 없는 가난에 휩싸였다. 살아가는 것이 죽을 만큼 힘들었다. 살아간다는 것이 고통이고 절망이었다. 의지할 수 있는 시댁도 친정도 없었다. 아니 있어도 도움을 받을 수 있는 형편도 아니었다. 오직 신랑과 둘이서 해결해야 하는 상황이었다. 하루하루를 살아간다기보다는 버티고 있었다.

그런 중에도 한쪽 눈이 없다는 것을 아는지 모르는지 아들은 너무나 해맑게 웃었다. 그런 아들을 보는 것이 언제나 나에게는 고통이면서 아픔이었다. 매일을 희망도 없이 눈물로 보내고 있던 어느 날이었다. 〈어린이에게 새 생명을〉이라는 TV 방송이 시작되었다. 희소병, 난치병 등 질병으로 고통 받는 어린이들에게 희망을 전하는 특별기금 모집 방송이었다. 다행히 아들도 해당되었다. 병원에서 서류를 만들어 접수를 하고 기다렸다.

그러나 며칠 후 전해진 소식은 나를 또 한 번 오열하게 만들었다. 서류심사가 어떻게 된 것인지 아들의 장례식 비용이 지급된다는 것이었다. 장례비라니. 이렇게 예쁘고 소중한 내 아들이 죽는다니. 말도 안 되는 소리였다. 나는 울고만 있을 수 없었다. 정신을 차려야 했다. 아들을 업고 서울의 〈새생명재단〉 본부로 향했다. 서류를 제출하고 재심사를 신청했다. 재심사를 기다리는 동안 정말 피를 말리는 것 같았다. 길기만 하던 며칠이 흐르고 병원에서 재심사 결과를 알려 주었다.

"치료비 걱정 마시고 계속 치료하세요. 〈어린이에게 새 생명을〉 재단에서 연락이 왔습니다."

나는 신랑과 아들을 안고 한참을 울었다. 희망이라곤 없던 상황에 희망이 찾아온 것이었다. 그때 우리는 경제 사정상 아들의 치료를 포기하려고 했다. 그런 순간이었던 만큼 마치 하늘에서 생명줄을 내려 준 것 같았다.

그 순간 나는 언젠가는 오늘의 나처럼 어렵고 힘든 상황에 처한 분들에게 희망을 주는 일로 꼭 보답하겠다고 다짐했다. 마음속 깊이.

그 후론 병원비 걱정은 하지 않았다. 다만 아들을 위해 이것저것 좋다는 민간요법과 좋은 환경을 만들어 주기 위해 노력했다.

그렇게 1년, 2년, 시간이 흘렀다. 아들의 나이는 벌써 서른 살이 넘었다. 아들은 지금 한쪽 눈으로만 세상을 보고 살고 있다. 하지만 생각과 행동이 반듯한 건강한 성인으로 살아가고 있다. 아직도 "어머니, 당구는 치기가 조금 불편해요."라고 말하면서 환하게 웃는 아들을 향해 같이 웃어 주면서도 가슴 한쪽이 저려 오는 아픔은 어쩔 수 없지만 말이다.

축구도 잘하고, 노래도 잘하고, 컴퓨터도 잘 만지는 아들을 보며 요즘도 문득문득 생각나는 일이 있다. 항암치료를 받던, 영남대학교병원(466호실, 그 시절 소아암 환우들 병실) 그 시절 그때. 나는 '전쟁이 나면 466호에 폭탄이 떨어져서 아이랑 같이 하늘나라로 가고 싶다'라고 농담처럼 당시의 고통을 말하곤 했다. 반복되는 항암치료의 고통과 아픔을 보며 수없이 울던 시간들. 너무나 힘들던 치료와 생활고 그 모든 것이 그 말 속에 녹아 있다. 그런 시간을 넘기고 아들은 이제 예쁜 사랑을 나누며 내년 4월에 결혼한다고 한다. 모든 세상의 부모들이 같은 마음이겠지만 나에게는 더없이 행복하고 감사한 일이다.

지금도 나는 잊지 않고 있다. 결코 잊을 수 없는 일이다. 그 시절 모든 것을 포기했다면…. 생각만 해도 끔찍하다. 그 시절 한 사람, 한 사람의 사랑의 기부가 모여서 절망과 희망이 없던 우리 집에 희망을 전해 주었다. 그 많은 분들이 아들에게 새로운 생명을 주신 것이다. 우리 아들뿐만 아니라 많은 소아암 환우들에게도 너무나 소중하고 큰 힘이 되었다. 새로운 생명을 주신 것이다.

지금도 우리 주변에는 고통과 절망 속에서 힘들게 살아가고 있는 분들이 많을 것이다. 그런 분들에게 내가 받은 희망을 나누어 드리고 싶다. 행복하게 지난날들을 추억할 수 있는 시간을 만들어 드리고 싶다.

요즘은 예전보다 더 암환자가 많아지고 있다. 여러 가지 이유가 있겠지만 아주 어린 신생아부터 나이가 많은 사람까지, 나이와 상관없이 감기처럼 많은 암환자들이 생기고 있다. 그분들이 지금 돈이 없어서 치료를 포기하는 경우가 있어서는 안 되겠다.

의료보험 혜택이 좋아지고 있고 개인 보험도 많이들 넣고 있다. 하지만 아직도 항암치료에는 많은 돈이 필요한 것으로 알고 있다. 돈이 많고 보험이나 혹시 모를 만약을 잘 준비하신 분들은 그래도 괜찮을 것이다. 하지만 그렇지 못한 분들도 있을 것이다. 그분들을 위해 착한 병원을 지을 것이다. 내가 받은 그때의 감사를 그때의 나처럼 힘들고 간절한 분에게 나누어 줄 것이다. 그래서 내 아들처럼 건강하게 나아서 세상에 선한 사랑을 나눌 또 다른 아들과 딸들을 위해서 착한 병원을 설립할 것이다.

04.
신랑과 경제적 자유 누리며
건강하게 100수 누리기

"앞으로 우리 한옥 집 짓고 살자. 마당에 나무도 심고 작은 텃밭도 만들어서 채소도 키워 먹고 예쁜 꽃밭도 만들자."

"작은 황토방도 있으면 좋겠어요."

스무 번이 넘는 이사를 하면서 신랑과 나는 남의 집을 전전하는 상황이 서글프고 싫었다. 서로 말은 안 했지만 앞으로의 우리 집을 어떻게 지을까? 하는 이야기로 그 상황을 위로하곤 했다.

스무 살 어린 나이에 신랑을 만나서 나는 정말 고생을 많이 했다. 신랑도 스물세 살 어린 나이였다. 신랑과 나는 사랑하는 마음 하나로 세상과 마주한 것이다. 둘이 함께 최소한의 공간에서 소꿉놀이하듯 살기 시작했다. 시댁과 친정의 도움은 생각도 할 수 없었다. 현실적인 것들은 계산하지도 않고 같이 있다는 것만으로 좋았다.

그렇게 시작된 행복은 현실과 돈 앞에서 무너지기 시작했다. 사랑은 결코 배고픔을 채워 주지 않았다. 하고 싶은 것, 가지고 싶은 것, 무엇 하나 쉽게 할 수 없었다. 사랑을 속삭이던 입에서는 미움과 원망의 말들만 나왔다. 언제나 함께하고 싶었던 시간들은 보기 싫어 등 돌리는 시간으로 변해 가고 있었다.

다시 그 시절로 돌아가라고 한다면, 나는 조금의 망설임도 없이 싫다고 할 것이다. 사랑도 좋지만 삶은 절대 소꿉놀이처럼 재미있는 것이 아니다. 산다는 것은 이상이 아닌 현실인 것이다. 돈 없이 사랑만으로 산다는 것은 이야기 속이나 TV 드라마 속 이야기일 뿐이다. 돈 없이 현실을 살아 낸다는 것은 결코 쉬운 일이 아니다.

첫아이를 임신했을 때가 생각난다. 요즘처럼 참외가 많이 나오는 때였다. 노랗게 잘 익은 참외가 너무 먹고 싶었다. 하지만 참외 하나 사 먹는 것도 자유롭지 못한 형편이었다. 임신했을 때는 먹고 싶은 것 잘 먹어야 예쁜 아이 낳는다는데…. 그때는 당장 밥해 먹을 쌀도 없는 형편이었다. 그런 상황에서 입덧은 나에게 사치일 뿐이었다. 그 뒤에도 입덧은 계속되었지만 그때마다 물 한 모금 마시고 다른 생각을 하면서 버텨 내야 했다.

임신해 본 여성이라면 그것이 얼마나 힘들고 고통스러운 일인지 이해할 것이다. 참는 데도 한계가 있었다. 어느 날은 큰마음 먹고 싸게 파는 참외를 한 봉지 사서 밥 대신 먹었다. 그 결과 밤새도록 화장실을 다녀야 했다. 설사를 밤이 새도록 한 것이다.

나중에 알았지만 참외는 잘 먹어야 본전이라는 말이 있었다. 그만큼 싱싱하지 못한 참외를 먹으면 탈이 난다는 것을 그때 알았다. 그때는 정말 없어도 너무 없던 시절이었다. 지금도 그때의 기억 때문인지 나는 과일에 대한 욕심이 많다. 유독 참외를 살 때는 박스로 구입한다. 마치 그때의 한이라도 풀고 싶은 잠재의식의 발현인 것 같다. 그렇게 힘든 시절이 절대 끝날 것 같지 않았는데…. 그래도 시간은 흘러갔다.

오늘은 날씨가 좋아서 커피를 한 잔씩 들고 마당에 나왔다. 소나무가 시원한 그늘을 만들어 주는 마당에는 예쁜 꽃들이 활짝 피어 있다. 가끔 불어오는 바람 속에 풍겨 오는 아카시아 꽃향기가 달콤하다. 지금 나는 오래전 신랑과 꿈꾸었던 우리 집에서 옛날을 회상하며 살고 있다.

5년 전 우리는 원하던 한옥 집을 지어서 이사했다. 마당도 있고 소나무와 여러 종류의 크고, 작은 나무도 있다. 봄, 여름, 가을까지 예쁜 꽃이 피는 마당과 작은 텃밭이 있다. 뒷마당에는 황토방도 있다. 비가 오는 날이나, 추운 겨울에는 그곳에서 따뜻하게 쉴 수 있다. 특히 겨울이면 군고구마를 구워 따뜻한 황토방에서 먹는다. 정말 맛있고 행복하다.

돌아보면 살아온 시간들이 어둡고 긴 터널을 지나온 것 같다. 스무살 어린 나이에 결혼이 무엇인지도 모르면서 무조건 같이 있고 싶어 동거부터 시작했다. 양가 어른들의 축복은 전혀 받을 수 없었다. 축복은 고사하고 친정집에도 갈 수 없었다. 둘이서 힘들게 하루하루를 버티면서 살아야 했다. 그러나 현실은 결코 만만하지 않았다.

그 시절 신랑과 나는 성공하자, 부자가 되자, 싶은 마음에 닥치는 대로 일했다. 성공에 대한 생각은 끝이 없었다. 돈을 많이 벌자는 생각을 단 하루도 하지 않은 적이 없다. 가진 것이 없다는 것이 얼마나 힘들고 무서운 것인지 뼈저리게 느끼고 경험했기 때문이다.

지금도 가끔은 크고 작은 어려움에 맞닥뜨리지만 지난 시절 경험한 어려움에 비하면 아무것도 아니다. 많은 사람들이 살아온 이야기를 할 때면 크든 작든 살아오면서 겪은 각자만의 어려움을 토로한다. 그것이 어떤 사람에게는 금전적인 어려움이기도 하다. 어떤 사람에게는 건강 문제이기도 하다. 또는 가정의 문제이기도 하고, 가족의 문제이기도 할 것이다. 이처럼 수없이 많은 이유로 고통과 어려움 속에 살아가는 것이 인생일 것이다.

그런 어려움과 고통스러운 과정을 항상 누군가와 함께 견디어 나가는 것이 인생일 것이다. 나는 언제나 신랑과 함께 그것들을 해결해 나갔다. 즐거운 일이 있을 때면 신랑과 둘이 행복해했다. 힘들고 어려운 일이 생기면 신랑과 둘이 해결했다. 한번은 없는 형편에 사기를 당해서 신랑과 서로 붙들고 얼마나 울었는지 모른다. "세상에는 우리 둘뿐이다. 서로 의지하면서 더 열심히 살자." 하면서 울었다. 그리고 정말 열심히 살았다.

지금도 신랑과 둘이 의지하고 살아가는 것은 똑같다. 달라진 점이라면 젊은 시절의 패기와 열정이 예전보다 조금은 편안함으로 바뀐 것이다. 무조건 전진하던 용기도 조금은 신중한 지혜로 바뀌었다. 그러나 그때나 지금이나 변하지 않은 것은 성실함이다. 지금도 새벽 4시 30분이면 일어나서 하루를 시작한다. 1년 365일 변함없는 습관이다. 물론 여행을 가든 휴일이든 변하지 않는 좋은 습관이다. 휴가를 가서는 조금 늦잠을 자도 될텐데…. 이 습관은 언제 어디서는 변치 않고 계속된다. 그런 좋은 습관 때문에 지금은 옛날의 어려움을 추억할 수 있는 위치에 있는 것 같다.

요즘 주변에서 들려오는 지인들의 비보에 놀랄 때가 많다. 놀라움은 염려로 바뀌기도 한다. 며칠 전 함께 식사하고 헤어졌는데 간밤에 심장마비로 죽었다는 부고. 건강하게 잘 지내던 사람이 교통사고로 하루아침에 장애인이 되었다는 소식. 몸이 안 좋아서 건강검진을 받았는데 암이 발견되었다는 소식 등. 쉰을 넘기면서 주변에서 들려오는 소식은 자녀들의 결혼 소식 아니면 이러한 안타까운 소식들이다.

어제도 병원에 갔던 친구로부터 정밀검사를 받으라는 의사 선생님의 말씀에 걱정이라는 이야기를 들었다. 친구의 건강에 아무 일 없기를 빌 뿐이다. 지금 우리 나이가 그럴 나이구나 하는 생각도 했다. 기계도 50년 이상 쓰면 여기저기 고장 나는데, 하물며 우리 인간은 얼마나 많이 고장이 날까? 생각했다. 모든 사람들이 건강을 염려하지만 지금 우리 나이는 그 어떤 것보다 건강을 먼저 생각해야 하는 때인 것 같다. 신랑은 오래전에 맹장수술을 했다. 그 외에 신랑은 아직까지 다른 수술을 했거나 특별하게 아픈 곳이 없다. 너무나 감사한 일이다.

나 역시 오래전에 맹장수술을 했다. 오른쪽 무릎의 연골 수술도 받았다. 20대 시절의 교통사고의 후유증 때문이다. 등산을 한다거나, 달리기를 한다거나, 오랜 시간 무리하게 움직이는 일은 조금 불편하다. 그것 말고는 다른 이상이 없이 건강하다.

지금처럼 별다른 걱정 없이 생활하면서 건강을 우선시하는 것은 너무나 당연한 일일 것이다. 지금 나에게 가장 큰 소망이 무엇이냐고 물어본다면 건강하게 신랑과 100수하는 것이라고 답하겠다.

100세 시대를 살고 있는 지금 누구나 건강하게 살고 싶고 건강을 걱정하며 살 것이다. 나이 드신 분들은 "다른 걱정은 없고 자식들 고생시키지 않고 곱게 죽는 것이 가장 큰 바람이다."라고 말씀하신다. 그런 말씀에 "무슨 그런 말씀을 하세요. 건강하게 오래오래 사셔야죠."라고 답하지만 나에게도 역시 건강이 가장 큰 화두다.

이런 이야기를 들은 적이 있다. 9988234. 암호 같은 이 숫자는 '99세까지 88하게 살다가 2~3일만 앓아누운 후 죽는다'라는 의미라고 한다. 그냥 넘기기에는 숫자의 의미가 틀린 것만은 아닌 것 같다.

나 역시 신랑과 지난날을 추억하며 건강한 노년을 보낼 것이다. 그렇게 100수를 누릴 것이다. 지금처럼 차 한 잔을 들고 목청껏 우는 개구리 소리를 들으며 예쁘게 꾸민 나의 마당에서 한가로운 오후를 즐길 것이다. 뒷산의 뻐꾸기 소리를 들으면서 내 어린 시절 고향 마을을 추억할 것이다. 신랑과 힘들었던 시절의 이야기를 하면서 우리의 젊은 시절의 열정과 성실함을 칭찬할 것이다. 그리고 우리는 더 행복하게 나이 들어 익어갈 것이다.

05.
내 죽음 뒤에 비석에
'내가 원하는 모든 것
이루었다'라는 글 남기기

　세상에 태어난 모든 사람들이 피할 수 없이 가야 하는 곳. 불로장생을 꿈꾸던 중국의 진시왕도 피할 수 없었던 그것. 세상에 태어나면 언젠가는 맞이하는 '죽음'. 많은 사람들이 생각하기 싫어하고 말하기 싫어하는 단어다. 나도 생각하기 싫다. 말하기도 싫다. 하지만 언젠가는 누구나 맞이해야 하는 죽음이다. 나는 어떻게 하면 아름답게 그 시간을 맞이할 수 있을까? 생각해 본다.

　지난날 나는 가족들의 죽음을 보았다. 서른아홉 젊은 나이의 오빠의 안타까운 죽음, 친정아버지의 오랜 투병 끝의 죽음, 시할머니의 노환으로 인한 죽음, 시아버님의 투병 중의 죽음, 형부의 갑작스러운 죽음 등 여러 형태의 죽음을 보면서 나는 인간의 나약함과 인생의 허무함, 아픔, 슬픔을 느꼈다. 100년도 못 살면서 우리는 너무나 많은 것에 이유와 핑계를 만들고 고통 속에 살아간다. 그 속에서 기쁨과 행복도 느끼면서 각자의 인생을 살아간다. 나는 알고 있다. 그것이 인생이라는 것을.

내가 가족의 죽음을 보면서 가장 마음이 아팠던 죽음은 젊은 오빠의 그것이다. 오빠의 막내아들이 태어난 지 한 달이 되었을 때 오빠는 하늘나라로 갔다. 오빠의 마지막 순간을 지켜보면서 나는 '예수, 마리아'를 찾았다. 오빠의 마지막 가는 길이 오빠의 믿음대로 편하라고 한 기도였다. 기도라기보다는 절규였다.

죽음 앞에서 앙상하게 말랐던 오빠의 모습은 지금도 나를 아프게 한다. 젊은 올케의 슬픈 울음소리는 나를 더욱 가슴 아프게 했다. 앞으로 올케가 살아가야 할 길이 너무나 안타까웠고 어린 조카들은 또 어떻게 거두나 회한이 밀려들었다. 오빠의 죽음도 안타깝지만 앞으로 살아갈 올케와 조카들 생각에 더 눈물이 났다. 지금은 모두가 성장해서 옛날 젊은 시절의 오빠를 회상케 한다. 건강하게 잘 자란 조카들과 올케 언니에게 감사하다.

오빠의 죽음을 시작으로 나는 여러 번의 죽음을 볼 수 있었다. 여러 번의 죽음을 보았지만 나는 항상 죽음을 쉽게 받아들이기 힘들다.

요즘도 가끔 들려오는 주변의 부고 소식에 놀랄 때가 많다. 쉰이 넘으니까 그런 걸까? 한 번씩 산다는 것, 죽는다는 것을 생각하게 된다. 준비 없이 갑자기 찾아오는 죽음이 두려운 것이다. 자식들을 생각해서 그래야만 할 것 같아 나도 내 죽음을 미리 준비했다.

그중의 하나로, 나는 가상으로 죽음을 체험한 적이 있다. 죽음을 앞두고 가족에게 유언장도 쓰고 수의를 입고 관 속에 누워 보기도 하는 체험이었다. 나의 죽음을 생각하면서 참여한 프로그램이었다. 시간이 지날수록 나를 비롯한 많은 참가자들에게서 웃음기가 사라졌다. 그리고 진지해졌다. 시간이 지날수록 더해 가는 진지함 속에 수의를 입고 관 속에 누워서 이승과 이별하는 시간에는 여기저기서 울음소리가 들려왔다. 나도 소리 죽여 울었다. 왜일까?

무언가 가슴속에서 뜨거운 것이 올라왔다. 관 속에 누워 있는 동안 내가 살아온 인생이 영화 필름처럼 스치고 지나갔다. 내가 그때 가장 많이 했던 생각은 모두가 부질없다는 것이었다. 명예도, 지휘도, 다툼도, 미워함도, 욕심도, 돈도 살아 있을 때는 모두가 필요한 것이다. 하지만 죽음 앞에서는 아무런 의미가 없었다.

내가 정말 죽는다고 생각하니까, 새로운 생각이 들었다. 어떻게 하면 잘 살 수 있을까? 라는 생각이 들었다. 죽음 앞에서 새로운 삶의 방향을 찾기 시작한 것이다.

죽음 체험으로 인해 나의 생활에는 많은 변화가 있었다. 먼저 누군가를 미워하던 마음이 용서하는 마음으로 변하기 시작했다. 다툼이 생길 때도 상대방을 더 이해할 수 있게 되었다. 욕심도 줄었다. 더 많은 것을 나누려 했다. 명예와 높은 지위도 큰 의미를 두지 않게 되었다.

어떤 것이 지금 가장 중요하고, 어떤 것이 먼저인지, 나만의 중요한 것을 우선시하는 생활을 할 수 있었다. 작은 일도 감사하게 여기는 마음도 생겼다. 지금도 가끔 화나는 일이 있으면 그때의 경험을 생각한다. 그렇게 나 자신을 다시 돌아보는 마음도 생겼다.

지난겨울 친구 신랑의 갑작스러운 죽음을 겪으며 나는 또 죽음을 생각했다. 친구 신랑은 다른 지역에 살고 있는 아들을 만나고 집에 돌아왔다고 한다. 그러곤 저녁식사까지 잘했다고 한다. 그리고 오랜 시간 운전해서인지 피곤하고 머리가 아프다며 일찍 잠자리에 들었다고 한다. 그런데 다음 날 아침 친구의 신랑은 영영 돌아올 수 없는 곳으로 가 버리고 말았다. 밤사이 마치 거짓말처럼 죽은 것이다. 가족에게는 한마디 말도 못하고 그렇게 떠나 버렸다.

이렇게 허무한 것이 인생이다. 친구 부부는 많은 사람들에게 칭송받던 잉꼬부부였다. 그러다 지금은 혼자가 되어 버린 친구는 우울하게 하루하루를 살아가고 있다. 사는 동안 가장 오랜 시간 어려울 때나 힘들 때, 행복할 때 함께했던 신랑의 빈자리가 친구에게는 너무나 큰 것 같다. 나도 그 마음이 이해가 된다. 친구를 보면서 그 어떤 것으로도 신랑의 자리가 채워질 수 없다는 것을 알았다. '있을 때 잘해'라는 말처럼 지금 내 곁에 있는 사람을 조금은 소홀히 하는 나 자신을 반성했다.

모든 사람들이 죽음에 대해 무심한 것 같다. 자신에게 닥치지 않으면 별다른 감정을 느끼지 못하는 것 같다. 나도 그렇다. 하지만 요즘은 조금씩 죽음에 대해 생각한다. 신랑과 둘이 있는 시간이 많아지면서 하나둘 생각이 많아지는 것 같다. 아들은 내년에 결혼해서 새로운 출발을 할 것이고, 딸은 남자친구와 예쁜 사랑을 하고, 신랑은 살아온 날들처럼 매일 성실하게 일할 것이다. 각자의 자리에서 성실하게 생활하는 가족들이 있어 요즘은 하루하루가 행복하다. 별다른 일 없이 행복한 일상이 계속되기를 바란다.

나는 이런 생각을 한다. 내가 죽은 후 나의 비석에는 무슨 말을 남길까? 아니면 나의 마지막에 무슨 말을 할까? 라는. 혹시 모를 갑작스러운 이별을 미리 준비하는 마음에서다. 이것저것 생각이 많아진다. 그래서일까? 오히려 현실생활에 더 열심히 임하게 된다. 가족에게 더 잘하게 되고, 나의 시간도 낭비하지 않고 보람 있는 일을 하려고 하고, 무슨 일이든 더 열심히 한다. 나의 마지막 말을 정한 것이 가장 큰 이유인 것 같다.

나는 "내가 원하는 모든 것을 이루었다."라는 말을 내 비석에 새길 것이다. 이 말의 의미로는 여러 가지가 있다. 내가 원하는 것에는 여러 가지가 있다. 하루에도 수없이 많은 것을 원하고 희망한다. 그 속에서 모든 것을 이룬다는 것이 쉬운 일은 아닐 것이다. 하지만 그런 속에서도 나는 나의 원하는 것을 이루고자 항상 최선을 다하는 하루를 살 것이다. 그러면 많은 것을 이루면서 살 수 있을 것이다.

비록 모두를 이루지 못한다고 하더라도 나는 최선을 다했다는 데 감사할 것이고 결과에 만족할 것이다. 그렇게 남은 인생을 살아갈 것이다. 나는 지금의 나의 인생의 시간이 얼마나 남아 있는지 모른다. 하지만 그저 그렇게 하루하루를 살고 싶지는 않다.

"보람 있게 보낸 하루가 편안한 잠을 가져다주듯이 값지게 쓰인 인생은 편안한 죽음을 가져다준다."

레오나르도 다빈치의 말처럼 나는 하루하루를 보람 있고 성실하게 보낼 것이다. 그리고 나의 마지막 날에 이렇게 말할 것이다.

"나는 내가 원하는 모든 것을 이루었다."

PART 05

국내에
장학재단 설립하고
가난한 나라에
학교 지어 주기

| 허지숙 |

허지숙

기자, 사서, 책놀이지도사, 책육아 동기부여가, 자기계발 작가

지금, 여기에서 자녀들과 행복한 삶을 살고 있다. 남매의 소중한 어린 시절을 지켜주기 위해 노력한다. 아이들과 더 많은 것을 공유하기 위해 시간 활용이 용이한 일을 하는 N잡러이다. 가슴 뛰는 삶을 살며 하나님과 사람을 사랑한다. 진솔하게 사람들에게 다가가기 위해 노력하는 작가이다. '포기하지 않는 한 불가능은 없다'는 지론을 가진 동기부여가이며, 세상에서 책을 가장 좋아하는 아이를 키워낸 책육아 전도사이다. 현재 '책을 좋아하는 아이로 만드는 법'을 주제로 개인저서를 집필 중이다.

01.
1년에 1권 이상 집필하는 베스트셀러 작가로서 선한 영향력 미치기

이것저것 관심이 많고 사람을 좋아하는 한 아이는 '세상에는 재미있는 일이 너무나 많은데, 평생 무슨 일을 하고 살지?'라고 고민했다. 그러면서도 항상 무언가를 끼적이고 있었다. 힘들어하는 친구에겐 쪽지를 쓰고, 누군가에겐 편지를 보냈다.

대학 때 활동했던 동아리방에 괭세노트가 있었다. 나는 이 녀석 역시 가만두지 못했다. '허지숙 일기장인가?'라는 생각이 들 정도로 지날 때마다 들러 글을 썼다. 아마도 새내기로서의 들뜬 마음과 다른 사람을 위로하는 내용들이었던 것 같다.

5년 전쯤 아산의 한 신문사에서 기자로 일하던 중 '글을 잘 쓰네'라는 신기한 칭찬을 몇 번 들었다. 나는 학교에 다니면서 글짓기 상을 받아 본 적이 없다. 신문사에서 처음으로 나의 글재주를 알게 된 셈이다.

친구와 전화통화를 하다가 "내가 글을 잘 쓴대."라고 하니 "맞아."라고 맞장구쳐 주었다. 그걸 왜 이제 말해 주느냐는 우스갯소리를 하며 끊었지만. '아…, 꾸준히 쓰다 보니 늘었나 보다' 하는 생각이 들어 그 이후로 글쓰기에 더 많은 관심을 가졌다.

신문사에서 일했던 경험을 살려 교회에서 계간지를 만드는 봉사를 했다. 성도들을 만나 테마별로 인터뷰한 내용을 글로 쓰는 봉사였다. 큰 부담감 없이 행복한 마음으로 봉사했다. 내 이름으로 된 글이 계간지에 실려 나왔다. 교회에서 조용히 봉사하는 성도들을 찾아 알리는 일이 재미있었다. 항상 '어떻게 쓰면 인터뷰이의 삶이 잘 드러날까? 내 글이 사람들 마음을 움직일 수 있을까?' 고민했다. 고치고 또 고치기를 열 번쯤 반복했다. 그렇게 수정한 후에 넘겼다.

글을 쓰는 사람으로서 재미있는 사실은 볼 때마다 고칠 것이 계속 나온다는 것이다. 좀 더 좋은 글을 쓰고 싶은 아쉬움은 있었지만 후회는 되지 않았다. 미용실에 가서 순서를 기다릴 때도 잡지에서 인터뷰 기사를 찾아 읽으며 공부했다. 작가가 되겠다는 꿈은 이때부터 정확한 형태를 갖추었다.

내가 좋아한, 《나목》 등을 쓴 박완서 작가의 글에서는 진심이 담긴 글의 힘을 느꼈다. 김애란 작가의 《바깥은 여름》을 읽을 때는 누군가의 글을 보며 '샘이 난다'는 감정을 느낄 수도 있다는 걸 알게 되었다.

얼마 전 둘째 아이에게 김태광 작가의 《초등공부 읽기 쓰기가 전부다》를 읽히기 전에 내가 먼저 읽어 보았다. 흡입력 있는 내용이었다. 단숨에 거의 끝까지 읽어 내려가다가 '소원이 이루어진 것을 전제로 자서전을 써 보라'라는 단락에서 눈이 멈췄다. 그러곤 '나도 한번 써 볼까?' 하는 생각이 들었다. 성공한 작가가 되어서 강의와 사인회를 하는 내용을 상상하면서 구체적으로 써 내려갔다. 단지 상상하며 종이에 쓰는 행위를 했을 뿐이었는데…. 글을 쓰고 나니 갑자기 내 속이 감당할 수 없게 뜨거워졌다.

식었던 작가의 꿈이 기름을 부은 듯 불타오르기 시작했다. 수년간 내 안에 있었던 꿈이었는데, 이제는 꼭 이뤄야만 하는 목표로 바뀌는 기적이 일어났다.

"당신이 이루고 싶은 일들을 종이에 쓰는 순간, 삶은 마법으로 빠져든다."

헨리에트 앤 클라우저가 쓴 《종이 위의 기적, 쓰면 이루어진다》에 나오는 말이다.

나의 마음이 굉장히 급해졌다. 이뤄야 하는 목표가 생긴 만큼 이루기도 전에 꿈이 식는 일이 다시는 있어선 안 되니까. 지금까지 수년을 지체했는데…. 당시 나는 도서관에서 진행하는 소설수업을 듣고 있었다. 그렇게 소설에 도전하면 또 몇 년이 흘러갈 터였다.

그동안 나는 지인들에게 "글을 써야 성공한다. 최소한의 월급만 주고 소모품처럼 부리다가 필요 없어지면 나가 달라고 하는 회사에 목숨 걸지 마라. 책을 써서 내 가치를 높이자."라고 수년간 말해 왔었다. 그럴 때마다 지인들은 멍하게 나를 바라보거나 "어떻게 책을 쓰고 싶다는 생각이 들었어?"라며 신기하다는 듯이 나를 쳐다보았다. 그런 모습들을 보며 나는 너무 외로웠다. '작가를 꿈꾸는 내가 이상한 사람인가' 하는 생각도 들었다.

현재는 아이 책에 나왔던 한책협을 찾아서 책쓰기 과정을 수강하고 있다. 책만 쓰고 끝내지 않을 것이다. 책이 나오기 전에 유튜브 방송과정까지 수강해서 책이 나오면 홍보할 계획을 가지고 있다.

열심히 책 쓰는 방법을 배워 앞으로 1년에 1권 이상의 책을 써낼 것이다. 첫 번째 책은 세상에서 책을 가장 좋아해 '작가가 꿈'인 아들을 키운 경험을 살려 쓸 것이다. 두 번째는 일찍 겪었던 큰아이, 작은아이의 사춘기 경험에 대해 쓸 것이다. 그다음으로 나름대로 불가능에 도전해 왔던 나의 삶에 대한 책도 써낼 것이다.

첫 책이 다음 길을 알려 주리라 믿는다. 그러기 위해서 매일 1권 이상의 책을 읽을 것이다. 지금까지 해 왔던, '독서를 위한 독서'가 아닌 '글쓰기를 위한 독서'를 할 것이다. 또한 유튜브 강의를 통해 책을 홍보함으로써 육아에 지친 엄마들의 위로자이자 책을 읽지 않는 아이의 해결사가 될 것이다. 그리고 책 쓰기가 익숙해지면, 책 쓰기 강연 등에 전념할 수 있도록 직장을 나올 것이다. 매일 1시간 이상의 기도를 통해 이 모든 일에 대한 하나님의 뜻을 구할 것이다.

그동안 누구보다 열심히 살고 최선을 다했는데 왜 내가 원하는 길이 안 열릴까? 내 기도를 안 들어주신다는 생각에 하나님을 원망하는 마음이 내 가슴 한쪽에 똬리를 틀고 있었다. 하지만 하나님은 내 기도를 듣고 계셨고 응답하셨다. 바로 '때를 기다려라'였던 것이다.

준비되지 않은 상태에서 작가로 성공한다면 적응하는 데 시간이 필요할 것이다. 고민만 하다가 무엇보다 중요한 시간들을 흘려보낼 것이다. 마흔이 넘을 때까지 기다렸으니 충분하다. 더 이상은 지체하지 않겠다. 지금부터 생생하게 꿈꾸며 눈으로 보고 글로 써서 내 것이라 선포할 것이다.

아침에 눈을 뜨면서 생각했다. 오늘 하루만큼 꿈에 더 가까워졌다고. 누군가를 보며 꿈을 꾸었더니 나도 누군가에게 꿈이 되었다.

02.
가슴 뛰는 삶을 사는
강연가, 동기부여가 되기

불가능한 환경을 극복한 사람들은 많은 감동을 준다. 내가 가장 좋아했던 사람은 한국의 폴 포츠 최성봉이다. 〈코리아 갓 탤런트〉라는 TV 프로그램에서 2위로 입상했던 팝페라 가수다. 그는 다섯 살 때 폭력 때문에 고아원에서 도망 나와 떠돌이의 삶을 살았다. 성인이 되어 서바이벌 TV 프로그램 성악부문에 지원할 때까지 이성적으로는 이해할 수 없는 고난을 당했다.

또 다른 사람은 호주의 닉 부이치치다. 사지가 없고 발가락 2개만으로 누구보다 열심히 도전하며 강연가의 삶을 사는 이다. 그들은 그 존재만으로도, 살아 있다는 사실만으로도 감동을 준다.

나는 어려운 가정에서 태어났고, 아빠가 술을 드시는 날이면 다른 곳으로 피해 있어야 했다. 단칸방에서 다섯 식구가 오랜 시간 동안 살았다. 그런 환경 속에서 크면서 굳이 누가 말해 주지 않았어도 혼자 힘으로 일어나야 한다는 사실을 알게 되었다.

하지만 목사님의 설교 말씀을 들으며 조금씩 꿈을 키워 갔다. 가슴 뛰는 삶을 동경하면서. 삶이 힘들 때는 현실에 만족하는 사람들이 부럽다는 생각이 든 적도 있었다. 그때마다 나는 최성봉, 닉 부이치치 같은 사람들을 찾았다. 그러면 가슴 저 깊은 곳에서 뭐라 표현하기 힘든 힘이 솟아났다. 한 지인은 그런 나를 보고 '헝그리 정신'이 있다고도 했다.

고입을 앞두고 첫 진로 선택에 대한 부담이 커서 매일 교회에 들러 기도했다. 그때 했던 기도가 일곱 가지 정도인데, 모두 그대로 이루어졌다.

이후 재수학원을 다닐 때였다. 친구들은 뾰족 구두를 신고 한껏 멋을 냈다. 하지만 나는 먹고 자는 시간 외에는 학원의 지하열람실에 박혀서 공부만 했다. 마지막에는 하나님의 도와주심으로 수능 점수가 100점이나 올랐다. 그렇게 함께 공부한 친구들보다 좋은 결과를 얻었다.

어려운 형편으로 힘들게 다니던 대학을 졸업할 무렵, 들어간 직장은 충남에서 가장 큰 교회의 사무실이었다. 담임목사님의 비서업무와 교회 특성상 다른 일도 많았다. 도와 달라고 사무실 문을 두드리는 거지에서부터 시장, 국회의원까지 다양한 사람들을 만나며 많은 것을 배울 수 있었다.

혼기가 찼다고 느끼신 목사님께서 내게 좋은 남자를 소개시켜 주셨다. 인상이 선해 보이고 다른 남자들처럼 불편하지 않았다. 다행히 상대도 나를 좋아해 주었다.

큰아이를 낳고 남편의 직장 때문에 당진으로 이사를 갔다. 이사 간 집에 적응하기도 전에 일이 터졌다. 작은아이가 다친 것이다. 성인이 된 이후로 시간을 돌리고 싶다는 생각을 처음 하게 되었다.

~했더라면, ~하지 않았더라면…. 내가 미친 여자 같다는 생각이 들기도 했다. 하지만 작은아이를 치료하려면 정신을 차려야 했다. 수술을 하려고 봄에 입원했는데 가을이 되고서야 퇴원할 수 있었다. 이후에도 몇 년간 일주일에 두 번씩 당진에서 서울의 재활병원을 다녔다. 두 살, 다섯 살 아이들과 고속버스를 타려면 휴대전화 시청은 필수였다.

'아이가 다친 건 다 엄마 탓'이라며 사람들이 뿌리는 소금을 온몸으로 맞았다. 불행은 그 누구의 잘못도 아닌데…. 그들은 요청하지도 않은 조언을 해 주려고 사돈의 팔촌이 다친 이야기를 늘어놓았다. 누군가 많이 아파할 때는 아무것도 해 주지 않아도 된다. 옆에 같이 있는 것만으로도 충분하다.

2년 전 사회복지사 자격증을 따느라 집에 있을 때였다. 친구가 시각장애인을 돕는 일을 소개시켜 주었다. 아이들을 키우면서 할 수 있는, 시간 여유가 있는 일이었다.

오전에는 회사, 오후에는 실습을 병행했다. 20년 동안 장롱에 있던 면허도 꺼냈다. 도전을 즐기지만, 여러 가지 도전이 한 번에 이루어져 무리가 된 것 같았다. 약한 체력에 잠을 거의 못 자고 밥도 거의 못 먹었다. 살이 5킬로그램쯤 빠지고 그러다가 결국에는 쓰러졌다.

큰아이를 임신했을 때 힘들었다. 만난 지 6개월 만에 결혼했는데 적응도 안 된 상태로 아이까지 바로 생겼던 것이다. 아이가 어릴 때는 큰 어려움이 없었다. 그런데 아이가 점점 자랄수록 어떻게 대해야 좋을지 몰랐다. 아이는 아이의 말, 나는 나의 말을 했다. 서로 다른 언어를 사용한 것이다.

초등학교 2학년 때 아이의 담임선생님이 상담을 권했다. 어떻게 할지 몰라 나는 책에 나온 대로 아이를 대했다. 그랬더니 아이가 원칙대로만 행동하고 친구관계도 힘들어한다고 했다. 가만있을 수 없어 나는 시에서 진행하는 무료상담을 받았다. 한발 뒤로 물러서서 나와 아들을 바라보는 데 도움이 되었다.

친정아버지는 무뚝뚝하고 정을 표현하는 데 굉장히 서툰 분이셨다. 그 때문인지 나는 성인이 될 때까지 가까운 이성과 좋은 관계를 맺어 본 적이 없다. 이성을 피하기만 하던 나는 아들과도 좋은 관계를 맺기가 힘들었다. 지금도 그때를 떠올리면 가슴이 저려 온다.

그럴 때면 "엄마도 엄마가 처음이라 몰라서 그래." 하면서 아이를 안고 사과했다. 그리고 고치려고 노력했다. 그런데 정말로 고마운 것은 아이들이 어른보다 마음이 넓다는 점이다. 아들은 내가 사과하면 진심인 줄 알고 받아 주었다. 그렇게 아주 조금씩 진짜엄마가 되어 갔다.

나는 사람들을 좋아한다. 아이는 아이라서, 청소년은 그들대로의 매력이, 어른에게서는 나름의 고뇌가, 노인들에게서는 삶의 지혜가 느껴져서 좋다. '만인의 연인'이라고 부르면 어울릴까? 그런데 책을 쓰게 되면 내가 만날 수 없는 사람들과도 이야기할 수 있다. 더구나 내 경험을 도구로 삼아 직업화해 살 수 있다는 사실이 너무 행복하다.

내 나름대로의 불가능에 도전한 경험들을 강연할 것이다. 첫 책을 낸 후에는 육아에 지친 엄마들을 위로할 것이다. 그리고 점차 그 범위를 넓혀 나갈 것이다. 삶의 고비들을 넘을 때마다 시인의 감성으로 가슴을 쓸어내리며 이겨 냈다. 나와 비슷한 많은 사람들을 안아 주며 감동을 그리는 삶을 살 것이다.

내가 감동이다. 모진 아픔을 겪고 오늘을 사는 당신이 감동이다. 그럼에도 불구하고 꿈을 간직한다면… 세상은 꿈꾸는 자들이 만들어 간다.

03.
〈세바시〉에서 강연하고,
〈김도사tv〉에
성공사례 올리기

2년 전 〈세상을 바꾸는 시간, 15분(이하 세바시)〉에서 '글쓰기를 잘하는 3가지 비법'을 강연한다는 광고를 보았다. 내가 평소 즐겨 보던 프로그램이었다. 나는 반드시 가야 되기 때문에 마음이 급해졌다. 모집이 끝나면 안 되므로 바로 방청신청을 했다. 신청 후 처음 가 보는 곳이라는 생각이 들었다. 그곳을 혼자 가려니 막막했다.

그때 산본에 살고 있는 친구가 떠올랐다. 큰아이를 키울 때 아이들 나이가 같아서 친해진 친구였다. 이사 나온 지 15년이 지났는데도 다시 이사 오라고 말해 주는 고마운 사람이다. 나는 그 친구에게 글쓰기 강의가 있는데 같이 가 줄 수 있느냐고 전화했다. 친구는 글쓰기에 관심이 전혀 없는데도 흔쾌히 가 주겠다고 했다. 정말 고마웠다. 우리는 공연장 근처의 한 식당에서 저녁을 먹고 강의를 들으러 갔다.

유튜브에서 그렇게 반복해서 보았던 익숙한 무대와 객석. 단 한 번가 봤지만 구체적으로 상상하며 꿈을 그려 보는 '생생한 시각화'가 너무나 잘되었다. 나는 호기심도 많고 여러 분야에 관심도 많다. 하지만 겁이 많아서 한 가지에 푹 빠지지도 못한다. 좋아하는 연예인도 많았지만, 누군가를 만나 보겠다고 방송국에 일부러 찾아가 본 적은 처음이었다.

〈세바시〉에 나왔던 3명의 작가들 중 한 분이 기억에 남는다.《대통령의 글쓰기》의 강원국 작가다. 여러 곳에서 강연했을 텐데도 긴장이 된다며 물통을 두 손에 꼭 쥐고 이야기를 풀어나가는 모습이 재미있었다. 작가는 그렇게 하니까 조금 풀리는 듯하다고 말하기도 했다. 강연 준비도 물병에 술을 담아서 카페에 가서 했다고 했다.

작가의 길의 어려움이 느껴지는 이야기들이 짧은 시간 동안 쏟아졌다. 달변가는 아니지만 진솔하게 이야기들을 풀어놓는 모습이 마음에 와 닿았다. 왠지 나도 그 자리에 설 수 있을 것 같은 생각도 들었다. 이후 유튜브에서 그 영상이 방영되는 날을 손꼽아 기다렸다.

객석에 앉아 있던 내가 아주 조그맣지만 영상에 나오기도 했다. "그 사람 내 눈에만 보여요, 나만 볼 수 있어요"라는 노래 가사 같았지만, 아직도 그 영상을 소중하게 간직하고 있다.

책이 나오고 내가 저 자리에 서게 된다면 어떨까? 아마도 〈세바시〉에서 섭외 전화가 오면 세상을 다 가진 듯하겠지? 강 작가님처럼 조금은 떨면서 15분여 강연하겠지? 아마도 강 작가님처럼 강연 내용을 고민하겠지? 집에서는 집중하기 힘들 테니 노트북을 들고 카페에 가서 준비해야겠다. 처음에는 긴장되지만 끝까지 잘해낼 수 있을 거야.

이 글이 실린《보물지도21》이 출간되면 이 부분에 띠지를 붙여 〈세바시〉 피디에게 보낼 것이다. '태어나 처음 자의로 방청하려고 달려간 프로그램이 〈세바시〉였다. 매일 방송을 보던 애청자이고 그때는 객석에 앉아 있었다. 하지만 무대에 설 날만을 손꼽아 기다리며 작가의 꿈을 키웠노라'라고 손편지를 써서 말이다. 뿐만 아니라 '내 강의를 들은 사람들이 다시 〈세바시〉에 서도록 최선을 다해 강연하겠다'라고도 쓸 것이다.

〈김도사tv〉에는《미친 꿈에 도전하라》의 권동희 작가,《재테크 독서로 월 100만 원 모으는 비법》의 안명숙 작가 등 많은 분들이 출연했다. 그분들은 쉬지 않고 자기계발을 하며 24시간이 모자라게 사시는 분들이다.

〈세바시〉 강연, 〈김도사tv〉 출연이라는 목표가 생긴 만큼 무대 위의 나를 생각하면서 10킬로그램 감량이라는 세부목표를 세웠다. 생각만 하고 잘 못 빼던 살을 현재 4킬로그램 뺐다.《미친 꿈에 도전하라》의 권동희 작가님은 내가 존경하는 강연가시다. 이분도 체중을 감량하고 난 이후 강연에서 훨씬 더 전문가 같은 느낌을 주고 있다.

나는 저녁은 거의 안 먹고 일주일에 3회 정도 운동하고 있다. 목표가 있으니 힘들다는 생각도 들지 않고 기쁘게 하고 있다. 더불어 부자와 성공자의 의식은 달라야 한다는 것을 명심하면서 성공을 구체적으로 그리며 준비하고 있다. 지금까지도 그래 왔지만 이제는 제대로 된 방향까지 잡았으니 더욱 최선을 다할 것이다. 멈추지 않고 쉬지 않을 것이다. 권동희 작가의 《미친 꿈에 도전하라》에 나오는 "생생하게 꿈꾸고 간절히 바라면 이루어진다."라는 말을 떠올리며, 시간을 낭비하지 않고 책 쓰기와 강연에 집중할 것이다.

다음으로는 체력을 키울 것이다. 마흔쯤부터 건강이 급격히 안 좋아지기 시작했다. 큰 병은 없지만 기력이 없어 쉬이 지쳤다. 성공하려면 그때까지 버틸 수 있게 지구력이 있어야 하는데 회사만 다니기에도 벅찼다. 얼마 전 다행히 좋은 약을 소개받아서 그 힘으로 글을 쓰고 있다. 아…, 무언가 이뤄지려고 모양이 잡히고 있는데…. 앞으로는 체력전이다. 박종기의 《지중해 부자》에서는 다음과 같은 말을 한다.

"사람은 뭘 하든 자신의 체력 한계를 넘어설 수 없는 거야. 딱 자기 체력만큼 돈을 벌게 되어 있거든… (중략) 체력을 키우는 건 절제에서부터 시작되는 거야. 재미만 좇지 말고 절제를 하면서 에너지를 아껴 두라고. 그래야 체력이 만들어지니까. (중략) 큰일을 하려면 체력부터 키우고 한 가지에 집중해라."

체력은 남들보다 약하면서 나는 더 큰 꿈을 꾸고 있다. 체력만큼 성공한다는 작가의 말이 와 닿는다. 마음의 열심만으로는 성공한 강연가, 동기부여가가 될 수 없기 때문이다.

04.
100억 이상 자산가 되어
국내에 장학재단 설립하고
가난한 나라에 학교 지어 주기

나는 어려운 가정에서 자란 맏딸이다. 집에서는 전문대를 가서 빨리 경제에 도움이 되어 주었으면 하셨다. 하지만 나는 나의 꿈에 더 집중했다. 집은 계속해서 어려웠으니까 내가 도움을 드려도 큰 차이가 있을 것 같지 않았다.

대신 목숨 걸고 내 할 일, 즉 공부를 했다. 의도하지 않았던 재수를 하면서 말이다. 친구들은 서울 친척집에 기거하며 노량진 학원에 등록했다. 나는 집 근처 학원에 등록했다. 그러곤 학원의 지하 열람실에서 밤늦게까지 나오지 않았다. 다행히 어릴 때는 잘 먹었고 체력도 좋은 편이어서 '엉덩이 힘'으로 버틸 수 있었다. 반복해서 공부하며 기술적으로 문제를 푸는 법을 익혔다.

다른 생각을 하지 않으니 점수가 조금씩 오르는 듯했다. IQ보다는 EQ(정서지수), SQ(사회성 지수)가 뛰어난 편이라서 성적이 좋지는 않았다. 나는 앉아서 머리로 배우기보다 행동을 통해 모르는 것을 배우는 편이다. 그래서인지 공부 마지막에는 점수가 드라마틱하게 올랐다.

수능 전날 같이 시험을 보러 가기로 한 친구가 우리 집에서 함께 잤다. 엄마가 긴장하지 말라고 하시면서 액체로 된 청심환 두 병을 주셨다. 적응기간이 필요한 청심환을 처음으로 먹은 것이다. 아…, 우리는 뜬눈으로 밤을 새웠다. 아직도 믿기지 않는 사실이지만, 마지막 외국어영역 시간에는 졸기까지 했다.

지금처럼 전철이 다녔다면 서울권도 생각해 볼 수 있었을 것 같다. 하지만 엄마도 서울보다 가까운 곳에 가라고 하셨다. 고민하고 있는데 근처 대학교에 입학해서 2학년이 된 친구에게서 연락이 왔다.

나는 사람을 좋아하고 주변을 챙기는 성격이다. 그러다 보니 진로의 대부분이 소개에 의해 결정되었다. 친구는 지금은 내가 너무나 존경하고 사랑하는 교수님과 함께 밥을 먹자고 했다. 나는 별다른 생각 없이 레스토랑으로 나갔다. 당시 교수님은 입학사무처장을 맡고 계셨는데 밥을 사주시면서 특차지원서를 주고 가셨다. 거리도 가까웠고 아동, 청소년, 사회복지, 신학 및 관심이 가는 학과들이 모여 있었다.

1년간 학원에서 공부만 한 나는 '이제 죽어도 여한이 없다'고 할 만큼 대학생활을 즐겼다. C.C.C.동아리에 가입해 새내기로서 즐길 수 있는 것들을 누렸다.

특차로 학교에 입학한 사람은 기숙사에 무료로 입소할 수 있었다. 한

학기 정도 기숙사에서 지내다가 C.C.C. 사랑방에서 공동생활을 하며 자취도 해 보았다. 가정형편은 어려웠지만 부모님은 맏이인 나를 전적으로 믿어 주시고 원하는 대로 하게 해 주셨다.

2학년이 되자 학과를 정해야 했다. 기독교 대학교여서 좋은 교수님들을 학부 필수 과목에 배치해 놓고 있었다. 그 교수님들은 신학과를 가도록 우리에게 많이 동기부여를 해 주었다. 나는 '후회하지 않을 학문이 무엇일까?' 고민했다. 그런데 다른 전공들은 시시해 보였다. 신학이 후회하지 않을 학문이라고 판단되었다. 그렇게 자연스럽게 물 흐르듯 신학과로 가게 되었다.

1학기가 끝나갈 무렵 남동생이 매점으로 뛰어가다가 어떤 아이와 부딪쳤다. 그 아이는 치아가 부러지는 사고를 당했다. 나는 기숙사에서 집에서 온 전화를 붙들고 매일 밤 눈물을 흘렸다. 내 동생은 다치지 않고 상대방이 다쳤다는 이유로 일방적으로 1,000만 원을 물어 주어야 했다. 그때부터 남동생은 엇나가기 시작했다. 나는 장학금을 계속 받지 못했다.

엄마는 울면서 나에게 휴학하라고 하셨다. 나는 휴학원서를 들고 학과 사무실을 찾아갔다. 그런데 선배들이 "학교를 한번 나가면 못 돌아온다. 상황이 더 어려워진다."며 나의 휴학을 극구 말렸다. 나는 어떻게 해야 할지 몰랐다.

그때나 지금이나 나는 눈물이 많은 편이다. 동아리 기도모임에 가서 울면서 기도부탁을 했다. 나도 매일 울면서 기도했다. 그러자 어려운 상황에서 열심히 살려고 애쓰는 내 모습을 보신 주변 분들의 도움이 이어졌다. 생각지도 않았던 도움들을 떠올릴 때면 나는 지금도 코끝이 찡해진다. 나는 함부로 살 수 없다. 그때 받은 도움에 보답해야 한다는 생각 때문이다.

지금은 인도네시아에서 선교사로 활동 중인 동아리 간사님이 당시 선교 후원자를 모집하셨다. 교수님께서는 학교의 장학재단에 알아보신 후 사비를 함께 담은 봉투를 내게 건네주셨다….

또한 함께 동아리 활동을 하던 친구는 자신이 받은 근로장학금을 내게 주었다. 이후에는 대출이라는 제도를 이용해 학교를 마음 편하게 다닐 수 있었다. 그렇게 재미있고 슬프고 감동적인 학교생활은 조금씩 지나갔다.

"고(故) 정주영 현대그룹 회장은 소학교(초등학교) 졸업이 최종 학력이다. 발명왕 에디슨은 초등학교 3학년 때 자퇴했고 (중략) 세상에는 스펙과 상관없이 크게 성공한 사람들이 많다."

- 송용섭,《부를 끌어당기는 직장인의 공부법》중에서

나처럼 어려운 상황에서 열심히 노력하는 아이가 있으면 도와주고 싶다. 그 아이가 공부를 잘하게 될지, 앞으로 잘되게 될지는 모르는 일이다. 공부를 못하는 학생이라도 열심히 하려고 하는 모습이 보이면 도와줄 것이다. 꿈을 잃지 않고 열심히 살면 반드시 꿈을 이루게 될 것이기 때문이다.

김윤희 옹, 15억 원 기부 '화제' 〈아산투데이 신문〉 2015. 3. 27

기자 일을 하면서 매일 아침 스무 건의 기사를 기계같이 써 올렸다. 그중에서 가장 기억에 남는 기사다. 나도 저런 사람이 되고 싶다는 생각이 들었다.

매년 1권 이상의 책을 쓰는 강연가가 되어 사람들에게 감동을 줄 것이다. 나에게는 처음 만난 사람과도 바로 친해지는 친화력이 있다. 뜻은 있으나 길을 찾고 있는 사람들과 함께 좋은 세상을 만들고 싶다. 경제적인 부분은 좀 약한 편인 만큼 창업과 주식 강의도 들을 것이다. 그리고 그 부분에 강한 사람과 연대하면 길이 보이지 않을까? 빠른 시간 안에 종잣돈을 모아서 부동산에도 투자할 것이다. 나는 하고 싶은 일이 많다. 선한 영향력을 미치는 부자가 될 것이다.

05.
1년에 한 달 이상
외국여행 하기

　많은 사람들이 첫 해외여행의 설렘을 잊지 못할 것이다. 나는 스물여섯 살 때 첫 해외여행을 했다. 그때만 해도 외국에 나가는 일은 흔하지 않았다. 그런 상황에서 나는 내가 일하고 있던 교회의 청년부에서 유럽으로 비전트립을 간다는 말을 들었다.

　새로운 것을 좋아하는 내가 가만있으면 이상한 일이었다. 더구나 동남아도 아닌 유럽여행인데…. 하지만 직장을 다니면서 2주 정도 자리를 비운다는 건 쉬운 일이 아니었다. 내게 교회는 직장이면서 동시에 나는 등록된 교인이었다. 내 자리는 특성상 선교부 업무, 5분마다 울리는 전화받기 등 일이 많았다. 하지만 주된 업무는 담임목사님 비서업무였다.

　감사하게도 목사님께서 나의 의욕적인 모습을 좋게 봐 주셨다. 목사님은 격려봉투를 건네주시며 다녀오라고 허락해 주셨다. 우리는 여행 가기 대여섯 달 전부터 매주 한 번씩 모였다. 4명이 한 조가 되어 공부한 내용을 발표하며 준비했다. 어렵게 가게 된 여행 기회를 함부로 흘려보낼 수 없었기 때문이다. 이후 내가 맡고 있던 선교부 업무 때문에 페루와 미국도 다녀올 수 있었다.

몇 번의 해외여행을 통해 느낀 점 세 가지가 있다. '여행은 정말 편한 사람과 가야 한다는 것'과 '마음이 떨릴 때 가지 않으면 손이 떨릴 때 떠나게 된다'는 것. 그리고 '먼 곳으로 갈 때는 한 달 이상 넉넉하게 시간을 잡고 가야 한다는 것'이다.

여행은 편한 사람과 가야 한다. 24시간 함께하는 것은 생각보다 쉽지 않다. 나는 간사이면서 일행 중 가장 나이가 어렸다. 여행을 가기 2주 전부터 자리를 비움으로써 하던 일에 구멍이 날 것에 대비했다. 잠을 거의 안 자고 일했다. '부족한 잠은 여행 중에 자야지'라는 잘못된 생각을 했던 것이다. 그 여행이 끝나고 나는 목사님께 씻을 수 없는 '잠탱이 낙인'이 찍히게 되었다.

여행은 마음이 떨릴 때 가야 한다. 함께 페루 여행을 가셨던 분들의 평균 나이가 50대 중반이었다. 그래서 지구 반대편 나라에 갔는데 토속 음식들을 먹어 보지 못했다. 20대인 나는 그곳의 모든 것을 체험하고 싶었다. 하지만 한국에서 먹는 것보다 훨씬 맛이 덜한 김치찌개, 제육볶음 같은 한식들을 비싸게 먹어야 했다. 어떤 분은 고산병 때문에 잉카 유적지인 마추픽추에 가시지 못했다.

편도 15시간 이상 걸리는 나라를 갈 때 2주는 긴 시간이 아니다. 또한 어느 나라를 가든 그 나라의 관광지뿐만 아니라, 여러 면모를 여유를 가지고 살피는 것도 좋은 방법이다. 이 생각은 신혼여행차 호주에 갔을 때 가장 절실하게 들었다.

나는 국내여행을 2박 이상 하면 너무 피곤하다. 그래서 가족여행도 1박 2일 정도의 거리로 간다. 차를 오래 타는 것도 너무 힘들다. 그런데 신기한 것은 외국여행은 5박 6일이건 13박 14일이건 힘들다는 생각이 안 든다. 하기 싫은 일을 못 하는 게 나의 장점이자 단점이다.

여행을 하고 싶은 이유는 아직은 아이들이 가족여행을 즐거워할 때이기 때문이다. 나에겐 2명의 아이가 있는데, 큰애가 중학교 2학년이다. 그런데 사춘기를 일찍 겪어 지금은 어느 정도 안정기에 들어섰다. 한창 사춘기일 때는 가족과 함께하는 걸 별로 좋아하지 않았다. 5학년 작은 아이 딸도 사춘기를 한창 지나고 있다. 성인이 되면 이들에게 자신들만의 시간을 줄 것이다. 그리고 남편이 원한다면 남편과 아니면 친구와 여행을 갈 것이다.

나는 빨리 경제적인 자유를 얻어서 손 떨리지 않을 때 아이들과 추억을 만들어 갈 것이다.

그 방법을 현재 열심히 공부하고 있는 중이다. 1인 창업, 주식 강의 등도 들을 예정이다.

어느 날 아들이 일본 책들을 보다가 "일본에 가고 싶다."라는 말을 했다. 여행 계획을 잡고 나자 일본어 강좌에 등록해 달라고 했고 스스로 알아서 공부했다. 동생에게도 알려 줬다. 그런데 그렇지 않은 곳을 여행할 때는 큰 흥미를 보이지 않았다. 그런 만큼 함께 책을 읽거나 테마를 정해 가고 싶은 나라에서 추억을 쌓아 갈 것이다.

생각만으로도 가슴이 벅차다. 배 안에서 모든 것을 누리고 즐길 수 있는 '크루즈여행'도 좋을 듯하다. 매년 어려운 나라의 아이들을 돕는 봉사여행을 떠나도 좋을 것 같다. 아…, 교육모드는 접어 두어야겠다. 여행은 아이가 스스로 행복해지는 법을 가르치는 훌륭한 선생이니까.

나는 아들의 큰누나이자 딸의 나이 많은 언니이고 싶다. 나도 세상에 소풍 와서 모르는 것들을 알아 가고 있지 않은가? 아이들과 행복하게 여행하면서 꼭 듣고 싶은 말이 있다. 바로 "엄마, 세상에 태어나서 가장 감사한 일은 엄마를 내 엄마로 만나게 된 거야."라는 말이다.

PART 06

육아로
힘들어하는
엄마들의
희망 메신저 되기

| 권 희 려 |

권희려

사업가, 수의사, 초보맘 멘토, 자기계발 작가, 강연가, 동기부여가

김도사, 권마담을 만난 후 10년 앞서 작가의 꿈을 이뤘다. 자유, 자연, 글쓰기를 사랑하고 편견을 싫어한다. 나를 잘 다듬어 나 자체로 빛나면서 타인도 환하게 비추는 등대와 같은 최고의 동기부여가, 메신저로 살고자 한다. 현재 '아이와 부모가 모두 행복해지는 발도르프 자녀교육'에 대한 주제로 개인저서를 집필 중이다.

01.
경제적 자유를 누리는
온전한 자유인 되기

요새 나는 부쩍 경제적 자유인이 된 나의 모습을 생각한다. 나는 돈을 좋아한다. 돈은 자유를 주고, 나는 특히 자유를 갈망하는 사람이기 때문이다. 그리고 돈으로 생명을 살릴 수도 있기 때문이다.

나는 어릴 때부터 동물들을 매우 좋아했다. 특히 강아지가 너무 키우고 싶었는데 엄마가 허락해 주시지 않았다. 나 자신이 엄마가 된 지금 생각해 보면 너무나 당연한 일이었다. 엄마는 우리 3남매를 키우시는 데다 깔끔한 걸 좋아하셨다. 나는 그런 엄마에게 수의사가 되면 나에게 강아지 키우는 걸 허락해 달라고 우격다짐하고는 나름대로 정말 열심히 공부했다. 그만큼 강아지를 키우고 싶은 열망이 강렬했었다.

한편, 나는 내 앞날을 정해야 하는 사춘기 시절 어떤 사람이 될 것인지, 세상에서 가장 중요한 가치는 무엇인지 한참 고민했었다. 더 어릴 적에는 화가나 디자이너가 되고 싶다고 생각하기도 했다. 하지만 나는 사춘기 시절의 치열하고도 철학적인(?) 고민 끝에 생명이 가장 중요한 가치라는 결론을 얻었다. 키우던 병아리가 아파서 죽어 갈 때 아무것도 해 줄 수 없는, 무력한 나 자신이 싫었기 때문이기도 했다. 그럴 때 올라오는 슬픈 감정이 너무 싫었기 때문이기도 했다. 또한 사람들이 상대적으로 하찮게 생각하는 동물들의 생명을 지켜 주고 고통 받지 않도록 해 주고 싶다는 열망 때문이기도 했다.

수능 공부도, 대학 공부도 많이 힘에 부쳤지만, 나는 결국 수의사가 되었다. 그리고 동물병원에서 소동물 임상수의사로 일하게 되었다. 하지만 몇 년의 경험 속에 결국은 그 소중한 생명들도 '돈'이 있어야만 살릴 수 있다는 사실을 깨달았다. 사람도 돈이 없으면 굶어 죽거나 병 치료도 못하는데 동물들이야 오죽할까. 나는 그제야 이상과는 다를 수밖에 없는 현실을 자주 보게 되었다. 돈의 엄청난 힘을 뒤늦게 더 깨닫게 되었다. 두 아이의 엄마가 된 지금은 더 이상 말해 봤자 입만 아플 정도다.

자본주의 사회에서 돈은 정말 필요한 것이다. 컵에 반 잔의 물이 있다고 치자. 어떤 사람은 "반이나 있네." 하고, 어떤 사람은 "반밖에 없네." 라고 한다. 그동안은 돈을 보는 나의 시각에 부정적인 편견이 좀 더 많았던 것 같다.

초등학교 시절부터 뇌리에 박혀 있던 돈과 관련된 가르침들은 다음과 같다. 황금 보기를 돌같이 하라. 송충이는 솔잎을 먹고 살아야 한다. 분수에 맞게 살아라. 안분지족, 청빈한 삶 등등. 또한 어릴 적 부자를 증

오해서 엽기적인 범죄를 저지른 사람의 이야기도 뉴스에서 보았다. 그러다 보니 나도 모르게 돈에 대한 부정적인 이미지가 더 강하게 뇌리에 박혀 있었던 것 같다. 지금 생각하면 정말 황당하기까지 하다. 그러고는 어른들은 뒤로는 다 돈을 좋아하고 돈돈돈 하고 있었으니 말이다.

이 글을 쓰면서 나는 희열을 느낀다. 돈에 대한 그동안의 편견을 깨부수고 새로 태어난 느낌이다. 이제야 아버지를 아버지라 부를 수 있게 된 홍길동의 마음이랄까! 사실 나는 원래도 돈을 좋아하는 사람이다. 돈은 자유를 주고 나는 늘 자유를 갈망하는 사람이기 때문이다. 돈은 사실 선하지도 악하지도 않은 것인데 말이다.

이 글을 쓰면서 나는 사춘기 이후로 곱게 접어 두어 잊고 있었던 어릴 적 꿈 하나를 다시 기억해 냈다. 선한 영향력을 미쳐서 더 나은 세상을 만드는 데 기여하는 사람 되기!! 특히 돈 많은 갑부가 되어 파급력 있는 사람이 되고, 그 돈을 좋은 일에 기부하며 살겠다는 꿈! 생각만 해도 가슴이 두근두근한다. 어느새 39세가 된 만큼 그런 고민을 한 지 20년도 더 넘었다는 게 신기하다. 그리고 지금도 마음 한쪽에 그 꿈을 간직하고 있는 나 자신이 대견하다.

경제적 자유인이 되어 부모님께 더 잘해 드리고 싶다. 매달 500만 원이상씩 용돈을 팍팍 드리고 가족 모두 같이 크루즈여행과 유럽여행을 가고 싶다. 나의 베프이자 평생의 반려자인 남편에게 서울의 요지에 있는 대저택과 외제차를 선물하고 싶다. 집 안에 공원이 있었으면 좋겠다는 다섯 살 큰아들도 기뻐할 것이다.

그리고 아이들을 키우느라 잘 돌보지 못하고 있는 16년 지기 나의 반려견 익호, 포천 시골집에서 하염없이 우리가 올 날만 기다리고 있을 대형견 폴로와 얼마 전 큰아들의 알레르기 증상으로 갑작스레 생이별을 한 반려묘 고로고로와 걱정 없이 한집에서 살고 싶다. 그러니만큼 나는 돈과 자유가 좋다. 나는 지금도 좋지만 내일은 더 좋으리란 희망을 늘 품고 사는 사람이다. 그게 내 마음의 쌀밥과도 같다.

경제적 자유인이 되기 위해 나는 현재 하고 있는 사업을 더 효율적으로 운영해 나갈 생각이다. 나는 6년간 임상수의사 생활을 하다 어느 순간 체력의 한계에 부닥치게 되었다. 내가 유일하게 하고 싶었던 수의사는 정말 엄청난 직업이었다. 귀엽고 사랑스러운 동물들을 마음껏 보고 만져 보고 싶다는 어릴 적 나의 소원을 풀 수 있었다. 생명을 돕고 살리는 일은 정말 보람되고 멋진 일이었다.

하지만 한편으론 남 보기엔 우아하게 물 위에 떠 있지만 물속에서는 미친 듯이 발을 구르는 백조 같은 일이었다. 수의사, 특히 동물을 치료하는 임상수의사는 3D에 가까운 일이었다. 엄청난 노력과 인내심 그리고 체력이 필요했다. 동물들의 치료에 대해 보호자들께 설명하고, 설득해야 하는 일들은 힘이 많이 드는 치료 외적인 일이었다. 몇 날 며칠을 매달려서 살려 놓은 환자가 '이제야 나를 괴롭힌 네 녀석에게 복수할 힘이 생겼다! 크앙!' 하고 물어 버리는 일쯤은 정신적 고됨에 비하면 정말 아무것도 아니었다.

그렇게 나는 동물병원에서 24시간 당직을 서고 퇴근시간도 없이 수년을 일했다. 그러다 체력의 한계를 느낀 어느 날, 나는 내 몸과 나의 가족들도 돌봐야겠다는 생각을 하게 되었다. 그리고 며칠을 쉬다가 아버지와 동생이 하던 양말 사업을 자연스레 같이 하게 되었다. 그렇게 체력을 회복하며 사업을 돕다가 결혼을 하고 출산하게 되었다. 아이를 낳고 키우다 보니 수의사로서의 복직은 자연스레 미루어지게 되었다. 수의사 일도 아이를 키우는 일도 모두 소홀히 할 수 없는 중요한 일이었다. 하지만두 가지를 다 제대로 하기란 불가능하다고 판단했기 때문이었다.

그것과는 별도로 나는 부지런한 성격에 경제활동을 좋아한다. 그래서 그 이후 쭉 양말 사업을 해 오고 있다. 그동안 두 번의 출산과 육아로 인해 사업이 자의 반 타의 반으로 많이 축소되어 있었다. 하지만 이제가족계획도 끝났고 둘째 아들도 돌이 지났으니 사업을 더 키워 보려고한다.

20년이 넘는 시간의 힘을 들여 중국산과 단가 경쟁에서 밀려도 정직하게 품질을 유지해 온 사업이다. 그 노력을 바탕으로 앞으로 빛을 발할것이라고 확신한다. 특히 요새 코로나(우한 폐렴) 사태 이후 중국산 제품에 대한 신뢰가 저하되는 현상이 일고 있다. 이는 다시 메이드 인 코리아제품을 살리는 데 큰 역할을 할 것이라고 기대한다. 내수는 물론 해외에서도 큰 수주를 받아 나라 살림에도 일조하는 사업가가 되고 큰돈을 벌

것이다.

또한 끌어당김의 법칙으로 만나 뵙게 된 한책협의 김도사님! 덕분에 나는 막연히 나이 들어 언젠간 이루겠지 생각했던 작가의 꿈을 20년은 더 빨리 이루게 되었다. 한책협에서 책 쓰기, 1인 창업 비법을 배워 꿈의 직업 한 가지를 더 이루게 되었다. 뿐만 아니라 베스트셀러 작가, 영향력 있는 사람이 되어 빨리 갑부가 되려는 내 꿈을 더욱더 빠른 속도로 이루게 되었다. 정말 기쁜 일이다.

석 달 전 내 인생의 귀인께서 알려 주신 '김도사' 세 글자는 나의 인생을 엄청나게 좋은 방향으로 달려가게 해 주셨다. 김도사님의 유튜브와 책을 통해 나는 상상의 힘과 확신의 힘을 확고히 믿게 되었다. 그리고 인생을 송두리째 바꿔 주는 주옥같은 책들을 만나게 되었다. 요즘 나는 진정으로 행복하다. 김도사님을 만난 이후 정리되지 않고 의구심이 들었던 나의 꿈을 제대로 정리하게 되었기 때문이다. 내가 마음먹은 대로 모두 이루어질 것임을 깨달았기 때문이다.

나는 곧 내가 정말 바랐던 경제적 자유인이 될 것이다. 구체적으로 20년 이내에는 1,000억대 갑부가 되어 있을 것이다. 언제나 선한 일을 많이 하고 나의 존재 자체로 사람들에게 희망을 주고 좋은 영향을 끼치는 동기부여가가 되어 있을 것이다. 그래서 나의 아이들이 살아갈 이 세상을 매일 조금씩 더 나아지는 곳으로 만들 것이다.

02.
의식을 바꿔 주는 베스트셀러 작가, 동기부여가 되기

빌 게이츠, 워런 버핏, 스티브 잡스, 그리고 나의 공통점은 뭘까? 그것은 바로 '책'을 좋아한다는 것이다. 하하! 내 취미는 '독서'다. 어렸을 땐 자기소개서에 으레 적게 되어 있는 취미란에 '독서'라고 적는 것이 식상하거나 멋지지 않아 보였다. 그래서 고민하기도 했다. 그런데 세계 최고의 부자들의 취미도 독서라는 것을 알고 나서부터는 나의 취미가 점점 더 자랑스러워졌다.

나는 학창시절부터 뮤지션 신해철의 광팬이었다. 그가 세상을 떠난 지금도 여전히 그의 팬이다. 내가 중·고등학생이었던 시절에는 H.O.T와 젝스키스가 선풍적인 인기를 끌었다. 하지만 나는 댄스 음악에는 별로 취미가 없었다. 나는 일반적인 여고생의 감수성과는 거리가 좀 멀었던 것 같다.

나는 록 음악을 좋아했다. 특히 신해철, 넥스트의 음악에 푹 빠져 있었다. 음악적으로도 완벽했지만 특히 그가 만든 노랫말은 정말 철학적이고 독창적이었으며 문학적이기도 했다. 대부분의 대중가요의 가사는 사랑 이야기에 국한되어 있다. 하지만 그가 쓴 가사의 스펙트럼은 정말 다양하고 참신했으며 깊이가 있었다. 불타는 사춘기. 누가 뭐라고 하지 않아도 그냥 마음이 송곳처럼 곤두서 있던 시절. 학업과 시험 스트레스로 힘든 시간을 보내던 날들. 한 곡 한 곡 예사롭지 않던 그의 노랫말은 그때 소화전이 되어 불구덩이에서 허우적대던 나를 구원해 주었다.

신해철은 작사, 작곡 능력만 뛰어난 것이 아니었다. 조리 있는 말솜씨와 다방면의 해박한 지식을 가지고 촌철살인의 멘트를 잘 날렸다. 그래서인지 그는 라디오 디제이로서도 인기가 매우 높았다. 나는 특히 그가 진행하던 라디오 프로그램에서 '좀 놀아 본 오빠의 고민 상담 해결소'라는 코너를 좋아했었다.

사실 신해철의 음악과 인간적인 면모를 잘 모르고 뉴스에서만 그를 접했던 사람들은 그에 대해 편견을 가지기 쉬웠을 것이다. 잠시나마 대마초를 피운 경력이 있었고, 팬들에게 '마왕'이라고 불리던 머리 긴 로커인 데다 〈100분토론〉에 후드 티와 가죽장갑을 끼고 나와서 자신의 소신을 거침없이 말하곤 했으니까. 게다가 보수적인 한국 사회에서 간통죄 폐지를 주장했으니까. 그러니 앞뒷말은 자르고 딱 오해하기 쉬운 자극적인 기사 제목으로만 그를 접한 사람들은 색안경을 끼고 그를 바라보기 딱 좋았을 것이다.

또한 이 상담 코너는 자정에서 새벽 2시경쯤에 방송되는 프로로 청취자가 아주 많지는 않았을 것이다. 하지만 나는 확신한다. 해박한 그의 지식과 상담에서 지혜롭고 진솔한 조언을 들어 본 사람이라면 누구나 그의 팬이 되었으리라는 것을.

고민 사연의 대부분은 청소년이나 젊은이들의 학업, 실패, 부모님, 친구와의 관계에 대한 것들이었다. 늦은 시간에 진행되었던 방송이어서 그런지 아주 무겁고 심각한 내용들도 많았다. 그럴 때마다 이 뮤지션, 아니 가수의 탈을 쓴 철학자님은 무릎을 탁 칠 정도로 현명하면서도 따뜻한 조언을 해 주었다. 방송을 들으며 나도 같이 울고 웃고 배우고 깨달았었다.

그의 말에는 지식은 기본이고 지혜를 넘어 따뜻한 위로까지 같이 있었다. 다른 방송에도 여러 전문가들이 조언을 들려주는 인생 상담 코너가 많았다. 하지만 아직까지 그를 뛰어넘는 고민 해결사는 발견하지 못했다. 그는 뮤지션을 넘어 나의 인생 멘토이기도 했다.

다른 연예인이나 뮤지션의 팬들에 비해 확실히 신해철에게는 '그냥 팬'이 아닌 골수팬, 광팬들이 많았다. 이렇게 수많은 광팬들을 끌어들였던 그의 박학다식과 나이를 뛰어넘는 지혜는 도대체 어디에서 나온 것일까? 나는 나중에는 그 비결이 궁금했다. 한 시대에 몇 없는 천재가 맞긴 하지만, 그에게는 분명 지식을 뛰어넘는 혜안이 있었기 때문이다.

답은 바로 '책'이었다. 그는 독서광이었다. 라디오에서도 그의 박학다

식함에 대해 질문하는 사람들에게 그는 자주 독서를 많이 한다고 이야기했었다. 열 살 이전부터 집에 있던 백과사전을 모조리 보았었다는 얘기도 자주 하곤 했다.

세계 최고의 부자들도, 대한민국에서 최고로 인기가 많았던 천재 뮤지션도 밑천은 바로 '책'이었음을 알 수 있다. 정말 대단하지 않은가? 그런데 더 엄청난 것은 지금부터다. 현재 서른아홉 살인 나는 책은 사거나 빌리거나 읽을 수 있는 것이라는 생각만 해 왔었다. 책을 쓰는 '작가'가 된다는 생각을 전혀 하지 못했었다. 책을 쓰는 것은 원래 아주 대단한 인생 스토리를 가졌거나, 훌륭한 문장 실력을 갖춘, 타고난 사람에게만 가능한 일이라고 생각했었다. 나는 언젠가 나이가 들면 나의 이야기를 책으로 써 봐야지 어렴풋이 생각했다. 그랬던 내가 지금 이 순간 '나의 책을 쓰는' 작가가 되었다.

나는 최근 의식에 관한 책들을 읽고 있다. 작년에는 내 인생에서 힘든 일들이 한 번에 몰려왔다. 그런 만큼 힘든 나날을 보냈었다. 그래서 더 긍정적인 자기계발서, 마음을 다스리는 방법에 관한 책을 주로 읽게 되었다. 그리고 우연한 계기로 유튜브 〈김도사tv〉를 보게 되었다.

그분은 힘들었던 과거를 극복하고 크게 성공한 지금의 모습을 진솔하게 말씀해 주셨고 그 방법 또한 자세히 알려 주셨다. 나는 깊은 감명을 받았고 그분이 추천해 주신 의식에 관한 책들도 읽게 되었다. 그리고 그것을 계기로 김도사님이 책 쓰기 코치로 계신 한책협의 책쓰기 1일 특강을 듣게 되었다.

　사실 책쓰기 1일 특강은 책 쓰기보다 스스로 책을 보고 책을 쓰고 의식을 높여 성공하게 되었다는 김도사님을 직접 뵙고 싶다는 생각에 참석했었다. 그리고 그때까지만 해도 작가가 된다는 생각은 꿈에도 하지 못하고 있었다. 그러다 김도사님의 열정적인 강의를 듣고, 최근 작가의 꿈을 이루신 분들의 생기 넘치는 모습을 직접 보게 되었다. 그러고 나서 어느새 작가가 되기 위해 책 쓰기 수업을 신청하고 있는 나를 발견하게 되었다.

　'우물쭈물하다가 내 이럴 줄 알았어.' 노벨문학상을 수상한 조지 버나드 쇼의 묘비명이다. 내 마음은 아직 열아홉 살에 머물러 있는데 물리적인 나이는 어느새 서른아홉 살이다. 이러다 지천명도 환갑도 생각보다 빨리 닥칠 수 있겠다는 생각이 들었다.

　그동안 나는 너무 완벽한 모습만을 추구하면서 살아온 게 아닌가 싶다. 완벽을 추구하지 않아도 모든 사람은 각자 자기 모습대로 빛나는 신의 피조물인데. 나는 이런 사실을 머리로만 아는 둥 마는 둥 했다. 잘 생각해 보면 작가, 칼럼니스트의 꿈이 있었으면서도 그러기엔 나 자신이 부족하다는 생각만 계속 했었다. '아직은 경력이 부족해, 아직은 특별히 이룬 것이 없어, 아직은 내세울 만한 게 없어, 아직 멀었어!'라고 생각했었다.

　김도사님의 말씀을 듣고, 의식 관련 책을 읽고 나니 '완벽'이라는 신기루는 다 내 마음이 만들어 낸 것일 뿐이라는 생각이 들었다. 이 글을 쓰다가도 정신이 번쩍 든다. 조지 버나드 쇼처럼 묘비명에 '내 이럴 줄 알았어'라고 새길 게 아니라 지금 당장 원고를 써야 한다고. 늘 내가 정해 놓은 완벽함의 기준에서 모자란다고 스스로에게 인색했던 나와는 이제 작별을 고하고자 한다. 그리고 '소망이 성취된 느낌에서부터 시작하라, 끝에서 시작하라'라는 네빌 고다드의 말씀을 가슴에 새긴 채 이제 나는 작가가 되었다.

김도사님(김태광 코치님)께서는 책 쓰기 특강에서 작가로서의 삶이 얼마나 멋지고 가슴 뛰는 일인지 알려 주셨다. 또한 작가가 되면 대수롭지 않게 여겼던 나의 경험과 지혜를 누군가에게 전달해 주는 코치, 강연가, 동기부여가가 될 수 있음도 알려 주셨다. 게다가 내가 원하는 일, 선한 일을 하면서도 경제적 자유를 누리게 될 수 있다는 엄청난 사실도 알려 주셨다.

돌이켜 보면 힘들 때마다 나를 다시 일으켜 세운 것은 '책'이었다. 감히 내가 작가가 된다는 생각은 하지 못했는데…. 인생은 한순간이다. 좋은 스승, 좋은 책을 만나 의식을 바꾸었더니 작가가 되었다. 더 나아가 보통 작가가 아닌 '베스트셀러 작가'가 될 것이다. 나의 글을 통해 희망을 만나고 나의 책을 발판으로 더 빠르게 더 큰 꿈을 꾸고 행복한 인생을 살게 될 많은 사람들을 생각해 본다. 작가가 되어 글을 쓰고 있는 이 순간이 정말 행복하다.

네빌 고다드의 강의를 옮겨 놓은 책《상상의 힘》의 한 구절을 읽어 본다.

"지혜롭고 의식적으로 환경을 창조하는 사람이라면 상상 속에서 미래를 현재로 만들어야만 합니다. 모든 목표들을 소망이 이루어진 모습으로 만드십시오. 인생을 사는 방법은 원하는 대상을 쫓아가는 것이 아니라 소망이 이루어졌다는 느낌을 간직한 채 그것이 우리에게 오도록 하는 것입니다."

03.
육아로 힘들어하는
엄마들의 희망 메신저 되기

"너도 이다음에 너 같은 자식 낳아서 키워 봐!"

아이들이 말을 듣지 않을 때 엄마들이 하는 단골 멘트다. 영원히 부모님의 자식으로만 살 것 같았던 나였지만 서른셋의 나이에 가정을 꾸리게 되었다. 그리고 나 역시 엄마가 되고 나서야 진짜 엄마 마음을 이해할 수 있게 되었다.

어떻게 살아야 하는지, 어떤 사람이 되고 싶은지 고민에 고민을 거듭하던 10대 중반의 사춘기 시절부터 결혼을 결심한 서른두 살까지. 15년이 넘는 시간 동안 나의 목표는 과녁의 한가운데처럼 확실히 정해져 있었다. '실력 있는 임상 수의사가 되어 자아를 실현하자. 돈도 많이 벌어서 부모님께도 효도하고 자선사업도 하는 성공하는 삶을 살자'라고.

나는 나이보다 어려 보인다는 말을 자주 듣곤 한다. 비결은 내 마음에 있다. 비록 시간은 쉼 없이 흐를지라도 나의 마음은 언제나 처음 꿈을 이룰 수 있게 되었던 스물한 살에 머물러 있다.

이렇게 나의 꿈과 희망은 온통 직업을 통한 사회적인 자아실현과 성공에 초점이 맞추어져 있었다. '현모양처'는 내 꿈의 목록에는 들어 있지 않았었다. 우리 엄마는 3남매를 낳으셨고 전업주부셨다. 엄마는 우리더러 늘 일찍 결혼하지 말라고 하셨다. 가끔은 말끝을 흐리시긴 했지만 꼭 결혼을 안 해도 되지 않느냐고 말씀하시기도 했다. 정확히는 결혼은 해도 힘들고 안 해도 걱정이라며 결론을 내리지 못하시곤 했다.

우리 또래면 누구나 그렇겠지만 학생의 본분은 늘 '선생님과 부모님의 말씀을 잘 듣는 착한 사람'이 되고 '공부'를 열심히 하는 것이었다. 그래야만 선생님께 칭찬받고 좋은 사람이라는 분위기 속에서 12년을 살았다. 그나마 다행인 것은 나는 누구의 참견도 없이 스스로 가고자 하는 길을 찾고 그것을 성취하고자 노력하며 살았다는 것이다.

이 시대에 이 땅에서 여성으로 살아간다는 것은 어떤 의미일까. 우리 사회는 필연적으로 개인적인 자아체, 사회적인 자아체로서의 나 사이에서 고뇌할 수밖에 없는 구조다. 그 속에서도 나는 나의 성취를 위해서 살아왔는데, 결혼을 하고 엄마가 되자 모든 게 바뀌기 시작했다.

갑자기 세상의 중심이 '나'에서 '우리 아기'로 바뀐 것이다. 임신한 지 얼마 안 되고부터 입덧, 졸림, 나른함, 신경이 예민해지는 증상들이 시작되니 전처럼 일에만 몰두할 수가 없었다. 병원도 들락날락해야 하고, 태교도 해야 하고, 출산 준비물도 챙기고, 출산 방법도 고민해야 했다.

태아의 발달 속도가 하루하루 다르듯 임산부의 육체와 정신도 매일이 달랐다. 정확히는 더 이상 전에 내가 건사하던 나의 몸이 아닌 것 같았다. 먹고 싶은 것을 마음대로 먹기는커녕 배가 고픈데 먹을 수도 없었다. 그렇다고 안 먹으면 더 토할 것 같은 진퇴양난에 빠져 욕이 나오기 직전이었다.

하지만 그런 생각은 또 나를 태교도 못하는 못난 엄마로 치부하게 만들어 나를 괴롭혔다. 엎드려 자고 싶어도 엎드릴 수도 없고 두통이 나서 진통제 한 알을 삼키고 싶어도 그럴 수 없었다. 뿌리 염색은커녕 환경호르몬 걱정에 샴푸 성분까지 들여다보다 거울에 비친 못생기고 퉁퉁해진 나를 보고 소스라치게 놀라기도 했다. 재수생 시절 기숙학원의 딱딱한 2층 침대에서도 불면증 한 번 없이 푹 잘 자던 나였는데….

임신 후기가 되니 팔다리에 피가 안 통해서 새벽에 벌떡벌떡 깨어나곤 했다. 급기야 서러움이 폭발해 혼자 울곤 했다. 그때까지만 해도 '아기가 배 속에 있을 때가 제일 편한 것'이라는 어른들의 말씀을 잘 이해하지 못했다. 임산부의 몸으로 사는 것도 힘들어 죽겠는데 무슨 섭섭한 말씀인가 했다.

글을 쓰다 보니 명확하게 알게 된다. 나는 엄마가 되고 엄마로 산다는 것이 어떤 것인지 아직 잘 몰랐던 것이다. 그렇게 뭔가를 계속 배우며 살았는데 정작 엄마 되기는 배운 적이 없었던 것이다. 3남매를 키우는 슈퍼우먼 엄마를 30년 넘게 봐 오고도 나는 내 자아 안에만 머물러 있었다. '엄마'라는 단어 뒤에 숨겨져 있던 거대한 우주는 겪어 보고 나서야 비로소 그 실체를 드러냈다.

나는 출산에 대한 두려움이 심한 사람이었다. 그 두려움의 근원은 주입된 선입견 때문이었다는 것을 지금은 알고 있다. 그러나 아기를 낳기 전에는 몰랐다. 하지만 그 절박한 두려움은 오히려 나에게 큰 선물을 가져다주었다. 그 덕분에 나는 스스로 나에게 가장 좋다고 생각한 '자연주의 출산' 방법을 찾게 되었던 것이다. 그리고 감사하게도 두 번 모두 순산할 수 있었다.

자연주의 출산을 하려면 내가 주체가 되어 스스로를 더 철저히 준비해야 한다. 자연주의 출산의 핵심은 배 속의 아기와 나에 대한 무한한 신뢰였다. 그 경험으로 인해 결혼 생각을 억누를 만큼 두려웠던 출산의 공포는 감사와 따뜻함, 기쁨의 추억에 슬그머니 자리를 내어주었다. 산모를 진심으로 격려해 주신 의사 선생님, 작은 것까지도 나의 의견을 최대한 존중해 주신 조산사 선생님, 그리고 밤새 내 곁을 지켜 주신 인간 진통제 둘라 선생님 등 나는 나와 아기를 위해 진심으로 애써 주신 좋은 분들을 만났다. 그리고 인생 최대의 고통의 순간에 한시도 내 곁을 떠나지 않고 옆에서 손을 잡아 준 남편에게 진정으로 감사한 마음이 들었다.

인생 절체절명의 순간을 배우자와 함께하고 아무 부연설명 없이도 이해받을 수 있다는 사실은 나에게 커다란 힘이 되었다. 어쩌다 꼴 보기 싫은 일이 생겨도 그날의 감사했던 마음이 모든 걸 녹여 주었다. 남편 또한 나에 대한 존경과 사랑의 마음이 더 크게 생겼다고 했다. 그날의 주인공인 아이들은 안정되고 편안해 보인다는 말씀들을 많이 해 주신다. 그리고 무엇보다도 간절히 원하고 마음을 먹으면 이루지 못할 일은 없다는 자신감을 얻게 되었다. 덕분에 나의 자존감은 더욱 높아지게 되었다.

이후 나는 아이를 양육하는 방법에서도 '자연스러움'을 추구하고 싶었다. 모든 사람의 내면에는 신성이 있다고 생각했다. 아기들은 가르치지 않아도 스스로 젖을 찾고 엎드리고 기고 서서 걷는 것을 익힌다. 나는 개인의 고유한 개성을 존중해 주고 인생을 살면서 스스로 자기 삶의 답을 찾도록 지지해 주는 자유로운 교육 방법을 찾고 싶었다. 나의 자식을 어떠한 사람으로 키우겠다는 생각보다 각자 타고난 본성을 살리고 자신이 누구인지 깨닫게 하는 교육법을 찾고 있었다. 그것은 원래 나 자신이 자유와 개성을 존중받고 싶어 하는 사람이었기 때문이기도 했다.

그런데 이런 나의 생각에 찰떡같이 들어맞는 교육법이 있다는 것을 알게 되었다. 오스트리아의 철학자 루돌프 슈타이너의 교육법인 '발도르프 교육 철학'이었다. 출산 준비를 하면서 많은 도움을 받았던 자연주의 출산 카페에서 '발도르프 교육법'의 존재를 알게 되었다.

슈타이너는 '아이들을 경외심으로 맞이하고 사랑으로 가르치며 자유로운 인간이 되게 하라'라고 했다. 이 군더더기 없는 핵심 문구는 나의 마음을 사로잡고도 남았다. 역군을 키워 내려는 의도의 교육을 받았던 나는 인간에 대한 본질적인 이해를 바탕으로 한 발도르프 교육 철학에 푹 빠지게 되었다.

임산부 때와는 다르게 출산 후에는 정말 아기가 배 속에 있을 때가 편했구나, 하는 마음이 저절로 들게 되었다. 임산부 때는 출산 고민만 하면 그만이었는데 아이를 낳고 보니 고민되는 게 한두 가지가 아니었다. 어쩔 때는 고민이 깊어 옴짝달싹도 못하겠는 지경에 이르기도 했다.

집안일을 잠시 하다가도 당장 그만두고 아이와 눈을 맞추면서 놀아 주는 게 우선인가 싶기도 했다. 그래서 아이와 놀아 주다 보면 혼자 놀지도 못하고 엄마한테 집착하는 아이로 만드는 건 아닌가 하는 불안한 마음이 들었다. 책은 언제부터 보여 주어야 하는지, 어떤 책을 보여 주어야 하는지, 한글도 모르는 애기한테 영어를 가르치는 게 맞는지, 이 시기가 지나면 외국어를 배우기가 힘들어진다는데 괜히 애기 위한답시고 가르치지 않았다가 나중에 원망을 듣는 것은 아닌지 등등.

수도 없는 고민과 갈팡질팡하는 마음은 안 그래도 약해진 몸에 피곤함을 더 들이붓는 꼴이 되었다. 결국에는 애꿎은 남편에게 화를 내거나 아이한테 짜증을 내는 아이러니한 상황들이 벌어지게 되었다.

하지만 발도르프 책을 접하고 나의 교육의 뼈대를 세울 수 있게 되었다. 먼저 근본적인 교육의 목표와 철학이 분명한 데다 책에는 세세한 방법론까지도 자세하게 기술되어 있었다. 귀에 걸면 귀걸이, 코에 걸면 코걸이 식의 경험론이 아닌, 근본적인 가르침이 들어 있었다. 너무 어렵게 느껴지고 중압감으로 다가오던 육아의 틀이 한순간에 쉬워짐을 느낄 수 있었다. 그 기분을 잊을 수가 없다.

대부분의 사람들이 가진 편견과는 달리 나는 엄마로 사는 지금의 삶이 너무나 행복하고 감사하다. 사실 내가 가장 중요한 가치로 치는 자유를 빼앗겼다는 생각에 마음이 갑갑한 적도 많이 있었다. 하지만 지금은 알고 있다. 진정한 자유는 마음에서부터 나온다는 것을.

엄마가 되기 전의 나는 눈으로 보기에는 자유인이었을지 모르겠다. 그러나 마음속으로는 감옥에 갇힌 것과 다름없는 상태였다. 아이들은 눈에 보이지 않던 내 목줄을 끊어 주었고 진정한 자유를 찾게 해 준 나의 스승님이다.

곧 출간될 나의 책에 엄마가 되는 과정에서 깨달은 얻음을 모두 담아낼 것이다. 엄마가 된다는 것이 희생이거나 자유를 빼앗기는 것이 아니라 오히려 내 안의 진정한 자아를 찾아 자유를 얻는 길임을 사람들에게 알리고 싶다.

"인생은 멀리서 보면 희극이나 가까이서 보면 비극이다."라는 말이 있다. 하루하루로 보면 엄마로 산다는 것은 결코 녹록지 않은 일이다. 아직 어둠 속에서 항해하고 있을 엄마들에게 등대 같은 존재가 되어 주고 싶다. 엄마들의 힘든 마음을 토닥여 주고 좋은 방법을 제시해 주는 메신저가 되고 싶다. 세상에서 가장 소중한 생명을 지키고 키워 나가는 엄마들이야말로 세상의 미래이고 등불이 되는 존재라는 사실을 알리고 싶다.

04.
동물 보호 활동하며
더 따뜻한 세상 만들기

"한 나라의 위대함과 도덕적 진보는 그 나라 사람들이 동물을 어떻게 대하는지를 보면 알 수 있다."

마하트마 간디가 한 말씀이다. 나는 이 말에 가슴 깊이 동감한다.

현재 나에게는 세 마리의 동물 가족이 있다. 올해 열여섯 살이 된 갈색 미니어처 푸들 익호, 열 살인 검정색 포인터 잡종 폴로, 여섯 살인 코리안 숏헤어 치즈태비 고양이 고로고로다.

이 중 익호에 대해서 이야기하려고 한다. 익호의 생일은 2004년 12월 25일이다. 사실 태어난 날짜는 정확히 모르지만 나에겐 크리스마스 선물 같은 친구다. 그래서 그날을 생일로 만들어 주었다. 익호는 몽글몽글한 갈색 털을 가진, 어딘가 '순종' 푸들 같지 않아 보이는 강아지다. 스탠더드 하지는 않지만 웬만한 코커스패니얼 뺨치는 커다란 덩치를 자랑한다. 눈치를 보느라 늘 까만 눈동자를 이리저리 굴리는 나의 익호! 익호를 만나기까지 정말 멀고 먼 길을 돌아와야 했다.

나는 어릴 때부터 정말 간절히 강아지를 키우고 싶었다. 하지만 마당이 없는 아파트에서 3남매를 키워 내신 엄마의 반대는 매우 거셌다. 사실 이전에도 강아지나 동물들을 가끔 키우기는 했었다.

나의 간절함이 안타까우셨던지 아빠는 잡종 강아지를 한 마리 데려오시기도 했다. 햄스터 한 쌍을 사 주시기도 했다. 초등학교 앞에서 파는 병아리를 데려와서 키운 적도 있다. 미시시피산 붉은귀거북 두 마리를 얻어서 몇 년간 키우기도 했다. 하지만 그 친구들과는 인연이 오래 닿지 않았다.

지금은 이름도 기억나지 않는 한 강아지는 집에 온 지 이틀 만에 구토, 혈변을 보이며 심하게 앓다 하늘나라로 갔다. 병아리들 중 두 달을 넘겨 키워 중닭이 된 병아리도 있었다. 그런데 웬일인지 학교에 다녀오니 그것의 흔적이 없었다. 나는 너무 놀라서 엄마한테 그 닭이 어떻게 되었냐고 여쭤 보았다. 엄마는 베란다 청소를 하는데 따라다니다가 자전거 바퀴 밑에 깔려서 하늘나라로 갔다고 말씀하셨다. 이 글을 쓰면서 먼 기억을 소환해낸 지금도 어딘가 의혹이 피어오르는 부분이다!

그리고 2~3년 정도 애지중지 키운 미시시피산 붉은귀거북이의 '어미'가 있었다. 그런데 우리 3남매가 그리도 애지중지하던 그 친구는 알고 보니 '생태계 교란종'이었다.

거북이도 키워 보면 그 매력에 빠지게 된다. 나는 엎드리거나 손바닥에 올려서 '어미'와 눈을 마주치곤 했다. 어미는 생소고기나 마른 멸치를 좋아했다. 햇살이 들이치면 목, 팔, 다리를 쭈욱 쭈욱 뻗으면서 열심히 기수련 하는 것을 좋아했다. 그리고 우리가 거울을 비춰 주면 자신인 줄도 모르고 입을 앙 벌리면서 공격 자세를 취하곤 했다. 엄마가 애기가 먹는 모습을 보고 또 봐도 질리지 않듯 '어미'가 먹고 운동하고 걷는 모습은 매일 봐도 매일 웃음이 났다.

거북이들은 털도 빠지지 않고 활동 영역도 제한적이라 그나마 엄마가 호의적이셨던 것 같다. 하지만 '어미'도 내가 학교에서 돌아온 어느 날 어딘가로 사라지고 없었다. 예기치 못한 이별에 나는 그날 밤도 눈물로 베개를 다 적시고 말았다. 그리고 며칠 후 튼튼한 닌자거북이가 된 '어미'와 한강에서 조우한 꿈을 꾸고 조금 안심했었다.

익호를 만나기 전 마지막으로 키운 친구들은 햄스터 한 쌍이었다. 이번에도 아빠였다. 강아지를 너무 간절히 키우고 싶어 하는 내가 안타까우셨던지 어느 날 햄스터 한 쌍을 사 오신 것이다. 아빠는 엄마한테 엄청 혼났지만 나한테는 영웅이 되셨다. 나는 이번에는 햄스터 친구들을 끝까지 키우고야 말겠다고 결심했다.

하지만 햄스터 친구들은 거북이보다 기르기에 곤란한 면이 있었다. 특유의 체취 때문이었다. 어느 날 도저히 안 되겠다 싶어 플라스틱 집을 신발 상자로 바꿔 주었다. 그런데 다음 날 아침에 보니 그것들이 신발 상자에 구멍을 뚫고 감쪽같이 사라지고 없었다.

그러다 그 친구들은 생각지도 못한 장소인 주방의 싱크대 아래에서 용수철처럼 튀어나왔다. 아침을 준비하시는 엄마의 발 옆으로…. 엄마는 진짜로 놀라서 뒤로 나가자빠지실 뻔했다. 참고로 우리 부모님의 애칭은 '톰과 제리'다. 물론 엄마가 톰이고 아빠가 제리다. 안 그래도 '제리'가 사온 진짜 '제리들' 때문에 신경이 몹시 곤두서 있던 엄마였다. 엄마는 비분강개하시면서 그 쥐들을 당장 갖다 버리라고 하셨다.

거북이 '어미'처럼 학교에 갔다 오면 쥐도 새도 모르게 사라져 있을 햄스터 친구들을 생각하니 등굣길에 발걸음이 떨어지지 않았다. 결국 햄스터 친구들을 준비물인 척 종이 백에 숨겨서 학교 가는 길에 데리고 나왔다. 그러곤 같이 등·하원하던 옆 동의 제일 친한 친구네 집에 사정을 말씀드리고 맡겼다. 그런데 친구 어머니의 얼굴이 어딘지 창백해지고 종이 백을 건네받는 손이 파르르 떨리는 것을 느꼈다. 그렇게 그것들을 맡긴 건 딱 이틀이었다. 결국은 '톰' 엄마와 제리들을 놔두고 학교에 갈 수밖에 없었다. 역시나 그날 밤도 이별의 아픔으로 베개를 적셨다.

내가 개띠여서 더 그랬을까? 보들보들한 털에 까만 눈동자를 가진, 귀여운 강아지를 키우고야 말겠다는 열망을 포기할 수가 없었다. 내가 수의사가 되어야겠다고 마음먹은 이유 중 하나인 데다, 고등학교 내내 수의사가 되겠다는 열망으로 나름 열심히 공부했기 때문이다. 쓰디쓴 재수생활까지 거쳐 나는 드디어 수의대에 입학하게 되었다. 그리고 "이제는 개 키워도 되지요?"라고 당당하게 엄마에게 얘기했다.

사실 엄마는 그전에도 그때도 나의 바람을 수긍하시지 않았었다. 그냥 나는 나대로 엄마는 엄마대로였다. 어찌 되었든 수의대에 입학했지만 집은 서울이고 학교는 지방이어서 자취를 할 수밖에 없었다. 나는 금요일 밤이면 늘 집으로 왔다. 고등학생 때와 다름없이 늘 빡빡한 학교 수업은 참을 수밖에 없었다.

수의대의 학제는 수의예과 2년, 수의학과(본과) 4년이다. 특히 본과 1, 3학년 때 더 바쁘고 힘들기로 유명했다. 그런 본과 1학년을 마친 겨울 방학에 나는 드디어 인생 과업을 실현하게 되었다. 나는 어차피 임상수의사가 목표니 이제는 강아지를 키운다고 해도 엄마가 어찌할 수 없으실 거라고 생각했다.

나는 어떤 종류의 강아지를 키울까 고심했다. 그러다가 엄마가 반대하시는 포인트의 하나였던, 털이 잘 안 빠지고 영리하기까지 한 푸들을 키우기로 마음먹었다. 며칠간 인터넷을 검색해서 마음에 드는 갈색 토이 푸들의 사진을 찾아냈다. 그리고 집 앞에서 드디어 '나의 익호'를 처음 만나게 되었다. 분양자는 가정견이라고 했는데 사실 여러 정황상 익호의 고향은 개농장인 게 틀림없었다.

나름 수의대생이었던 나는 익호를 만나러 가기 직전 동생들에게 신신당부했다. 어릴 때 데려오자마자 고통스러워하며 하늘나라로 간 강아지를 다시 떠올리고 싶지 않았기 때문이다. 나는 동생들에게 눈에 눈곱이 없는지, 설사한 흔적은 없는지, 귀에 염증은 없는지, 천문이 열려 있지는 않은지, 치아가 어쩌고저쩌고 일장 연설을 하고 강아지를 보러 갔다. 그런데 오 마이 갓! 나는 익호와 눈이 마주치자마자 사랑에 빠지고 말았다.

분양 아저씨가 데리고 온 익호는 강아지가 아니었다. 장화 신은 고양이의 눈을 가진 완벽한 인형 그 자체였다. 풍성한 금갈색 컬의 털, 그 예쁜 털에 살짝 가려져 있는, 반짝반짝 빛나는 까만 눈, 반들반들한 검정 코에 두 손바닥 안에 쏙 들어오는 작은 체구! 눈곱이고 천문이고 뭐고 익호를 받아 든 순간 나는 이미 작고 귀여운 생명체의 완전한 보호자가 되어 있었다. 이 강아지의 할머니가 예쁜 개 콘테스트에서 2등을 했다는 말만 귀에 들어올 뿐이었다.

동생들의 구시렁거림을 뒤로한 채 나는 아기 익호를 안고 기쁜 마음으로 집에 돌아왔다. 23년 만에 드디어 소원을 이룬 기분이었다! 다시 생각해도 가슴이 뭉클하다.

지금 익호는 열여섯 살이다. 감사하게도 익호는 지금껏 큰 병 없이 건강했고 나이에 비하면 동안 할아버지다. 소리를 잘 못 듣고 무릎이 아파서 맨바닥에 앉지 못해 엉거주춤 서 있거나 새벽이면 마른기침을 조금씩 하긴 하지만. 아직도 공 던지고 물어 오기를 할 때면 즐거워서 생기가 넘친다. 그 모습이 한창 때 익호와 다르지 않아 보인다. 익호의 매력은 끝이 없다.

개를 키워 본 사람들이라면 알겠지만 겉모습만 다를 뿐 동물도 사람과 마찬가지다. 기뻐하고 슬퍼하고 화내고 질투하고 사랑을 주고받을 줄 아는 하나의 생명체 그 자체다.

요새 갈수록 신문의 사회면을 외면하게 된다. 심심치 않게 나오는 동물 학대 기사나 몇몇 사건들로 인해 모든 개들을 예비 범죄자처럼 대하는 이야기를 볼 수가 없기 때문이다. 의견의 분분함을 떠나 마음이 아프다. 예외가 있겠지만 아이들이 그렇듯 공격성 있는 개들도 대부분 사람들이 개에 대해 잘 모른 채로 키우거나 스트레스 관리가 되지 않기 때문이라고 생각한다. 모든 것을 떠나 그저 사람과 동물들이 지구별의 운명공동체로 서로 사랑하고 배려하며 살았으면 좋겠다. 특히 동물이나 아이들 같은 사회적 약자를 이해하고 보듬어 주는 더 따뜻한 세상이 되길 간절히 바란다.

나의 익호와 사랑하는 동물 친구들을 위해 하고 싶은 일이 있다. 갈수록 우리나라에 반려동물을 키우는 사람들이 늘고 있다. 반려동물이 사람과 더불어 더 행복하게 살 수 있는 올바른 방법을 알리고 싶다. 사회적 약자인 동물들의 생명을 더욱 존중하는 사회가 되는 데 일조하는 사람이 되고자 한다. 한때는 그러려면 아주 권력이 높아야만 되는 줄 알았다.

지금은 돌아가신, 제임스 헤리엇이라는 유명한 수의사 작가가 있다.

동물들과 함께한 시골 수의사 생활을 책으로 써냈는데 전 세계 26개국에서 수천만 부가 팔렸다고 한다. 영국 BBC 방송에서 TV 시리즈로 방영되기도 했다.

이분의 책을 읽고 있으면 세상에 천국이 따로 없는 듯 마음이 훈훈하고 행복해짐을 느끼게 된다. 저절로 동물들에 대해 친숙함이 생기고 애정이 피어오르게 된다. 이런 작가가 되어 매일 더 따뜻한 세상을 만드는 데 일조할 것이다. 그게 익호를 비롯한 동물 친구들이 나에게 베풀어준 순수한 사랑에 보답하는 가장 좋은 방법이 될 것이다.

05.
부동산 자산가 되고
대저택 소유하기

지구별에 나의 이름으로 된 땅을 소유한다는 것은 멋진 일이다. 간혹 서울 번화가에 차를 몰고 나가면 주차 문제가 영 신경 쓰이곤 한다. 그리 크지 않은 건물임에도 주차 관리자가 삼엄하게 경비하는 것을 볼 수 있다.

한번은 서울에서 땅값이 비싸기로 유명한 곳의 일방통행로에 반대 방향으로 잘못 들어간 일이 있었다. 앞에서는 차가 계속 들어오고 있어서 나는 개미걸음으로 후진을 해야 했다. 그러려니 마음이 영 불편했다. 그렇게 몇 십 미터 가다 보니 건물 앞에 세 대 정도의 주차 자리가 비어 있었다. 나는 잠시 그곳에 차를 비켜 세웠다. 그런데 그런 모습을 보고 있던 주차 관리요원 아저씨가 그 건물 소유의 주차 자리이니 비키라고 성화셨다. 땅 한 평 없는 사람은 어디 서러워서 살겠나 하는 마음이 들었다.

포천에는 아버지가 사 놓으신 땅이 있다. 아버지는 양말 사업을 하시는데 10년 전쯤 사업의 근거지를 서울에서 포천으로 옮기셨다. 수백 평쯤 되는 꽤 넓은 땅이다. 기계도 들이고 창고도 넓게 쓰고자 이전하시게 되었다. 뒤로는 산이 있고 앞으로는 넓은 저수지가 있는 말 그대로 배산임수 지형이다. 그곳의 3분의 2의 면적에는 창고와 기계실, 사무실, 별장처럼 쓰는 1층집 건물이 세워져 있다. 나머지 건물 뒤의 땅은 농작물을 심는 밭이다. 마당의 한쪽에는 30킬로그램에 가까운, 까만색 포인터 잡종견인 나의 동물 친구 2호, '폴로'의 커다란 집이 있다.

몇 년 전부터 여동생과 나는 아버지의 사업을 이어받아 꾸려오고 있다. 원래 부모님 댁과 나의 집은 서울이다. 집에서 포천까지 출근하는 데 근 1시간 정도가 걸려 평일에는 하루 이틀씩 포천에서 숙식하기도 한다. 보통 일주일 중 3분의 1은 포천에서, 3분의 2는 서울에서 지낸다.

나는 원래 부동산에 관심이 전혀 없었다. 반면 아버지는 운전하고 이곳저곳을 다니시며 땅을 보는 걸 좋아하셨다. 어렸을 때 나는 그런 아버지가 이해가 가지 않았다. 부동산에는 한 톨의 관심도 없었고 흥미도 없었다.

서른 살이 넘어서까지 내 생활 반경은 매우 좁았다. 대학생일 때도 집, 학교를 쳇바퀴 돌듯 했다. 졸업하고 동물병원에서 일할 때도 마찬가지였다. 집과 동물병원을 오가는 BMW(버스, 지하철, 걷기) 출퇴근 생활이 다였다. 퇴근하면 피곤에 절어서 잠자기에 바빴다. 동물병원은 주말에 더 바빠서 친구들을 만날 시간도 잘 안 났다. 그나마 당시 남자친구였던 지금의 남편과 짧게 데이트하는 시간들이 유일하게 생활 반경을 벗어나는 일이었다. 게다가 결혼 전 우리 집은 15년이 넘도록 한 동네에서 쭉 살고 있어서 내 시야에 들어오는 풍경은 늘 비슷하기만 했다.

그러던 나도 나의 가정을 꾸리고 이사를 하고 사업상 이곳저곳을 운전해서 돌아다니게 되었다. 그러다 보니 부동산에도 관심이 생기게 되었다. 아버지는 평소에도 운전을 하며 바람처럼 이곳저곳을 다니시거나 땅을 보러 다니는 걸 좋아하신다. 그런데 언제부터인가 나도 부동산에 관심이 많아져서 스스로도 신기하다 생각했었다. 역시 사람 일은 한 치 앞도 모른다.

나에게는 아들이 둘 있다. 다섯 살 첫째와 두 살 막내다. 아무래도 이 아이들이 전에는 생각지도 못했던 아버지의 사업을 이어받은 큰 이유가 되었다. 5년간 임상수의사 일을 하면서 체력에 한계가 옴을 느꼈다. 생명을 살리는 일은 나의 생명 에너지를 쏟아부어야 하는 일이었다. 나는 성격상 무엇이든 열심히 하고자 하는 성격인 데다 수의사의 일에 대한 사명감이 투철했다. 다만 바쁜 병원만 골라 다닌 데다 쉬는 날 없이 나의 귀여운 환자들에게 올인 하다 보니 어느 날부터 두통이 심해지고 체력에도 한계가 왔다. 결혼 전에 나의 몸도 추스르고 가족들도 챙겨야겠다는 마음이 들었다.

그렇게 좀 쉴 겸 집에 있다가 자연스럽게 아버지의 사업을 돕고 있는 여동생과 같이 아버지 일을 거들게 되었다. 그리고 오래지 않아 결혼하게 되었고 임신과 출산을 하게 되었다. 사람들은 힘들게 공부한 게 아깝지 않느냐며 왜 수의사 일을 하지 않느냐고 묻곤 한다.

나는 내 직업처럼 건강에 관심이 많은 사람이다. 그리고 강아지 한 마리도 소중한 생명이기 때문에 함부로 키워서는 안 된다고 생각하는 사람이다. 그래서 강아지를 처음 길러 보는 보호자들이 오면 시간을 최대한 할애해서 이것저것 많이 알려 주곤 했다. 그런 나인데 하물며 내 자식을 키우는 일에 어떠한 마음으로 임했을지는 더 말할 필요도 없을 것이다.

사실 방법을 찾는다면 파트타임으로라도 육아와 수의사 일의 병행이 가능하긴 할 것이다. 하지만 이도저도 제대로 못하고 체력만 축날 것 같다는 판단이 섰다. 그래서 아이들의 유·아동기만이라도 병원일은 쉬어야겠다고 생각했다. 하지만 양쪽 부모님으로부터 부지런한 유전자를 물려받은 데다 경제활동을 하지 않는 것이 나에겐 더 힘든 일이기도 했다. 또 한편으로는 집에서 혼자 육아하는 게 버거워서 사업을 핑계로 가족들에게 의지할 겸 포천에서도 시간을 보내게 되었다.

포천에 있는 '우리 땅'에 도착하면 마음이 편해지는 걸 느낀다. 마당이 넓은지라 내가 차를 대는 곳이 주차라인이다. 서울의 웬만한 곳에 주차하려면 불편한 점이 많다. 핸들을 한 열 번쯤 요리조리 돌려서 비집고 들어가 주차한다. 그런 다음 옆 차에 문콕이라도 할까 봐 조심조심 차

문을 연다. 그러곤 게걸음으로 한 발짝씩 좁은 틈새를 슬금슬금 빠져나와야 할 때가 많다.

그나마 그렇게라도 주차할 수 있으면 다행이다. 잠깐 주차하는 경우에도 혹시나 차 빼라는 전화가 올까 봐 늘 노심초사하게 된다. 주말에 큰 마트라도 갈라치면 주차장 앞에서 순서를 기다리느라 시간이 다 간다. 또는 기계식 주차장에 들어가느라 땀을 뻘뻘 흘리기도 한다. 어쩌다 널찍하고 편한 주차장이 있다 싶으면 어김없이 주차비를 많이 물어야 한다. 하지만 포천 우리 땅에 들어가면 내가 차를 대는 곳이 주차장이다. 차에서 내릴 때 마른 오징어처럼 납작해지고만 싶은 기분을 느낄 필요도, 어린 아들에게 문 좀 살살 열라고 잔소리할 필요도 없다.

나의 동물 친구들, 미니어처 푸들 익호와 대형견인 포인터 잡종견 폴로의 목줄을 풀어 놓고 마음껏 뛰어놀게 해도 뭐라고 할 사람이 없다. 배변 봉투에 개똥을 주워 담지 않아도 된다. 걱정 없이 마당에서, 밭에서 두 아이들도 자유롭게 뛰어놀아도 된다. 아침에 자고 일어나 눈곱이 낀 채 머리를 산발한 그대로 마당으로 나가 놀아도 아무도 신경 쓰지 않는다.

그리고 6월 중순인 이때쯤은 한창 밭의 농작물을 수확해서 먹을 시기다. 상추, 고추, 오이, 가지, 토마토, 아욱, 부추, 깻잎, 파 등등 밭에서 바로 따 온 농작물을 먹어 보면 마트에는 걸음을 잘 하지 않게 된다. 상추의 향은 말할 것도 없고 고기를 좋아하는 폴로도 뺏어 갈 만큼 처음 딴

오이는 달고 연하고 상큼하다. 첫 수확에 맛들인 부모님은 농사짓는 게 재미있다고 하신다.

낮에 창밖으로 보이는 초록색과 하늘색 풍경은 마음에 안정감을 준다. 뿐만 아니라 밤이건 새벽이건 원하는 시간에 마당에 나가서 별을 보고 있으면 기가 막힌다. 낡았지만 체크아웃 시간 없이 자유 이용하는 기족 전용 별장인 셈이다.

하지만 아이 둘을 태우고 서울 집에서 출퇴근하는 일이 보통 일은 아니다. 하루 이틀만 자고 와도 아이들 짐만 트렁크에 한가득하다. 가족들의 도움으로 가능한 일이긴 하지만 아이 둘을 데리고 다니면서 사업을 하는 나는, 내가 생각해도 대단할 때가 많다. 아이가 한 명 일 때는 지금에 비할 바가 아니었다. 요새 나의 일상을 뒤돌아보면 내 한 몸 일하면 되었던 이전의 시간들은 정말 아무것도 아니었다.

동생과 내가 일하는 동안 부모님은 하루 종일 아이들 먹이고 챙기시느라 땀을 뻘뻘 흘리신다. 16개월이 된 둘째는 이제 아장아장 걷기 시작한 만큼 돌보기가 만만치 않다. 또한 행동이 빠르고 담대해서 문자 그대로 그가 가는 곳에는 남아나는 물건이 없다고 보면 된다. 눈에 보이는 모든 것은 한 번씩 만져 봐야 직성이 풀리는 아이다. 밥상을 차리면 뜨거운 국대접은 물론 고추장이나 김치에도 거침없이 손을 뻗어 찍어 먹고 얼굴이 새빨개져서 울곤 한다. 과일을 깎아 놓으면 하나 집어 상에다 문지르면서 미끌미끌한 감촉을 즐긴다. 강아지 익호의 물그릇을 수시로 노렸다가 쏟아버리고는 한다.

혼자는커녕 어른 몇 명이 있어도 낮잠을 자는 휴전 시간 빼고는 하루 내내 육아 전쟁이다. 우리 형제 3명을 키우시느라 관절염에 팔다리 허리 안 아픈 곳이 없는 부모님이다. 그런 부모님께 일을 핑계로 손주까지 내맡기는 내가 마뜩찮은 생각이 들 때도 많다. 요새는 코로나 때문에 아이들을 원에 보내기도 걱정되고 다른 사람의 도움을 받기도 쉽지 않다. 그래서 일을 핑계로 부모님 도움에 많이 기대는 편이다.

2021년에는 포천에 있는 사무실을 집에서 가까운 서울로 옮길 것이다! 서울 중심부와 가까우면서도 녹색의 자연물이 보이는 멋진 땅에 동생과 나의 사무실을 갖는 것! 생각만 해도 흐뭇하다.

낡은 건물 대신 서울 중심부에 평창동 대저택 같은 멋진 건물의 소유주가 될 것이다. 그리고 1층은 서재, 사무실로 쓰고 2, 3층은 가족들이 편하게 지낼 수 있는 집이나 별장으로 쓸 것이다. 그러면 더 이상 원거리 출퇴근은 하지 않아도 된다.

부모님이 원하실 때 힘들지 않을 만큼만 손주들과 시간을 보내실 수 있는 멋진 건물, 좋은 땅의 소유주가 될 것이다. 늘 우리 3남매에게 울타리가 되어 주시는 부모님을 더 편안하고 좋은 곳에서 살게 해 드리고 싶다. 그렇게 경제적으로도 큰 보답을 하는 큰딸이 될 것이다.

PART 07

아픈 삶을
살아가고 있는
이들에게
희망의 메신저 되기

|김선옥|

김선옥

중등교사, 동시인, 청소년 멘토, 자기계발 작가, 동기부여가

중등국어교사로 26년간 서해삼육중·고등학교, 영남삼육고등학교, 서울삼육고등학교에서 국어교사를 역임했으며, 지금은 서해삼육중학교 진로교사로 7년째 재직 중이다. 작가이자 동기부여가라는 가슴 뛰게 하는 꿈을 그리며, 청소년들의 멘토로 상담 활동을 하고 있다. 현재 '책 쓰기로 가슴 뛰는 삶을 시작하다'를 주제로 개인저서를 집필 중이다.

01.
100만 부 베스트셀러
작가 되기

올해로 교직생활 33년째다. 올해가 지나고 2년 반 후면 정년퇴직한다. 정년퇴직을 앞두고 지나온 삶을 회상해 본다. 의사, 교사, 목사, 사업가를 비롯해 훌륭하게 성장한 제자들이 전국 각지에 흩어져 열심히 살고 있다는 생각을 하면 흐뭇한 마음이 든다. 물론 제자들이 나의 도움만으로 훌륭하게 된 것은 아니지만, 내 제자들임에는 틀림없다. 그리고 교직생활 중 행정관이나 동료 교원들의 인정을 받으면서 최선을 다했으니, 이만하면 성공한 삶이라고 할 수 있겠다.

그다음으로 가족을 위해 살았던 내 삶을 되돌아본다. 그러자 내 몸이 부서질 정도로 최선을 다해 희생하고 사랑하면서 살았다는 생각이 든다. 내가 없으면 나의 도움을 필요로 하는 부모님과 자식, 형제자매들이 비상이 걸릴 정도로 여러 가지 불편함을 느낄 것이다. 당장 다음 주 금요일이면 치과에 어머니를 모시고 가야 한다. 일요일에는 목욕도 시켜드려야 한다. 그 밖에도 은행 업무 등 내가 부모님의 손발이 되어 드려야 할 일들이 많다. 엊그제는 어머니가 외할머니와 외할아버지 산소에 가고 싶다고 하셔서 모시고 다녀왔다. 내가 없으면 당장 이런 일들에 비상이 걸릴 것임에 틀림없다. 그러므로 난 우리 집에서 꼭 필요한 가치 있는 존재다.

그러나 정작 내 인생을 위해서는 살아 보지 못했다. 먼저 어릴 때부터 치고 싶었던 피아노를 들 수 있겠다. 5학년 때 담임 선생님이 가르쳐 주신다고 했는데도 동생을 돌보느라 배우지 못했다. 어른이 되어서는 더욱 시간상 엄두를 내지 못했다. 또한 수영도 배우고 싶었다. 하지만 15년 전에 수영장에서 키판을 들고 왔다 갔다 하다가 배우기를 그쳤다. 정말 나를 위해 살지 못했던 그 시간들이 이제는 한이 되었다.

'이런 상태로 퇴직하고 나면 내 삶은 어떻게 전개될까?' 상상해 보니, 불 보듯 뻔하다. 지금은 내게 직장이 있다. 그리고 직장에서만큼은 학생들을 가르치며 보람도 느낀다. 그렇게 전문적인 업무를 통해서 내 존재를 확인하지만, 퇴직하고 나면 무수리처럼 인생의 주인공인 아닌 주변인물로만 살아갈 것이 뻔하다.

그런데 이런 상상을 순간적으로 하는 것조차 이제는 내가 허락하지 못하겠다. 그동안은 이렇게 살아가는 것이 나의 삶이요, 당연한 나의 일이라고 생각했었다. 그러나 이제는 나를 위한 삶, 내 인생을 위한 삶을 살고 싶다. 나는 내 인생을 위한 삶이 무엇일까 곰곰 생각했다. 그러다 얻은 결론이 바로 책 쓰기요, 저자로 살아가는 삶이다.

《백만장자 메신저》에서 브렌든 버처드는 인생을 마감하는 시점에 이르면 누구나 다음 세 가지의 질문을 스스로에게 던지게 된다고 했다.

첫째, 나는 충분히 만족스러운 인생을 살았는가?
둘째, 열린 마음으로 다른 이들을 사랑했는가?
셋째, 스스로 가치 있는 존재라고 느끼는가?

아직 내 인생을 마감하는 시점에 이른 것은 아니다. 하지만 정년퇴직을 앞두고 위 질문을 나에게 하게 되었다. 난 열린 마음으로 다른 이들을 사랑하면서 살았다고 자부한다. 그리고 스스로 가치 있는 존재라고 느끼고 있다. 하지만 첫 번째 질문은 전혀 아니다. 나는 충분히 만족스러운 인생을 살지 못했다.

올 2020년, 피아노가 있고 보니 나는 다부진 결심을 하게 되었다. 독학으로 '생일축가'를 비롯해 '앉은뱅이꽃', '아빠 앞에서' 이렇게 세 곡은 악보를 보지 않고도 칠 정도로 연습하였고, 뿐만 아니라 〈바이엘 3권〉을 마쳤다. 피아노 앞에 앉으니 행복했다. 삶의 활력소가 생기니 내 얼굴이 이전보다 훨씬 환해졌다. 또한 책 쓰기를 한다며 전보다 더 일찍 일어나서 책을 읽거나 쓰고 있다. 그러다 보니 내 방은 작가의 방답게 책이 책상 앞에 수북이 쌓여 있다. 그걸 보면 흐뭇한 마음이 들어 더욱 행복하다.

이제 저자로서의 삶을 시작했으니 꼭 베스트셀러 작가가 되고 싶다. 나는 책을 통해 용기를 갖게 되었고 책 쓰기에도 도전하게 되었다. 그런 만큼 나 또한 누군가에게 책으로 감동을 주어 용기 있는 삶, 도전하는 삶으로 이끄는 희망의 메신저가 되고 싶다. 세상 사람들에게 선한 영향력을 끼치는 베스트셀러 작가로서 남은 생애를 살아가고 싶다.

내가 감동을 받은 베스트셀러 몇 권만 소개하면 다음과 같다.

한책협 대표 김도사의 《내가 100억 부자가 된 7가지 비밀》, 《신용불량자에서 페라리를 타게 된 비결》, 《100억 부자의 생각의 비밀》, 《성공해서 책을 쓰는 것이 아니라 책을 써야 성공한다》, 《1시간 만에 끝내는 책쓰기 수업》, 《7가지 성공 수업》 그리고 하우석의 《내 인생 5년 후》, 드림자기계발연구소 소장 권동희의 《미친 꿈에 도전하라》, 정소장의 《몸값 높이는 독서의 기술》, 브렌든 버처드의 《백만장자 메신저》, 나폴레온 힐의 《놓치고 싶지 않은 나의 꿈 나의 인생》 등이다.

그 외에도 올해 여러 권의 책을 읽으면서 가슴이 뛰는 것을 느꼈다. 이전에는 책을 읽어도 가슴이 뛴 적은 없었다. 그런데 은퇴를 앞두고 또다른 삶의 갈림길에 서 있는 만큼 나는 한책협 대표 김도사의 책 여러 권을 밤새워 읽었다. 그러면서 나도 책을 써서 세상 사람들이 밤새워 읽도록 만드는, 삶의 용기와 희망을 불어넣는 작가로서의 삶을 살겠다고 다짐했다.

그러면 베스트셀러 작가가 되기 위해서 지금부터 무엇을 어떻게 해야 할까?

책을 쓰기 시작하면서 책을 많이 읽게 되었다. 책을 읽으니 더욱 책을 쓰고 싶어졌다. 책을 쓰기 전에는 1년에 5권도 제대로 읽지 않았다. 바쁘기도 하지만 시간이 있어도 책에 그다지 관심을 두지 않았다. 책을 읽으면 많은 지식을 얻고 깨달음도 갖게 된다. 하지만 실천하지 않으니 시간이 지나면 '내가 그 책을 읽었던가?' 할 정도로 내용을 잊고 살아갈 때가 많았다. 그리고 책을 읽지 않아도 일상생활에 크게 어려움이 없었다. 그렇게 1년, 2년, 3년…. 세월은 잘도 흘러갔다.

이제는 책을 읽고 싶다. 밤새워 책을 읽으니 그다음 날 근무하기가 힘들긴 했다. 그래서 지금은 밤새워 읽지는 않는다. 대신 꾸준한 책 읽기로 지식과 깨달음을 얻고 있으며, 나도 누군가에게 희망을 전달해 주는 책을 쓰고 싶다. 절망하고 있는 사람들에게 일어설 수 있는 힘을, 그리고 아픔을 안고 사는 이들에게 희망을 전달해 주는 책을 쓰고 싶다. 나도 그들에게 책으로 희망을 주는 메신저로 살고 싶다.

에머슨은 "그가 하루 종일 생각하고 있는 것, 그 자체가 그 사람이다."라고 말했다. 내 생각이 나를 만들고 내 정신상태가 나의 운명을 만들 것이다. 베스트셀러 작가로서의 삶을 상상해 보니, 생각만 해도 가슴이 뛰고 행복해진다.

누군가 치열한 삶의 현장 끝에서 내 책을 밤새워 읽고 희망을 붙잡는다면 얼마나 기쁜 일이겠는가? 누군가 아픈 마음을 안고 힘들게 살아가다 내 책을 읽고 벌떡 일어나 기운을 차리고 거울 앞에 다시 서게 된다면 이 또한 얼마나 가슴 뛰는 일이겠는가? 내 책을 읽으니 힘이 생긴다며 회사에 와서 강연해 달라고 한다면, 정말 가슴이 벅찰 것만 같다. 생각만 해도 벌써 행복해진다. 베스트셀러 작가가 되기 위해 열심히 읽고 쓰고 생각하고 싶다.

구양수의 많이 읽고 많이 쓰며 많이 생각하라는 삼다(三多)가 생각난다. 많이 읽어야 많이 생각할 수 있고 많이 써 봐야 좋은 글을 쓸 수 있지 않을까. 100만 부를 돌파하는 베스트셀러 작가가 되기 위해 오늘도 나는 하루 종일 책 읽기와 책 쓰기에 매진하고 있다.

02.
성공한 작가로서
강연하기

10여 년 전, 마틴 루서 킹의 자서전 《나에게는 꿈이 있습니다》를 읽었다. 킹 목사는 1963년 워싱턴 D.C. 링컨 기념관 앞에 모인 25만 명의 청중에게 흑인과 백인이 하나 되는 세상에 관한 자신의 꿈을 역설했다.

"나에게는 꿈이 있습니다. 조지아 주의 붉은 언덕에서 노예의 후손들과 노예 주인의 후손들이 형제처럼 손을 맞잡고 나란히 앉게 되는 꿈입니다. 내 아이들이 피부색을 기준으로 사람을 평가하지 않고 인격을 기준으로 사람을 평가하는 나라에서 살게 되는 꿈입니다."

이 책을 읽으면서 나도 링컨 기념관 앞 청중들 사이에 서서 킹 목사의 강연을 듣고 있는 것처럼, 손이 불끈 쥐어지는 것을 느꼈다. 그리고 버락 오바마가 미국의 첫 흑인 대통령이 된 것은 킹 목사 연설의 결실이라고 생각했다.

〈LA 중앙일보〉 발행 2009/1/20 미주 판 12면에는, 미국 사회의 편견에 도전했던 흑인 인사들은 오바마의 대통령 취임은 피부색으로 사람을 판단하지 않는 나라를 만들고자 했던 마틴 루서 킹 목사의 '꿈'이 정점을 찍었다며 흥분을 감추지 못했다는 기사가 실렸다. 68세의 존 루이스 민주당 하원의원도 킹 목사가 "나에게는 꿈이 있다."라고 선언했던 지난 1963년 워싱턴 집회 참여 기억을 떠올리며 "얼마 전까지만 해도 남부의 유색인들은 투표 등록을 하려다가 얻어맞고 감옥에 갇히고 살해당하기까지 했다."라고 전했다. 당시 현장에서 킹 목사의 연설을 들었던 셜리 프랭클린 애틀랜타 시장도 "오바마의 당선은 마틴 루서 킹을 비롯한 수많은 이들의 꿈이 실현된 결과"라며 이는 "50년 전 시작된 변화의 연장선에 있다."라고 말했다고 전했다.

이렇게 마틴 루서 킹 목사의 영향력은 아직도 매우 크다.

나도 킹 목사처럼 영향력 있는 강연가가 되고 싶다. 성공한 작가로서 많은 사람들에게 선한 영향력을 끼치는 강연가! 생각만 해도 가슴 벅차오른다.

그렇다면 영향력 있는 강연가는 어떻게 만들어질까?

엘머 휠러는 이렇게 말했다.

"자신이 이루고 싶어 하는 일의 최종 결과를 자신에게 분명히 들려

주라. 그리고 그 광경을 마음속에서 시종 상상하도록 하라. 그러면 그것을 달성할 수단이 마치 마술이라도 사용하는 것처럼 용솟음치게 될 것이다."

그렇다. 자기암시를 해야 한다. 그리고 의식을 깨워야 한다. 뿐만 아니라 마음을 꾸준히 훈련시켜야 한다. 의식이 깨어 있는 사람은 깨달음이 있는 자이며 마음이 훈련된 자다. 이런 의식의 변화로 외부세계의 변화를 불러오는 자다. 이렇게 의식에 변화가 일어난 사람은 거칠 것이 없고, 두려울 것이 없는 초능력을 소유한 사람이다. 오직 믿음으로 나아가는 사람이다.

나도 의식을 깨워 꾸준히 마음을 훈련시키고, 이웃을 진정으로 사랑하는 사람으로서 많은 이들에게 선한 영향력을 끼치는 강연을 하고 싶다. 나의 강연을 듣고 영향을 받아 언젠가 좋은 결실을 맺는다면 이 얼마나 보람 있는 삶이며 행복한 인생이겠는가!

성공한 작가로서 강연하는 미래의 내 모습을 상상하며 연설문 하나를 작성해 본다. 연설 장소는 대학 강당으로 교수를 비롯해 대학생들이 1,000여 명 모여 있다.

"나에게는 꿈이 있었습니다. 성공한 작가로서 많은 사람들 앞에서 강연하는 꿈입니다. 그런데 오늘 그 꿈을 이루었습니다. 제가 바로 여러분

앞에 이렇게 서 있으니 말입니다."

여러분! 공부하는 것이 힘듭니까? 그렇다면 공사장에 가서 막노동을 한번 해 보세요. 부모님에 대한 불만이 있습니까? 그렇다면 부모님이 평생 뙤약볕에서 하셨던 그 농사일을 한번 거들어 보세요. 때로는 삶이 힘들어 주저앉고 싶습니까? 그렇다면 중환자실을 방문해, 여기저기에서 인공호흡기를 끼고 마치 생명이 끊긴 사람처럼 미동도 없는 가엾은 환자의 모습을 한번 지켜보세요.

생각이 달라질 것이다. 부모님이 다르게 보일 것이다. 삶에 대한 가치관이 바뀔 것이다. 공부가 쉬워지고 재미있어질 것이다.

대학생 때 가을배추를 심으려고 쇠스랑으로 밭을 가꾸는 부모님의 일을 도운 적이 있다. 그런데 쇠스랑은 드는 것조차 힘들었다. 나는 '과연 내가 해낼 수 있을까?' 망설이기까지 했다. 쇠스랑으로 하는 밭일을 못하겠다고 부모님께 말씀드릴 수가 없었다. 나는 한 이랑 두 이랑, 배추 심을 두둑을 평평하게 만드는 일에 집중하기 시작했다. 얼마나 일했을까? 시간 가는 줄 모르고 일하다가 몸을 펴려 하니 갑자기 하늘이 노래지면서 어지럽기까지 했다. '내가 급체했나? 이러다가 쓰러지는 것 아냐?' 이런 생각을 하다가 그만 주저앉아 버렸다. 그렇게 한참 동안 앉아 있다 보니 파란 하늘이 보였다. 엄마, 아버지도 보였다.

이 일을 통해서 '부모님이 이렇게 힘든 농사일을 하시면서 우리 5남매를 가르치시는구나!' 절실히 깨닫게 되었다. 그 후 더욱 공부를 열심히 하게 되었다.

"이번에 쓴 책 《시련은 나를 더 단단하게 만든다》처럼 시련이 없었다면 내가 이 자리에 있지도 않았을 것이다. 시련은 나를 더 단단하게 만드는 인생의 훌륭한 교과서가 되어 이렇게 강연가를 만들었다. 나는 시련이 어떤 때는 축복으로 변형되어 나타나기도 한다는 것을 깨달았다. 때문에 이제는 내게 주어지는 모든 시련을 사랑하게 되었다. 그리고 감사하는 마음으로 시련을 받아들이게 되었다. 그래서 시련이 다가오면 이번에는 어떤 모습의 축복일까 생각하게 되었다. 여러분 중에 삶이 힘든 사람이 있다면, 잘 이겨 내길 바란다. 인내하며 기다리면 축복받을 그 순간이 분명히 찾아올 것이므로."

이렇게 강연하는 내 모습을 상상해 보니, 꿈이 이루어지지 않았는데도 지금 승리의 함성이라도 지르고 싶다. 생각만 해도 가슴 뛰는 일이다.

훌륭한 강연가가 되기 위해 지금부터 무엇을 준비해야 할까? 먼저 의식을 확장시켜야겠다.
〈마가복음〉 11장 24절에 이런 말씀이 있다.

"내가 너희에게 말하노니, 무엇이든지 기도하고 구하는 것은 받은 줄로 믿으라. 그리하면 너희에게 그대로 되리라."

이 말씀처럼 구하는 것은 이미 받은 줄로 믿고, 앞으로 성공한 작가
로서, 강연가로서 살고자 한다.

03.
아픈 삶을 살아가고 있는
이들에게 희망의 메신저 되기

경상북도 경산시 Y중·고등학교에서 근무할 때다. 학교에 생활관이 있어 한 달에 한 번씩 생활관생들이 집으로 외박을 갔다. 어느 토요일 오후, 당직이었던 나는 교내 순찰을 위해 건물을 빙 둘러보았다. 그때 어린 두 남학생이 학교 현관 입구에 쭈그리고 앉아 있었다. 가끔 서로 한두 마디씩 건네면서 먼 산을 바라보고 있었다. 남학생들을 보니, 아들 생각이 났다.

"안녕! 생활관생이니?"

"네."

"몇 학년이야?"

"중1입니다."

"집이 멀어서 못 갔구나?"

"네."

"우리 집이 학교 바로 옆인데, 이따가 같이 부침개 부쳐 먹을까?"

"네! 좋아요."

수심이 가득했던 학생들의 얼굴이 부침개를 부쳐 먹자는 나의 말 한마디에 금세 환해졌다. 외박 주가 되면 외박을 가지 않고 학교 근처에서 방황하거나 친구 집에 가는 학생들이 한두 명 있었다. 이런 학생들 중 대부분은 가정불화에 시달리는 학생들이었다. 당시 사감 선생님께 보고하고, 부침개를 실컷 부쳐 먹었던 기억이 난다.

또 한 번은 내가 담임을 맡고 있던 여학생 한 명이 내게 다가왔다.

"선생님! 선생님과 같이 살면 안 될까요?"

"왜? 무슨 일 있어?"

"집에도 가기 싫고 생활관에서도 살고 싶지 않아요."

"많이 힘든가 보구나! 우리 얘기해 보자."

나는 며칠 동안, 이 학생과 같이 먹고 자면서 많은 대화를 나누었다. 이 여학생도 역시 가정에 문제가 있어 방황하고 있었다.

한편, 경기도에서 근무할 때다. 아침 조회를 마치고 나온 나에게 한 남학생이 다가왔다.

"선생님! 저 자퇴하고 싶어요. 엄마가 학교 그만두래요. 학교 다니기 싫습니다."

"그래? 자퇴하면 그다음은 어떻게 하려고?"

"검정고시를 볼 겁니다."

"어머니가 정말로 네가 학교를 그만두기 바라실까?"

"네!"

"자식에게 나가 죽으라고 말하는 어떤 어머니도 있어. 그런데 그 말이 정말 나가서 죽으라는 뜻일까? 속상해서 욕처럼 그냥 하는 말이야. 그러니 너도 어머니 말을 액면 그대로 받아들이지 말고, 어머니가 그 말씀을 하시기 전에 네가 어떠한 행동을 했는지 생각해 봐! 분명 네가 어머니의 마음을 거슬렀을 거야."

"네, 제가 공부도 안 하고 게임만 했어요."

"그것 봐! 속상하시니까 그냥 하신 말씀이지. 네가 정말 학교를 그만두기 바라지는 않으셔. 정말로!"

2시간여 동안 상담한 결과, 그 남학생은 학교에 잘 다니면서 열심히 공부하기로 했다. 그리고 좋은 성적으로 고등학교를 졸업했다.

충청도에서 근무할 때다. 한 학생이 왕따를 당하고 있었다. 착하고 예쁜 여학생이었다. 가해자 학생들을 불러 상담해 보았지만, 이미 마음의 골이 깊어진 상태였다. 담임으로서 잠을 이루지 못했다. 고민한 결과, '모여서 밥 한번 먹어 보자' 생각하고 가해자와 피해자 모두 한자리에 모이게 했다. 그리고 여러 가지 음식을 시켜 먹으면서 대화를 나누기 시작했다. 음식을 먹으면서 대화를 나누자, 그동안 서로 얽혀 있던 마음들이 실타래 풀리듯 하나씩 풀리기 시작했다. 그로써 문제는 해결되었다.

시골에는 경제적으로 어려운 학생들이 많다. 중학교 1학년 담임을 할 때다. 한 여학생과 상담하게 되었다. 알아보니 이 여학생은 여러 가지로 어려운 상황에서 공부하고 있었다. 학생들의 사정을 들어 보면 돕지 않고는 도저히 가만있을 수가 없다. 고민한 결과, '삼성꿈장학금'을 신청하게 되었다. 가정 상황, 학교생활, 멘토를 신청하게 된 계기, 학생을 위한 멘토링 계획, 장학금 활용 계획, 기타 특이 사항을 A4용지 3~4장 정도로 작성해 장학금을 신청했다. 간절하면 꿈이 이루어진다고 거금의 장학금을 받게 되었다. 그다음 해에도 또 그다음 해에도 장학금을 신청해 그 여학생이 고등학교를 졸업할 때까지 여섯 번을 받았다. 성적도 점점 향상되어 우수한 성적으로 대학 간호학과에 입학했다.

교사로 근무하다 보면 도울 학생들이 많이 생긴다. 어떤 남학생은 여행비가 없어 수학여행을 못 간다고 했다. 지각과 결석을 밥 먹듯이 하던 어떤 학생은 여러 번의 가정방문으로 좋아졌다. 학교에 다니기 싫다고 계속 결석하는 어떤 학생은 전화 상담만으로는 되지 않아 가정방문도 했다. 그런데 그 후에도 또 자주 결석했다. 난 휴학 경험이 있는 복학생을 동원해 그 학생을 설득해 냈다. 그 학생은 무사히 졸업하고 대학에도 들어갔다.

이 외에도 많은 학생들이 아픔을 안고 살아가고 있다. 학생 때 아픔을 치유하지 못하고 사회에 나가면, 그 아픔은 사회에 전달되고 또 다른 아픔을 낳는다. 그리고 자녀에게도 전달된다.

다이애나 루먼스는 〈만일 내가 다시 아이를 키운다면〉이란 시에서 이런 아픔을 이렇게 표현했다.

"만일 내가 다시 아이를 키운다면
먼저 아이의 자존심을 세워 주고 집은 나중에 세우리라.
아이와 함께 손가락 그림을 더 많이 그리고 손가락으로 명령하는 일은 덜하리라."

아이뿐만 아니라, 아픔이 있는 사람들에게 자존심을 세워 주는 일은 사랑을 전하는 매우 좋은 방법이다. 이로써 아픔이 치유되기도 한다.

전국 각지에 흩어져 있는 많은 학생들이 어디에서 또 다른 아픔을 안고 살아갈지 매우 마음이 쓰인다. 이젠 책을 써서 아픈 마음을 지닌 사람들을 치유해 주고 싶다. 더 나아가서는 책 쓰기를 시키고 싶다. 책 쓰기는 희망을 갖게 하며, 아픔을 치유해 준다.

나는 앞으로도 아픈 삶을 사는 이들에게 희망을 전달하는 메신저로 살겠다.

04.
가족과 함께
유럽여행 하기

우리 아이들이 어릴 때는 나를 위한 시간이 없었다. 직장에는 직장일이 쌓여 있고, 귀가하면 집안일이 쌓여 있었다. 이렇게 집에서 학교로, 학교에서 다시 집으로 다람쥐 쳇바퀴 돌듯 그렇게 빙빙 돌기만 했다. 이런 생활을 몇 년 하고 나니, 몸이 점점 지치고 마음까지 지쳐 갔다. 이러다가는 쓰러질지도 모른다는 생각에 이르렀을 때, 용기를 내었다. 떠나자. 떠나야 내가 산다. 떠나야 아이들도 보살필 수 있다. 난 집을 떠나 낯선 곳에서 힘을 얻어야겠다는 생각에 1박 2일 동안 집을 벗어나기로 결심했다.

집에서 나와 버스를 타니, 꼭 감옥에서 탈출한 것 같은 기분이었다. 버스 창문을 열고 바깥바람을 쏘이니, 내가 배우가 되어 영화의 한 장면을 찍는 것 같았다. 혼자서 부산 해운대에 가자니, 실연당한 여자로 볼 것 같았다. 강릉 경포대에 가자니 거기에서도 마찬가질 것 같았다. 결국 동생들 집을 둘러보기로 결정했다.

나는 이천에서 교직생활을 하고 있는 막내 남동생의 집으로 먼저 향했다. 동생이 어렸을 때 내가 많이 보살펴서인지 자식을 만나러 가는 느낌이었다. 드디어 도착해 들어가 보니, 여선생 자취방 이상으로 깔끔하게 정돈되어 있었다. 리모델링을 해 분위기도 있었다. 여자친구만 있으면 될 정도로 갖춰져 있어 흐뭇했다.

다음은 천안으로 갔다. 내 바로 밑 남동생이 사는 곳이다. 결혼해서 그런지 막내 남동생보다 더욱 안정된 생활을 하고 있었다. 보기에 좋았다. 그다음에는 경기도 성남, 여동생 집으로 향했다. 성남 버스를 타고 가는데, 내가 교육청에서 학교를 점검하러 나오는 장학관 같다는 느낌이 들었다. 어쨌든 동생들을 둘러보니 기분이 좋아져서 여동생 집으로 가는 발걸음은 더욱 가벼웠다. 여동생은 미용실을 운영하면서 바쁘게 살고 있었다. 집안 곳곳은 근검절약하고 있다는 것을 증명이라도 하는 듯했다. 열심히 살고 있는 동생을 보니 감사했고, 여행하기를 잘했다는 생각이 들었다. 산과 바다를 구경하는 것보다 더 가치 있는 여행이었다.

이렇게 딱 한 번 무작정 집을 떠난 일 외에는 혼자 여행한 적이 없다. 오로지 학교에서 추진하는 수학여행 때 제주도, 남해안 일대, 설악산 등을 둘러봤을 뿐이다. 그것도 학생들을 인솔하는 것이 목적이었다. 학생들을 인솔해 여행을 하다 보면 늘 과로하는 것이 문제였다. 그러나 교직원 단합과 연수를 위한 여행은 즐겁고 힐링이 된다. 그래서 빠지지 않고 꼭 참석한다. 다녀온 지역이 홍도, 외도, 제주도 등이다.

이 중 20여 년 전에 갔던 남해안 외도가 가장 기억에 남는다. 개인이 소유하고 있는 섬으로, 아름답게 꾸며 놓았다. 구경할 당시에는 가족과 함께 꼭 다시 오리라 다짐했던 곳이다. 그러나 세월이 빨리도 흐르면서 외도에 대한 아름다웠던 기억은 점점 희미해졌다.

해외여행은 더욱 엄두를 내지 못했다. 그러다가 딸아이가 필리핀으로 유학 가면서 나의 첫 해외여행지는 필리핀이 되었다. 그 후 교직원들과 함께 캄보디아, 터키와 미국을 여행했다. 그리고 여선생 4명이 중국 황산에도 다녀왔다.

이 해외여행 중, 가장 충격을 받은 곳이 미국의 라스베이거스다. 휘둥그레진 내 눈이 작아지질 않았다. 분명 다른 세상이었다. 지상 최고의 화려한 도시였다. 곧 무도회가 열린다고 남녀 쌍쌍이 파티복을 입고 줄지어 무도회장으로 이동하는 모습은 분명 내가 꿈꾸던 광경이었다. 이런 광경이 라스베이거스에서는 일상이라고 했다.

이곳저곳 구경하고 호텔방으로 올라가려 하는데, 호텔 1층의 카지노가 눈에 들어왔다. 카지노가 1층에 있는 것은 호텔방에 올라가기 전 카지노를 꼭 가 보고 올라가라는 뜻이라 했다. 여선생들 몇 명이 1달러씩 넣고 영화에서나 보았던 카지노를 해 봤다. 1달러를 넣고 돌리자마자 게임이 끝났다. 그런데 옆에 있던 이 선생은 1달러를 넣었는데 5달러가 금방 나왔다. 오! 이것이 바로 카지노!'라는 생각이 들었다. 춤과 카지노, 그동안 내가 상상하지도 못했던, 밤이 없는 곳이었다.

나는 네 번째 버킷리스트로 유럽여행을 가족과 함께 꼭 가려고 한다. 유럽여행은 경제적 부담이 커서 내 생전에 다녀온다는 것이 불가능하다고 생각했었다. 그래서 불가능한 꿈으로만 간직하고 있었다. 그런데 작가의 꿈을 꾸면서 유럽여행의 꿈도 같이 꾸게 되었다. 꿈은 또 다른 꿈을 불러내었다.

다음은 어느 책에서 본 것으로, 자기암시가 어떻게 작용하는지 잘 보여 주고 있다.

- 당신이 안 된다고 생각하면 당신은 안 될 것이다.
- 당신이 이기고 싶다는 마음 한구석에 이건 무리라고 생각하면, 절대로 이기지 못할 것이다.
- 모든 것은 사람의 마음이 결정하느니
- 당신이 이긴다고 생각하면 당신이 승리할 것이다.
- 당신이 무엇인가를 진정으로 원한다면 그대로 될 것이다.

유럽여행! 가족과의 유럽여행을 진정으로 원하고 있으니 그대로 되리라 믿는다. 상상의 힘은 무서울 정도로 강하다고 하니까. 간절한 꿈은 반드시 이루어진다고 했으니까.

지금부터 유럽여행 계획을 잠시 세워 보고자 한다.
유럽여행 총 일정은 15박 16일로 여름방학 때 출발한다. 항공편은 대한항공으로 인천공항에서 홍콩을 경유해 파리로 간다. 비행시간은 18시간 15분. 왕복 항공비는 성인 5명, 소아 1명 해서 820만 원이다. 여행할 국가는 프랑스(파리), 영국(런던), 이탈리아(로마), 독일(베를린). 가고 싶은 곳이 더 있는지 가족과 함께 여행지를 상의해야겠다.

준비물은 여권, 여권 케이스, 여권 사본, 여권용 사진, 이티켓, 환전, 비상용 카드. 이 중 여권 사본 및 여권용 사진을 준비하는 이유는 혹시 모를 불상사를 대비하기 위함이다. 그 외 세안도구인 치약, 칫솔, 샴푸, 린스, 보디워시, 클렌징폼, 기초화장품, 선크림, 수건, 상의(긴팔, 반팔), 하의, 속옷, 양말, 잠옷, 선글라스 등을 준비해야 한다.

유럽의 여름은 해가 길어서 밤 9시가 되어야 일몰이 시작된다고 한다. 야경을 보려면 밤 10시 이후가 되어야 한다니 벌써부터 마음이 설렌다.

미국의 유명한 심리학자인 윌리엄 제임스는 이렇게 말했다.

"우리 세대의 가장 위대한 발견은 자신의 마음가짐을 바꾸는 것으로 자신의 인생을 바꿀 수 있다는 것이다."

감격스러운 말이다. 난 내 인생을 바꾸기 위해 아침마다 기도로 준비하고 있다. 앞으로 나는 어떤 인생을 살아가고 싶은가? 마음도 환경도 모두 풍요로운 삶이다. 나의 풍요로운 삶으로 내 이웃까지 풍요로워지는 삶이다.

05.
작가로 성공해서
K7 타기

지난 겨울방학에 유튜브를 듣고 있던 때였다. 유튜버가 "성공하고 싶으세요?"라고 질문했다. 난 이 말을 듣자마자 "네!"라고 큰 소리로 대답했다. '그런데 현재 교사인 나는 무엇을 해야 성공하지? 많은 제자를 배출했으니, 이미 성공하지 않았나? 또 다른 성공을 하고 싶다면 무슨 일을 해야 하지?' 이런 생각을 하고 있을 때였다. 유튜브에서는 "성공하고 싶거든 우선 책을 읽으세요."라고 했다.

흔하게 듣던 말이었다. 내가 학생들에게도 여러 번 강조했던 말이었다. 그런데 이날은 그 말이 내 귀에 쏘옥 들어와 박혔다. 명언처럼 내 가슴에 콕 박혔다. 난 망설일 것도 없이 곧장 책장으로 달려갔다. 내 마음속 깊은 곳의 성공 욕구를 증명이라도 하듯 가슴이 뛰었다.

책장에서 2~3권의 책을 꺼내 가지고 와 읽어 내려가는데, 독자에서 저자가 되라는 말이 있었다. 책 한 권을 쓰면 운명도 달라진다고 했다.

자녀들에게 존경받고 부모님에게 자랑스러운 아들, 딸이 된다고도 했다. 저자가 되는 순간 모든 것이 이루어진다고 했다. 바로 이것이다. 이것이 내가 찾던 그 길이다.

성공하고 싶어서 책을 읽었는데 일사천리로 책이 나를 인도했다. 그 동안 내 운명을 바꾸고 싶었는데, 책 한 권을 쓰면 운명이 달라진다고 하지 않나. 책을 써야겠다는 강한 욕망이 나를 이끌었다. 한 문장 한 문장이 내게는 금과옥조가 되어 운명을 바꿀 준비가 되어 갔다. 그래서 난 작가가 되기로 결심했다.

"Who are you?" 누가 나에게 이렇게 질문한다면, 난 서슴지 않고 "성공한 작가 ○○○입니다."라고 뻔뻔스럽게 대답하고 싶다. 이 대답을 위해 지금 난 열심히 책을 쓰고 있다. 책을 쓰다 보니 꿈도 점점 커진다. 좋은 차도 타고 싶어졌다.

누구나 좋은 차를 타기를 원한다. 그러나 난 나를 위한 욕심을 전혀 내지 못했다. 경제적인 여유가 없기도 했지만, 나를 위한 승용차 구입보다 더 급한 일들이 줄 서 있었기 때문이다.

2004년에 첫 차를 구입하게 되었는데, 남들이 그 과정을 듣게 되면 "그렇게 차 샀어? 자기 차를 어떻게 그런 식으로 살 수 있어?"라고 할 것이다. 그런데 정말로 그렇게 샀다.

1994년에 취득한 운전면허증은 10년 동안 서랍장에서 잠자고 있었다. 한마디로 장롱면허증이었다. 그러다 2004년도 3월에 교직원 몇 명이 저녁식사 후 모여 차를 마시다 자동차에 대한 이야기를 나누게 되었다. 차가 없는 만큼 나에게는 차에 대한 관심이 늘 있어 적극적으로 대화에 끼어들었다.

"이젠 저도 차를 사고 싶어요. 운전면허증을 취득한 지가 벌써 10년 됐어요."

"10년이나? 이젠 차 사야겠네요. 내가 중고 자동차 딜러를 알고 있는데, 어느 선에서 구입하려고 해요?"

"글쎄요, 지금은 돈이 없어요."

내 기억으로는 차에 대해 나눈 대화가 이게 전부인 것 같다. 그런데 이틀 후에 내 승용차가 아파트 앞에 주차해 있다는 것이었다. 엊그제 내가 한 말을 귀담아들은 동료 선생님이 차를 가지고 오라고 했던 것이다. 차를 보니, 대우 파란색 르망, 1999년식 중고였다. 얼마냐고 물으니 515만 원이라고 했다. 옆에 있던 선생님이 가격에 비해 괜찮다고 했다. 그러나 난 흰색 차를 타고 싶었다. 색상도 물어보지 않고 차를 가져와서 난 많이 당황할 수밖에 없었다. 그 차가 맘에 들지는 않았지만, 소개해 주신 선생님이 가깝게 지내는 분이었다. 그리고 인천에서부터 차를 가지고 온 그분에게 차를 도로 가져가라고 할 수도 없었다. 그렇게 싱겁게 차를 소유하게 되었다. 운명적으로 구입한 그 차를 사고 한 번 없이 10년 동안 잘 타고, 2015년 1월에 차를 바꾸게 되었다.

2014년 12월 31일에 교직원 가족 중 희망자 20여 명이 미국으로 여행을 갔다. 드넓은 미국의 대륙을 보니 가슴속에 쌓여 있던 응어리들이 그곳에 쏟아져 나오기 시작했다. 그동안 답답했던 가슴이 뚫려서 시원해졌다. 미국 공기를 마셔서 그런지 대담해졌다. 내가 소유한 것들이 너무 보잘것없다는 생각을 하게 되었다. 귀국하자마자 곧장 집으로 오지 않고 승용차부터 바꿨다. 이어서 휴대전화도 바꾸었다. 차는 2010년식 삼성 SM3로, 전에 타던 것보다 10년 후에 생산되었으니 훨씬 업그레이드된 차라고 할 수 있다. 색상도 내가 원한 흰색이어서 나는 2015년도를 새롭게 각오를 다지며 시작했다.

곧 은퇴를 앞두고 한 번 더 차를 바꿔야 한다. 난 또 중고차를 사려고 했었다. '난 중고차 인생인가 보다'라는 생각도 했었지만 어쩔 수 없다. 그런데 작가의 꿈을 꾸면서 좀 당당해지고, 나답지 않게 뻔뻔해지고 있었다. 야무지게도 한번 새 차를 타 보자. '어떤 차를 사 볼까?' 생각하면서 지내 왔다.

그런데 아파트 지하주차장에서 내가 원하는 차를 발견했다. 흰색이며 디자인도 멋있는 차였다. '바로 이 차야. 이런 차를 타고 싶었어!' 하면서 어떤 차인지 살펴보니 기아 자동차 K7이었다. 첫눈에 반한 듯 난 마음속으로 어떤 차를 살지 정했다. 이 차를 내가 꼭 타리라. 그러곤 나의 다섯 번째 버킷리스트로 정했다.

내 인생에서 처음으로 새 차를 구입하게 되었으니 삶이 더욱 행복해지리라 믿는다. 앞으로 성공한 작가로 K7을 타고 당당하게 살아갈 것이다. 중고가 아닌 새 차를 타고 다니며 희망을 전달하는 메신저로서 강연도 할 것이다.

　이렇게 난 나의 버킷리스트를 정하고, 그 꿈을 이루기 위해 오늘도 컴퓨터 자판기를 두드리고 있다.

　욕심은 욕심을 낳는다고 했나? 희망은 희망을 낳았고, 성취는 성취를 낳을 것이다.

PART 08

내 이름 석 자를
남기는
유명한 작가 및
강연가 되기

|박근희|

박근희

여성전용 30분순환운동센터 대표, 영남대학교 스포츠과학대학원 총학생회장,
웃음치료사, 대한보디빌딩협회 1급 심판위원, 뷰티바디대회 심사위원, 자기계발 작가,
강연가

영남대학교 스포츠과학대학원 총학생회장 임기 중이며, 여성전용 30분순환운동센
터를 운영 중이다. 대한보디빌딩협회 1급 심판위원, 뷰티바디대회 심사위원으로 활
동했으며, CMB 대구방송에서 생방송 MC 진행을 했다. 현재 힘들어하는 많은 사람
들에게 희망 메시지를 전달하는 메신저로서, '건강과 행복을 부르는 웃음치료'를 주
제로 개인저서를 집필 중이다.

01.
책 쓰고
유명한 강연가 되기

난 피트니스센터에서 24년간 지도, 컨설팅, 봉사활동, 관리 및 운영을 해 왔다. 그곳에서 많은 사람들을 만나고 많은 경험과 내공을 쌓았다. 처음에는 운동이 재미있어서 시작했다. 항상 밝고 긍정적인 나는 즐거운 음악에 운동도 할 수 있는 피트니스센터에서 근무할 때 행복하다고 느꼈던 것 같다.

"박수 칠 때 떠나라."라는 말이 있다. 사실 피트니스 업종에 종사하는 지도자들은 대부분 전성기에는 이름도 날리고 스폰서나 스카우트 제의를 받곤 한다. 그렇게 젊은 날에는 부와 명예를 거머쥐며 화려한 생활을 한다. 그러다가 50~60대가 되면, 젊었을 때의 그 영광은 온데간데없고, 기억의 저편으로 사라지는 선배님들을 봐 왔다.

'나만의 개성으로 미래를 준비하는 사람이 되자'라고 생각한 지 20년 정도 된 것 같다. 그래서 피부미용, MC, 웃음치료, 방송, 보디빌딩&피트니스대회 주관 그리고 여러 단체에서 하는 봉사활동에도 많이 참여했었다. 그런데 이제는 책을 쓰고 1인 창업과 강연 컨설팅을 하면서 내 인생 2막을 살아가려 한다.

요즘 장안에 화제인 〈미스터트롯〉이라는 TV 프로그램이 있다. 사실, 바이러스감염증으로 웃을 일이 없는 요즘 나 또한 그 프로그램을 보면서 힐링했다. 내가 얘기하고자 하는 것은 〈미스터트롯〉의 7위 안에는 오르지 못했지만 '나태주'라는 트로트 가수를 보면서 놀라움을 감출 수 없었다는 것이다. 그는 '태권도 품새 세계 랭킹 1위'인데 노래도 잘하고 인기도 있는 트로트 가수다!

난 옛날부터 체육인들을 비꼬는 '단순, 다혈, 고집불통, 힘만 세고…' 이런 말들을 너무 싫어했다. 그런데 나태주 트로트 가수는 '태권도 세계 랭킹 1위'인데 노래도 잘하니 요즘 체육인은 '다재다능하다'라는 말에 공감이 간다. 나 또한 다재다능한 사람이니 베스트셀러 작가도 되고, 유명한 강연가도 꼭 될 것이다.

나는 한책협 김태광 작가님의 저서 《100억 부자의 생각의 비밀》, 권동희 작가님의 저서 《나는 100만 원으로 크루즈여행 간다》, 네빌 고다드의 저서 《상상의 힘》, 론다 번의 저서 《시크릿》, 브렌든 버처드의 저서 《백만장자 메신저》, 웨인 다이어의 저서 《확신의 힘》, 남경흥 작가님의 《우주와 나를 연결하는 허공의 놀라운 비밀》, 모치즈키 도시타카의 저서 《보물지도》, 고이케 히로시의 저서《2억 빚을 진 내가 뒤늦게 알게 된 소~오름 돋는 우주의 법칙》과 이외에도 많은 책들을 빠르게 섭렵하며 내면의 식을 확장해 나가고 있다.

나는 힘들었던 인생의 고비마다 내면의 소리, 즉 내가 뭘 원하고 있는지, 뭘 하고 싶은지에 대해서 늘 나에게 물어 왔다. 내가 알고 있는 한 책협의 김태광 작가님은 정말 힘든 생활을 오랫동안 하시면서도 삶을 포기하지 않으신 분이다. 그렇게 힘든 시간을 이겨 낸 만큼 내면의식의 변화를 이루고 굳은 의지를 다지셨다. 나도 꼭 그렇게 될 것이다.

요즘 난 예전과 많이 달라졌다. 올해 연말까지 도서 100권을 읽을 예정이다. 책을 읽고 책 쓰기를 하면서 마음이 너무 편안하고 행복하다는 느낌을 계속 받고 있다. 나의 경험과 책 안의 지혜가 합쳐지면 무한 시너지 효과가 생겨날 것이다. 한 번씩 나도 모르게 가슴이 벅차올라서 울컥 눈물이 나오려고 하지만 애써 참지 않으려 한다.

한동안 나라는 사람을 많이 감추고 내면의 나를 억누르고 있었다. 하지만 앞으로 나는 나의 내면을 많이 채워 나갈 것이다. 20대 때 열심히 하지 않은 공부를 많이 해야 한다는 생각과 지금 공부해 놓지 않으면 시간이 많이 흘렀을 때 후회할 것 같다는 생각에서다. 그래서 몇 년 전부터 공부도 계속해 오고 있다.

지금 돌아보면 공부를 시작한 건 정말 잘한 일이란 생각이 든다. 난 지금 영남대학교 스포츠과학대학원 4기수 차다. 그리고 총학생회 회장을 맡게 되었다. 앞으로 좀 더 성숙한 자세로 내실을 다질 것이다. 책임감 있게 한발 한발 나아갈 것이다. 그리고 한책협의 김도사님으로부터 많은 비법을 전수받을 것이다.

20년 전 아이들을 키우면서 한 3년 정도 전업주부로 생활했던 때가 있었다. 매일매일 똑같은 일상이 반복되는 것도, 새댁이라는 타이틀도 낯설게만 느껴졌다. 그땐 아이들을 키우면서 집에 있는 시간이 가장 행복한 때라는 것을 몰랐다. 그러면서도 매일 아이들과 씨름하며 한 번도 해보지 않은 초보엄마 역할을 잘해내려고 무던히도 노력했다.

그때 막간을 이용해서 TV를 보고 있는데, 정말 예쁜 CS 강사님이 화면에 나왔다. 그녀는 이른 아침인데도 서비스마인드에 대한 강의와 예절을 알려 주는 프로그램을 진행하고 있었다. 사실 난 그때 매일 아이들과 씨름하면서 거울을 들여다볼 시간이 없었다. 그런데 TV에 나오는 정연아 CS 강사님은 내가 닮고 싶어 하는 이미지를 갖추고 있었다. 같은 여자인데 어쩜 저리 예쁘고 예의 바르고 친절할까? 뿐만 아니라 세련미가 흘러넘쳤다.

나는 한눈에 그분이 프로라는 것을 알아봤다. 그때 문득 거울을 들여다봤다. 예전의 내가 아니었다. 변화가 필요하다는 것을 절실히 느꼈다. 그리고 같은 여자이지만 정연아 대표님 같은 아름다운 여자가 되자고 생각했다. 그리고 20년의 세월이 지나갔다.

작년에 우연히 우리 지역구에서 열리는 특강 프로그램에 '정연아이미지컨설턴트' 대표님의 강의가 있는 것을 알았다. 그래서 '정연아이미지컨설턴트' 회사에 전화를 했다. 내가 "대표님과 통화하고 싶어요."라고 했더니, 직원은 "지금 대표님은 자리에 안 계시고, 계속 강의 다니시기 때문에 통화하기 어려우세요."라고 하는 것이었다. 그래서 내가 "이번 달에 강의 오시는데 뵙고 싶다."고 했다. 그랬더니 직원은 "전화번호는 알려 드릴 수 없습니다. 죄송합니다."라며 전화를 끊었다.

잠시 후 낯선 전화번호가 내 폰에 들어왔다. 나는 내 전화기에 상대방 전화번호에 저장된 이름이 뜨는 어플을 사용하고 있었다. 그런데 정연아라는 이름이 뜬 것이다. 순간 놀랐지만 전화를 받았다.

내가 "정연아 선생님이시죠?"라고 말하자 선생님은 "어머! 제 전화인 줄 어떻게 아셨어요?"라고 놀라는 눈치였다. 나는 "제가 어플을 깔았거든요. 순간 놀랐어요! 선생님께서 직접 전화를 주실 줄은 몰랐어요!"라고 전후 사정을 말씀드렸다. 그러곤 '20년 전 TV에서 뵈었다. 그러다 한동안 TV 출연을 안 하지 않으셨지 않나. 그런데 2주 후에 우리 지역에 강의를 오신다고 해서 강의 전에 잠깐 뵙고 싶은 마음'이라고 말씀드렸다. 그랬더니 선생님은 "그날 차를 가져갈지 KTX로 갈지 아직 결정하지 않았어요! 시간 괜찮으시면 그때 봬요!"라고 했다.

그리고 2주 후에 나는 정연아 대표님을 만났다. 그분의 세련된 이미지 때문인지 약간 거리감이 느껴질 거라고 생각했는데, 의외로 너무 소탈하신 분이셨다. 20년 전 TV에서 뵈었던 분을 실제로 만나니 꿈인가 싶었다. 한참 동안 얘기를 듣다 보니 그분은 나와 비슷한 부분이 정말 많았다. 내가 힘든 시간을 보낼 때 그분이 나의 롤 모델이었던 것처럼 나도 다른 이들의 롤 모델이 되는 모습을 상상했다. 그런 삶이 지금 나에게 다가오는 것을 나는 마음껏 즐길 것이다.

나는 요즘 많은 책들을 보고 있다. 주로 의식을 확장시켜 주는 도서들을 많이 보고 있다. 한책협의 김도사님께서 가장 강조하시는 부분이기도 하다. 도사님은 《네빌 고다드 5일간의 강의》 중 "내부의 의식 변화가 일어나야만 외부세계가 변화한다. 원하는 모습이 이미 이루어진 것처럼 살아가라."라는 부분을 들려주셨다. 그리고 "내가 원하는 것들을 이미 이룬 것처럼 걸어 나간다면, 그렇게 사실로 받아들인 곳까지 솟아오르게 될 것이다."라고 하셨다.

어릴 때는 친구들과 어울리는 것을 좋아했다. 그 덕분에 다양한 경험과 지혜를 얻었다. 이젠 20대 때 불태우지 못한 공부를 차근차근 해 나가고 있다. 그것을 나의 경험과 함께 독서와 글쓰기로 승화시키려 한다.

브렌든 버처드의 저서 《백만장자 메신저》를 보면서 "당신의 경험이 돈이 되는 순간이 온다."라는 문구가 와 닿았다. 지금까지 도전했던 경험들, 성공, 실패, 좌절들을 돌아보니 순간순간의 나의 선택에 따른 결과물들이라는 것을 알게 되었다. 그래서 '나의 성향'에 대해서 많이 알게 되었다. 어릴 때부터 나는 사람들 앞에 서는 것을 좋아했던 것 같다. 그리고 상상했다! 많은 사람들 앞에서 강연하는 내 모습을. 꼭 그렇게 될 것이다.

《2억 빚을 진 내게 우주님이 가르쳐준 운이 풀리는 말버릇》이라는 책 속에는 "소원이 이뤄진 미래가 이미 우주에 존재한다."라는 말이 나온다. 우주는 인간이 소원을 생각한 그 시점부터 이미 그것을 실현시키기 위한 정보를 그러모은다고 한다. 우주에는 그 꿈이나 소원이 이미 이루어진 미래도 동시에 존재한다고 한다.

한 4~5년 전쯤에 강연을 하고 싶어서 '진로캠프'의 강사님들과 강의를 다니면서 강사의 생활이나 강사프로그램을 접했었다. 그런데 생각보다 결과물은 없었다. 신께서 나를 베스트셀러 작가로서 강연장에 설 수 있도록 해 주시려고 그때 인연을 이어 주지 않으셨던 것 같다. 난 지금 한책협의 김도사님과 인연이 되었다. 너무나 감사하다. 나한테 온 이 기회를 절대로 놓치지 않을 것이다.

책 쓰기 과정을 통해 요즘 책을 정말 많이 읽는다. 그러면서 치열하게 살아온 내 삶을 돌아보게 된다. 지금 운영하고 있는 곳은 '여성전용 30분 순환운동센터'다. 그리고 보면 난 여태껏 사람들의 건강한 삶을 위해서 많이 노력해 온 셈이다. 난 항상 건강하고 긍정적인 내가 좋았다. 물론 아닐 때도 있었지만…. 이젠 더 많은 사람들을 대상으로 나의 경험과 노하우를 알려 주는 유명한 작가 및 강연가가 될 것이다. 그리고 책 쓰기와 강연이라는 보다 가치 있는 일로 나를 더욱 성장시킬 것이다.

위닝북스 권동희 대표님은 《나는 100만 원으로 크루즈여행 간다》의 저자로 베스트셀러 작가이시기도 하고, 《미친 꿈에 도전하라》의 저자이면서 세 아이의 엄마이기도 하다. 얼마 전 부산에서 강연이 있었는데 주최 측에서 호텔(숙소)을 잡아 줘서 "강연이 즐거운 여행 같았다."라고 하신 말씀이 뇌리에 남았다. 그동안 열심히만 살았지 여행을 많이 다니지는 않았다. 이젠 나도 전국으로 강연을 다니면서 '강연이 즐거운 여행 같은 삶'을 살아갈 것이다.

02.
2021년 성공해서
부모님과 가족들과
해외여행 가기

　나는 왜 2021년 성공해서 부모님과 가족들과 해외여행을 가고 싶은가?

　나는 마음속으로 아직은 해외여행을 갈 때가 아니라고 생각했다. 사치라면서. 그냥 50대 초반까지는 치열하게 내가 할 수 있는 일을 하리라. 50대 이후에 모든 것이 안정되면 그때, 부모님과 가족들과 행복한 추억 여행을 떠나리라 마음먹었었다. 그런데 내년에 해외여행(크루즈여행)을 다녀와야겠다고 마음먹게 되었다.

　사실, 나는 낯선 곳에 가면 밤에 잠을 잘 못 이룬다. 여행 다음 날이면 다크서클이 땅 끝까지 내려가고 컨디션이 최악이다. 그래서 여행을 썩 좋아하지는 않는다. 하지만 부모님의 연세가 많으신 데다 아버지께서는 무릎이 안 좋으시고, 엄마는 허리가 안 좋으시다. 더는 여행을 미뤄서는 안 될 것 같다. 성공자의 선택인 크루즈여행을 하며 가족들과 함께 행복하고 아름다운 추억을 만들고 싶다.

자신이 아는 사람 중 해외여행을 다녀온 사람으론 어떤 사람이 있는가? 그들은 보며 어떤 생각이 들었는가?

내 여동생은 제부와 함께 주5일제 근무를 하는 직장인이다. 여동생 가족은 미국, 일본, 중국 등 외국 여러 곳에 여행을 다녀왔다. 그 가족을 보면서도 나는 아직 여행에 흥미를 느끼지 못해서인지 부럽다는 생각을 하지 못했다. 그런데 한책협 김도사님께서 다녀온 크루즈여행은 가 보고 싶다. 성공자의 삶이기 때문이다. 그분을 닮으려면 나에게도 크루즈여행을 통한 '부의 체험'이 필요할 것 같아서다. 크루즈여행을 다녀올 정도가 되면 이미 난 성공해 있을 것 같아서다.

2021년 성공해서 부모님과 가족들과 해외여행을 가기 위해서는 어떤 노력을 기울여야 할까?

난 지금 한책협에서 책을 쓰고 있다. 책쓰기 과정을 수료하고 다음 날 1인 창업 과정이 있어서 숙소로 이동하는 중에 난 생각했다. 《확신의 힘》의 내용처럼 예전의 나에서 현재의 나로 자아가 이동하고 또 미래의 나로 이동하기를 여러 번 반복하는 중에 미래의 나는 작가가 되어 있으리라고 말이다. 그것 때문에 이곳 한책협에 와 있다는 생각을 하게 되었다. 또한 이것이 '운명'이라는 생각을 하게 되었다. 그러자 온몸에 전율이 느껴졌다. 이것이 내가 책쓰기 과정을 수료하고 나서 깨달은 것이다.

나는 내 미래에 이미 작가의 삶이 정해져 있어 한책협에 오게 되었다는 사실을 부정할 수 없었다. 그런 만큼 유명한 베스트셀러 작가가 되어야겠다고 생각했다. 작가의 길에 발을 내디딘 이상! 치열하게 도전해 나아갈 것이다! 대중들에게 긍정 메시지를 전달하는 책을 쓰고, 1인 창업과 컨설팅을 진행하며, 강의와 강연을 할 것이다. 그렇게 올 한 해 제2의 인생 서막을 올릴 것이다.

나는 예전에는 친구 만나고, 좋아하는 취미생활을 하며 시간을 보내곤 했다. 그러다 코로나로 모든 일상이 멈춰졌다. 나는 기회다 싶어 올해 안에 책을 100권 정도 읽는다는 목표를 세웠다.

요즘 내 남편은 나를 보며 한 번씩 놀란다. 결혼하고 23년 만에 "당신 아직도 안 자고 있었어?" 아니면 "언제 일어나서 책 보고 있었어?", "안 피곤해?" 하며 놀라는 표정을 짓는다. 그걸 보며 난 속으로 생각했다. '앞으로 놀랄 일이 더 많을 거예요!'라고.

나는 왜 2021년 성공해서 부모님과 가족들과 해외여행을 가고 싶어 하는가?

10년 전 꼭꼭 숨겨 두었던 내 마음속의 빗장을 풀어 보려고 한다. 벌써 눈시울이 붉어지고 가슴이 먹먹해진다.

우리 집은 1남 2녀와 부모님 이렇게 다섯 식구였다. 10년 전 이맘때쯤 아침 일찍 아버지께서 울먹이는 목소리로 나에게 전화를 하셨다. 그러곤 "성일이가 아침에 심장마비로 세상을 떠났단다."라고 말씀하셨다. 그렇게 체격이 좋으신 아버지께서 울먹이고 계셨다. 그리고 "빨리 포항 성모병원 장례식장으로 와라."라고 말씀하셨다.

전화를 끊고 난 울부짖었다. 아니야! 이건 꿈일 거야! 아니야, 그럴 리가 없어! 그때 남동생 나이는 서른네 살밖에 안 되었었다. 나는 현실을 받아들이고 싶지 않았다. 드라마에나 나올 법한 일이었기 때문이다.

나는 남편한테 "아버지께서 전화하셨는데, 성일이가 심장마비로 세상을 떠났대."라고 말했다. 그럴 리가 없는데 하면서. 남편은 내 이야기를 듣자마자 회사에 전화하고 짐 챙겨서 빨리 포항으로 가자고 했다.

그런데도 난 실성한 사람처럼 "이건 꿈이야!"라고 부르짖으며 내 할 일만 그냥 하고 있었다. 그런 지 한참 후에 남편이 "짐 다 챙겼어?"라고 물었다. 믿기지 않았지만 나는 남편의 재촉을 받으며 포항으로 향했다.

장례식장에는 사촌 오빠들하고 아버지, 엄마, 여동생과 제부가 와 있었다. 그런데도 나는 실감이 나지 않았다. 영정사진에서는 그 착한 남동생이 웃고 있었다. 나는 그 모습에 너무 화가 나서 "이 나쁜 놈! 평상시 착하면 뭘 해! 끝까지 착해야지!"라고 소리를 질렀다. 그러곤 엄마와 목 놓아 울었다.

여동생과 아버지께서도 울음을 참지 못하셨다. 난 또 생각했다. 왜, 나쁜 짓 하지 않고 평범하고 착하게 살아온 우리 가족에게 이런 시련을 주시는지. 모든 것이 싫었고 부정하고 싶었다. 그 일 이후 난 3개월간 먹지도, 잠을 잘 자지도 못했다. 그러느라 눈에 넣어도 아프지 않을 아들을 가슴속에 묻어야만 했던 불쌍한 우리 부모님에게 신경을 쓰지 못했다.

나는 이제 성공한 맏딸이 되어 그런 부모님의 아픈 가슴을 어루만져 주리라 마음먹는다. 기필코 부모님의 자랑스러운 맏딸이 되겠다고 맹세한다.

2021년 성공하면 나는 부모님과 가족들과 어떻게 해야 하는가?

2019년 5월 큰아들은 해병대에 입대했고 작은아들은 논산훈련소에 입대했다. 남편과 둘이서 차를 타고 오는데 마음이 너무 아팠다. 요즘에는 군복무 기간이 예전보다 짧아지긴 했지만, 처음으로 아이들을 군대라는 곳에 두고 오는 내 마음은 아프기만 했다. 그래도 조금 지나면 수료식도 하고 자대 배치도 받고 하리라. 곧 휴가도 나올 테고. 그런데 눈에 넣어도 아프지 않을 아들을 먼저 보내고 보고 싶어도 볼 수 없는 부모님 생각을 하니 마음이 너무 아팠다.

나는 항상 내가 좋아하고 관심 있는 분야가 있으면 도전하고 공부하며 살아왔다. 그래서 가족모임이 있을 때 내가 "엄마. 나 바빠서 못 갈 것 같아!"라고 하면, 엄마는 "응! 알았어! 김장해서 택배로 보내 줄게."라고 하시곤 했다.

남동생을 떠나보내고 그런 우리 가족 모두가 조금씩 바뀌어 갔다. 나는 남편한테 건강하게 내 옆을 지키는 든든한 울타리가 되어 달라고 한다. 어릴 때 조금 싸우기도 했던 여동생은 이제 늘 "언니야! 건강 챙기면서 일해!"라고 격려하고 응원해 주고 선물도 보내 준다. 그러면 나도 "내 동생, 힘들게 직장생활하지 말고 적당히 건강 관리하면서 지내."라고 응원해 준다. "동생이 있어서 너무 좋아."라고 말하면서.

김장철이면 난 늘 택배로 김장을 받았지만, 엄마가 "이젠 얼굴 보면서 살아야지. 택배로 안 보낼 테니 힘들어도 김장하러 꼭 와!"라고 말씀하신다. 난 "응! 알았어! 이번에 갈 수 있어!" 하면서 바쁜 일을 뒤로한 채 친정에 김장을 담그러 간다. 그렇게 가족들과 함께 김장을 담그면서 남동생의 빈자리가 느껴지긴 했지만 아무도 얘기하는 사람은 없었다. 그냥 서로 이해하며, 따뜻한 가족애로 빈자리를 채우면서 행복한 시간을 보낸다.

성공해서 부모님과 가족들과 해외여행을 가면 어떤 기분이 들까? 그리고 세상에 어떤 선한 일을 하고 싶은가? 앞으로의 포부는 무엇인가?

나는 부모님께 성공한 나의 모습을 보여 드리고 싶다. 그래야 내 마음에 후회가 남지 않을 것 같아서다. 어릴 때부터 부모님께서는 내가 하고 싶어 하는 것은 웬만하면 다 해 주신 편이다. 부모님은 그렇게 나의 의견을 존중해 주셨다. 부모님의 관심과 사랑을 많이 받고 자라온 셈이다.

그런 부모님께 너무 감사한 마음이다. 난 어릴 때 고집이 너무 세고 자기주장이 강한 아이였다. 부모님께서는 그런 내가 자칫 어긋날까 봐 항상 나의 의견을 존중해 주신 것이다. 그런 부모님 밑에서 난 여러 가지 많은 경험과 깨달음을 얻었다. 그리고 이젠 그 경험과 깨달음을 바탕으로 책을 쓰고 있다. 그렇게 퍼스널 브랜딩을 하고 1인 창업해 내 이름 석 자를 남기는 유명한 작가 및 강연가가 될 것이다.

03.
2021년 1인 기업 성공해서
벤츠e클래스 타기

나는 왜 벤츠e클래스를 타고 싶은가?

며칠 전 휴가 나온 작은아들과 벤츠매장에 다녀왔다. 한책협의 글쓰기 성공 미션을 해야 해서다. 성공자의 모습을 상상하면서 벤츠e클래스 아방가르드를 보는 순간 느꼈다. 내 차라는 것을. 사실, 나는 차에 대한 욕심은 별로 없는 편이다. 여태껏 차에 대한 나의 선택기준은 가격 대비 연비와 성능, 색상과 디자인이었다.

10년 전쯤 나는 외곽지에 있는 피트니스센터에서 팀장으로 근무한 적이 있다. 출퇴근에 30~40분 정도가 걸리는 곳이었다. 출퇴근에 드는 시간 때문에 고민했지만, 드라이브를 좋아하는 터라 즐거운 마음으로 다녔다.

대구는 분지라 눈이 자주 오지 않는다. 그런데 이상하게도 그해 겨울은 유난히 눈이 잦았다. 난 겨울에는 2~3일 정도 눈이 왔으면 했다. 겨울이라는 느낌을 받고 싶어서였다. 매일 똑같은 일상이지만 눈이 내리면 세상이 달라지기 때문이다. 눈으로 덮인 풍경도 보고, 눈도 맞고, 뽀드득 거리는 눈을 밟으면서 커피까지 마시다 보면 아름다운 겨울의 정취가 듬뿍 느껴졌다.

그날도 눈이 갑자기 많이 와서 아침부터 약간 들떠 있었다. 눈으로 덮인 세상은 너무 아름다웠다. 기분 좋게 하루를 시작하고 아무 생각 없이 피트니스센터로 출근하고 있었다. 그때 근무시간은 오전 11~9시까지였다. 그곳에 가려면 9시 30분에는 집을 나서야 했다.

출근길에도 눈이 조금씩 날렸다. 그런데 고속도로가 군데군데 얼어있어서 천천히 차를 몰며 출근하고 있었다. 그렇게 한 20분쯤 가고 있었다. 그러다 고속도로 한가운데를 주행하고 있는데 이상하게 차가 자꾸 다른 차선으로 가고 있다는 것을 알게 되었다. 순간 난 너무 놀라서 브레이크를 밟았다. 하지만 먹히지 않았다. 내 차는 이미 다른 차선으로 계속 가고 있었다. 난 놀라서 옆 차선을 봤다. 대형트럭이 뒤에서 따라오고 있었다. 갑자기 등줄기가 오싹해지는 것이 느껴졌다. '이대로 내 인생이 끝나는 걸까?'라고 생각하는 순간 갑자기 퉁 하고 차가 부딪치는 소리가 들렸다.

내 차는 1차선에서 3차선 도로에 걸쳐 있었다. 갑자기 차 문을 두드리는 소리가 들렸다. 트럭 기사아저씨가 "아가씨! 괜찮아요?" 하면서 차문을 두드린 것이다. 그때 난 '살아 있어서 정말 다행이야'라고 생각하며

"하느님! 정말 감사합니다! 그리고 앞으로 더 열심히 살겠습니다."라고 기도했다.

난 창문을 열고 트럭 기사아저씨에게 "전 괜찮아요! 아저씨는요? 차는요?"라고 물었다. 트럭 기사아저씨는 "내 차는 트럭이라 괜찮아요! 다행히 천천히 주행하고 있어서 별일 없었던 것 같아요. 여기가 외곽지 고속도로라 사고가 나면 위험해요!"라고 얘기하셨다. "그리고 눈이 오니 천천히 조심해서 가세요! 오늘 정말 큰일 날 뻔했어요!"라고 덧붙이셨다. 놀라긴 했지만, 다행히도 특별히 다친 데는 없었다. 그때 나는 다시 살아난 느낌이었다.

그 순간 난 나에게 또 다른 시간이 주어졌으니 열심히 살아가야겠다고 다짐했다. 이젠 성공해서 안전한 벤츠e클래스를 탈 것이다.

내가 아는 사람들 중 벤츠e클래스를 타는 사람은 어떤 사람들이 있는가? 그들을 보면 어떤 생각이 들었던가?

성공한 사람은 벤츠를 탄다는 속설이 있다. 차에 대한 욕심은 없지만, 벤츠를 타는 사람들을 보면 간혹 부럽다는 생각을 했었다.

내가 근무했던 피트니스센터는 그 지역의 이른바 유지들이 다니는 곳이었다. 회원님들은 대부분 정계 출신, 경찰 공무원 출신, 교육 공무원 출신, 유명한 운동선수 출신, 성공한 사업가나 부유한 집안의 사모님들이었다. 그들이 다니는 클럽 같은 곳이었다. 나중에 알게 된 사실이지만, 그곳은 피트니스업계에서 회원님들이 별나다고 소문난 곳이었다. 그러나 난 신경 쓰지 않았다.

난 프로페셔널한 사람이니 괜찮을 거라고 생각했다. 다행히 회원님들은 나를 좋아해 주셨다. 운동이 끝난 후 그곳엔 '모닝 Tea타임'이 있었다. 안부인사도 나누고, 운동을 지도해 드리면서도 개인사는 알 수 없는 회원님들이다. 하지만 'Tea타임' 때는 회원님들의 생각과 직업을 확연히 알 수 있었다.

정계에 계시는 분은 지역 현안에 대한 고민, 경찰 공무원 출신인 분들은 며칠 전 그 지역에 있었던 사건에 대한 간단한 소견, 교육 공무원이셨던 분은 앞으로의 교육의 개선 방안 등 서로 소통하는 시간을 가지셨다. 그리고 성공한 사업가나 유명 운동선수 출신인 분들도 자신들만의 확실한 색깔이 있었던 것 같다. 나는 그들이 긍정적인 마인드를 갖고 있으며 추구하는 신념이 정말 뚜렷하다는 것을 느꼈다.

피트니스센터 지하주차장에는 항상 고급 국산 차나, 외제차들이 많이 주차해 있었다. 성공한 사람들은 좋은 차를 타는구나, 하는 생각이 들었다. 나는 그곳에서 다양하게 인맥을 넓힐 수 있었다. 그리고 그분들을 만나면서 나도 나이 들면 꼭 성공하리라. 그래서 벤츠도 타고 성공한 사업가들과 네트워크를 구축하는 그런 사람이 되리라 생각했다. 그리고 건강관리는 필수라는 것도 알았다.

벤츠e클래스를 타기 위해 어떤 노력을 기울여야 하는가?

현재 나는 여성전용 피트니스센터를 운영하고 있다. 지금 생각해 보면, 사실 그 일은 어릴 때부터 내가 좋아했던 일이었다. 그뿐만 아니라 지금 난 내 인생 2막을 열기 위한 책을 쓰고 있다.

《확신의 힘》에는 브렌다의 편지 중 "웨인 박사님을 강연장에서 처음 만났을 때, 박사님이 무대에서 걸어 나오시는데, 박사님 뒤로 후광이 나타났다는 말이 있었다."라는 글이 있다. 그런데 나도 그런 일을 체험한 적이 있다.

20대 초반에 남편을 만났을 때 난 1분 30초 동안 움직일 수 없었다. 남편 머리 위로 후광이 나타났기 때문이었다. 그때 알았다. 신이 나에게 주는 강렬한 메시지를! 그 강렬했던 느낌은 지금도 잊을 수 없다. 이 남자와 결혼할 것 같다는 느낌이었으니까.

난 남편을 만나서 아들 2명을 낳고 지금까지 열심히 살아오고 있다. 그리고 남편을 만나서 철부지였던 여자아이에서 아내, 아이들의 엄마로서의 인생을 살면서 많이 성숙해졌다. 이제 돌아보니 인생의 큰 변화를 겪을 때마다 말로 설명할 수 없는 일들이 내게도 생기곤 했다.

이미 난 이 세상에 올 때 남편을 만나기로 되어 있었나 보다. 남편과 인생의 희로애락을 경험하게 될 거라는 우주의 법칙이 있었던 듯하다. 남편과 운명처럼 만나서 여태껏 삶을 잘 살아왔다는 것을 요즘 많이 느낀다. 《확신의 힘》의 내용과 비슷한 일들이 내게도 종종 일어났다.

때로는 힘들고, 때로는 즐겁고, 때로는 분노했던 일들도 있었다. 그 모든 것들이 지금 돌아보면 정말 많은 경험이었다. 그 경험들이 책 쓰기를 위한 일련의 과정이었다는 생각이 든다.

하지만 변하지 않는 것이 있다. 늘 긍정적이고 적극적이며, 매사에 현명한 선택을 하려고 무던히도 노력해 온 나 자신 말이다. 어릴 때는 경험해 보지 못한 일들로 많은 시행착오를 겪었다. 급한 성격 탓에 손해 보는 일들도 많이 있었다. 하지만 이제는 급한 성격은 차분해지고 많은 생각과 더불어 현명한 판단을 내릴 수 있는 내면의식이 확장되고 있다는 것을 느낀다.

지금 나는 몸과 마음이 너무 행복하고 평온하다. 지금은 내가 마음먹은 대로 현실세계에 나타난다고 믿는다. 앞으로 책 쓰기에 좀 더 집중하려고 한다. 그동안 살아온 내 삶의 이야기보따리를 마음껏 풀어놓을 것이다. 그래서 꼭 성공한 작가가 될 것이다. 그리고 1인 창업, 강연, 컨설팅을 하면서 많은 사람들에게 진솔한 나의 이야기를 들려줄 것이다.

벤츠e클래스를 타면 어떤 기분이 들까? 그리고 세상에 어떤 선한 일을 하고 싶은가? 앞으로 포부는 무엇인가?

벤츠e클래스 아방가르드는 분명 내 차인 것 같다. 내가 벤츠를 타고 있으면 분명히 작가로 성공했다는 이야기일 것이다. 때문에 너무 행복할 것 같다. 성공한 작가가 되어 벤츠를 타면서 1인 창업할 것이다. 그렇게 퍼스널 브랜딩을 해서 강연, 컨설팅, 교육과정을 열어 성공자의 길을 걸어갈 것이다.

나에게도 한때 힘든 일들이 많았다. 하지만 포기하지 않고 이겨 냈다. 내면의 목소리를 듣고 한책협의 김도사님을 만나서 의식을 확장하고 베스트셀러 작가가 되었다. 살아가면서 내면의 목소리가 들리지 않는 사람, 꿈과 목표가 없는 사람, 부정적인 사람들을 나의 선한 영향력으로 치유할 것이다.

그리고 나로 인해 삶이 지금보다 한결 좋은 방향으로 나아갈 수 있도록 그들에게 밝은 등불이 되어 주고 싶다. 그것이 내가 온 3차원 이 세상에서의 미션인 것 같다. 많은 사람들에게 나의 이야기를 들려주면서 그들이 힘과 용기를 내어 더 긍정적인 세상, 희망이 공존하는 세상에서 살아갈 수 있도록 인도할 것이다.

04.
내 명의의
5층 상가 건물주 되기

나는 왜 건물주가 되고 싶은가?

내 나이 벌써 40대 후반을 달려가고 있다. 그동안 치열한 경쟁사회에서 살아남기 위해 무던히도 노력하면서 살아왔다. 이젠 자아실현을 목표로 내가 좋아하는 업종들이 가득한 상가를 소유하는 것이 꿈이다. 그곳에서 나는 경제적 자유를 누릴 수 있는 특권을 가질 것이다. 왜? 나는 그동안 너무 열심히 살아왔기 때문에 그에 대한 보상차 꼭 꿈을 이룰 것이다.

내 상가에는 1층에 카페, 2층에 피부숍, 네일숍, 미용실, 3층에 PT센터 혹은 스포츠센터, 4층에 강연장, 5층에 내 사무실 혹은 집이 있을 것이다. 나는 스포츠업종에서 성공한 여성CEO가 되는 것이 꿈이기도 했다. 건강과 뷰티 그리고 내면세계의 의식 확장까지 이뤄진다면 금상첨화가 될 것이다. 나는 24년간 많은 사람들에게 건강과 다이어트에 대한 지도와 컨설팅을 했다. 하지만 이제는 책을 쓰고 나를 브랜딩해서 1인 창업해 성공자의 삶을 살아가려고 준비하고 있다.

나는 일을 너무 좋아한다. 성향상 좋아하는 일을 하는 것은 내게 힘 듦이 아니라 내 안의 새로운 나를 발견하는 것이기 때문이다. 힘들지만 그러면서 나는 살아 있음을 느낀다. 여태껏 그렇게 살아왔다. 내가 관심 있는 분야에의 도전, 자기계발 등. 난 계획, 실행, 수정, 이런 식으로 많은 일에 도전했다. 힘들었지만 지나고 나니 도대체 그런 열정이 어디서 나왔 는지 모를 일이다.

나는 에어로빅, 요가, 필라테스, 피부미용 자격증을 취득하고 피부관 리실을 운영했다. MC과정 수료 후 CMB방송국의 생방송도 진행해 봤고, 여러 가지 많은 경험을 했다. 내 삶을 영화로 만든다면 몇 편은 나올 수 있을 것이다.

내가 아는 상가 건물주로는 어떤 사람들이 있는가? 그들을 보면 어 떤 생각이 드는가?

한책협의 김도사님을 보면 너무 대단하다는 생각이 든다. 힘든 일들 을 많이 겪긴 했지만, 지금은 책 쓰기의 달인이 되셨다. 소망하는 모든 것들을 이루면서 책 쓰기와 의식 확장의 메신저로 새로운 삶을 살아가 고 있다.

김도사님을 만난 건 유튜브 〈김도사tv〉에서였다. 설명할 수 없는 마 력과 내면세계의 의식 확장. 〈김도사tv〉의 거의 모든 내용을 다 봤다. 거 기서 내면의 의식 변화가 중요하다는 것을 깨우쳤다. 네빌 고다드의 《상상의 힘》, 웨인 다이어의 《확신의 힘》에 나오는 〈상상의 힘〉에는 "자신의 상상력이 곧 그리스도라는 사실을 발견하는 순간, 3차원에서는 오직 기적이라고 부를 수밖에 없는 일을 성취하게 됩니다."라는 내용이 나온다.

나는 이와 같은 내면의 의식 변화와 함께 매 순간마다 '감사합니다' 확언하기, 또는 생각(상상)을 많이 한다. 그런데 김도사님처럼 부유해지지 않았던 이유는 내면세계의 의식 확장을 몰랐기 때문이다. 긍정만 하고, 감사와 풍요에 대해 확언하는 방법을 몰랐기 때문이다. 그런데 이젠 자신이 생겼다. 시크릿을 안 만큼 긍정적이면서 감사와 풍요를 확언하며 살아갈 것이다. 3차원 세계에서의 나의 소원 소망의 실현이 가능하다는 것을 알기 때문에 지금 이후에 내 삶이 어떻게 될지 몹시 기대된다.

건물주가 되기 위해 어떤 노력을 기울여야 하는가?

이젠 성공자의 삶을 살아가기 위해 한책협에서 책을 쓰고, 카페를 만들고, 나라는 사람을 퍼스널 브랜딩하고, 유튜브로 나를 알리고, 1인 창업으로 강연과 컨설팅을 하면서 내 삶의 퀄리티를 높일 것이다. 힘들게 살아가는 이 세상 사람들에게 희망을 주고, 어두운 곳에 있는 사람에게는 등불이 되고, 믿음으로 우리 모두 아름다운 세상에서 살아갈 수 있다는 것을 전파할 것이다.

나는 왜 5층 상가 건물주가 되고 싶어 하는가? 평생 열심히 살아온 나에 대해 보상을 해 주고 싶기 때문이다. 1층 카페는 작은아들한테 맡기고, 3층 PT센터는 큰아들한테 맡기고, 나는 5층 상가에서 남편과 부모님과 함께 살았으면 좋겠다. 남편, 큰아들, 작은아들과 부모님과 함께 매일 비비대며 아웅다웅 행복하게 살아가고 싶다.

아침에 일어나면 1층의 작은아들 카페에서 커피를 마시고, 2층에 들어선 숍들에서 네일, 피부관리, 머리를 다듬고, 3층에서 큰아들한테 PT를 받고, 4층에서 웃음치료 및 심리치료, 내면의 의식세계에 대한 강연과 컨설팅을 하고, 5층에서는 부모님과 함께 행복하게 살았으면 좋겠다. 생각만 해도 너무 행복하다.

한편, 매년 주기적으로 불우이웃과 소년소녀 가장들이 그 건물의 시설을 무료로 이용하게 하거나 기금을 모금해 기부도 하고 싶다. 또한 불우이웃과 소년소녀 가장을 위한 재단을 설립해서 뜻깊은 일을 하고 싶다. 그렇게 내 생을 마무리하고 싶다.

5층 상가 건물주가 되기 위해서는 어떻게 해야 하는가?

이젠 책 쓰기, 강연, 컨설팅, 베스트셀러 작가가 되어서 매년 3억씩 수익을 올리려 한다. 그러려면 월 2,500만 원 정도의 수익을 내야 한다. 그러려면 강연, 컨설팅, 베스트셀러 작가 팬 사인회, 방송국 출연 등으로 인지도를 올려야 할 것이다. 그 외에도 나를 알리는 유튜브도 제작해서 나의 역량을 펼칠 것이다.

3년이 지나면 5층짜리 상가를 구입할 수 있을 것 같다. 그러기 위해서 지금 책 쓰기에 내 열정을 쏟아부을 것이다. 성경 구절에 "네 시작은 미약했으나, 그 끝은 창대하리라."라는 말이 있다. 그렇듯이 이제 난 책

쓰기를 막 시작한 새내기 작가지만, 확언한다. 시간이 지날수록 나의 능력이 조금씩 커질 것이라는 것을 확언한다. 그렇게 나는 많은 사람들에게 희망과 성공의 메시지를 전달하는 성공한 메신저가 될 것이다.

상가 건물주가 되면 나는 어떤 기분이 들까? 그리고 세상에 어떤 선한 일을 하고 싶은가? 앞으로의 포부는 무엇인가?

매일 그 건물 앞에서 건물을 쳐다보면 너무 행복할 것 같다. 그동안 열심히 살아온 나에게 주어지는 커다란 선물! 치열한 사회생활 속에서 배신도 당하고, 뒤통수도 맞고 했던 많은 일들이 주마등처럼 지나간다. 너무도 힘들어서 포기하고 싶었지만, 신께서는 우리를 크게 쓰시려고 극복할 수 있는 시련만 주신다는 말이 생각났다. 난 그런 시련에 굴복하지 않고 내면의 소리에 늘 귀 기울여 왔다. 그러면서 내 마음이 뭘 원하고 있는지, 내 마음이 원하는 대로 열정을 불태우면서 살아왔다. 내 좌우명은 "후회하지 않는 삶을 살자."다. 그날그날 주어지는 시간에 후회하지 않게끔 최선을 다해서 살아가는 것이다.

한 10년 전쯤에 철학원을 간 적이 있다. 선생님께서 "근희 씨는 태양의 사주로 태어났기 때문에 많은 사람에게 긍정과 희망을 주는 직업이나, 많은 사람들을 상대하며 인기를 얻는 직업을 갖는 것이 좋다."고 말씀하셨다. 한편, "마음을 움직이는, 선한 영향력을 행사하는 일을 하면 크게 성공할 것이다."라는 말씀도 하셨다. 그런데 40대 후반이 지나야 그 태양이 하늘 높이 떠오를 것이라는 말씀을 들은 적이 있다.

지난 24년간 죽을힘을 다해 노력했던 내 삶이 코로나로 멈춰 버렸다. 이 시점에 나는 지금 한책협과 운명처럼 인연이 닿았다. 한책협에 와서 느낀 것은 이곳은 성공 제조공장 같이 기적이 늘 일어나는 곳인 것 같다는 놀라움이다. 내가 이곳에 와 있는 이유는 지금이 책 쓰기로 성공의 기적을 일으키기 바로 직전이라는 강렬한 느낌이 있기 때문이다. 앞으로 나의 긍정과 열정으로 많은 사람들의 희망의 메신저로서 희망 메시지를 곳곳에 전파할 것이다.

05.
2021년에
50평대 아파트로 이사 가기

지금 내가 살고 있는 아파트는 10년 전 아파트 청약에 당첨된, 방 3개, 화장실 2개가 딸린 남서향의 햇볕 잘 드는 곳이다. 아파트에 이사 오기 2~3년 전부터 나는 막연히 '햇볕이 잘 들고 전망이 좋은, 강이 보이는 새 아파트로 이사 가면 좋겠다'라고 생각하면서 청약부금을 넣고 있었다.

그리고 그때부터 아파트 모델하우스, 벼룩시장의 아파트 공고문, 신문에 난 아파트 분양 소식을 6개월 정도 알아보고 다녔다. 그러다 도시개발공사에서 시행하는 청약을 신청했는데, 당첨이 된 것이다. 정말 꿈꾸는 것 같았다. 내가 상상하던 것이 실현이 된 것이니까.

이제 와 돌아보면, 새 아파트로 이사 가고 싶다는 생각보다 '이제 나는 새 아파트에서 가족들과 더 행복하게 살 거야'라는 바람을 누구보다 간절히 가졌던 것 같다. 내면의 소리에 귀 기울이며 그에 따라 움직였던 것 같다.

지금 생각하면 네빌 고다드가 《상상의 힘》에서 "무엇이든 기도하고 구하는 것은 받은 줄로 믿어라."라고 한 말을 나는 이미 예전부터 실천하고 있었던 것 같다. 말로 설명할 수 없는 신기한 일이다.

지금 살고 있는 아파트에 이사 와서 많은 좋은 일들이 있었다. 그리고 10년 동안 모든 것이 익숙해져서인지 남편이나 아이들은 이 집에서 이사 가고 싶어 하지 않는다. 하지만 나는 새로운 나로 거듭나기 위해서 내년에는 50평대 아파트로 꼭 이사를 갈 것이다. 지금 난, 이미 다른 꿈을 꾸고 있기 때문이다!

내 동생은 나이는 나보다 두 살이 어리지만 평범한 직장인들 중에서 부동산 부자가 된 사람이라고 칭하고 싶다. 동생은 20년 전부터 낮에는 직장에서 일하고, 밤에는 잠을 자지 않고 재테크 공부를 한다고 얘기했다. 그때마다 난, "꼭! 그렇게까지 하면서 살고 싶니?"라고 했다. 하지만 동생은 '우주의 법칙' 중 끌어당김의 법칙을 사용했는지 "언니야! 통장에 잔고가 늘어나는 것만 보면 밥 안 먹어도 배불러. 너무 행복해."라고 늘 얘기했다.

내 동생이 돈에 그렇게 애착을 갖는 데는 나에게도 책임이 있다. 부모님께서는 어릴 때부터 내가 해 달라는 것은 거의 모두 해 주셨다. 반면에 여동생은 "언니만 다 해 주고 나한테는 안 해 준다!"라며 투덜대기 일쑤였다.

부모님께서는 내가 필요로 하는 돈을 항상 준비해 주셨다. 그런데 여동생한테는 그러지 않았다. 그러다 보니 돈에 대한 동생의 애착이 남달 랐던 것 같다. 하지만 그것은 지금 여동생의 무기가 되었다. 아파트 3채, 상가 1채, 땅 등 지금 내가 알고 있는 것만 해도 그 정도다.

내가 알기로는 제부가 모르는 돈도 얼만지 모르지만 있는 것 같다. 현명하고 지혜롭고, 나보다도 더 일찍 세상을 알아 버린 어른스러운 내 동생. 난, 능력 있는 내 동생이 좋다. 제부와 아이들과 알콩달콩 살아가 는 모습을 보면 너무 대견스럽다.

올해 난 인생 2막을 준비하려고 책 쓰기를 하고 있다. 한책협의 김 도사님께서 알려 주시는 대로 한발 한발 내딛고 있다. 그런데 느낌이 좋 다. 천천히 내실을 다지며 나아가고 있다. 베스트셀러 작가, 1인 창업, 컨 설팅, 강연을 함께 준비하고 있다. 모든 것이 한꺼번에 밀려들어서 다소 느린 감은 있지만 하나씩 하나씩 소화해 내면서 나아가고 있다. 난 한번 시작한 일에 대해서는 인정을 받아야 직성이 풀리는 성향이다.

그래서 지금 조금 느려도 한발 한발 나아가고 있다. 그리고 내가 강 연장에서 강연하고 있는 모습을 한 번씩 상상하곤 한다. 그런데 느낌이 좋다. 이번엔 그 꿈을 실현할 것 같은 강렬한 느낌이 든다.

지금 아이들이 군대에 가서 방이 2개가 비어 있다. 하지만 12월에 전 역하기 때문에 방이 2개가 더 필요하다. 앞으로 책 쓰기와 유튜브 촬영 을 전담하는 서재와 옷방을 갖고 싶다. 서재는 햇살이 잘 들어오며, 전망이 좋고 강물이 보이는 곳이면 좋겠다. 그리고 옷방이 꼭 필요하다. 지금 옷장이 작아서 오래된 옷들은 버리고 있다. 그렇지만 내가 좋아하는 옷들이 가득한 옷장을 보면 매우 행복할 것 같다.

나는 기분전환으로 예쁜 옷 입는 것을 좋아한다. 그러기 위해서는 몸매 관리 또한 중요하다! '예쁘게 나이 들어 가기'와 꾸준히 내 몸과 마음을 관리해 나가자는 것이 '건강한 삶을 살아가려는 나만의 목표'다.

50평대 새 아파트에 이사 가서 제2의 인생 서막을 올리고 내 꿈을 펼치며 풍요롭고 행복한 마음으로 살아가고 싶다. 그리고 풍요롭고, 행복한 마음으로 많은 사람들에게 긍정에너지를 전파하는 메신저가 되고 싶다.

여성전용 피트니스센터를 운영한 지 만 4년이 넘었다. 센터를 운영하기 전에는 생활체육 일선에서 24년간 PT와 다이어트 컨설팅을 전문으로 했다. 그 외에도 피트니스센터를 운영 관리하면서 나의 영역을 넓혀 나갔다. 난 항상 밝고 긍정적이며 건강한 내가 좋았다.

피트니스센터에 있으면 나도 모르게 늘 행복했다. 신나는 음악과 열심히 운동하는 회원님들을 보면 나도 모르게 행복한 느낌을 받았다! 그리고 그곳에 있는 나는 항상 웃고 있었다! 살아 있다는 것이 행복했다. 내가 이 일을 할 수 있어서 항상 감사하게 생각했다.

그리고 유일하게 내가 가장 잘하는 일이기 때문이기도 했다. 때로는 힘든 일이 있어도 오뚝이처럼 다시 일어났다. 이제 나는 내 인생 2막을 준비하고 있다. 요즘 독서를 많이 해서인지 내 마음이 너무 풍요롭고 행복하다.

50평대 아파트로 이사 가면 매일 구름 위를 걷는 것 같은 느낌일 것 같다. 예전에 "엄마, 나 더 넓은 데로 이사 가고 싶어서 알아보고 있어!"라고 하면 엄마는 "그냥 평수는 적당히 맞추고 저축이나 더 해서 노후 준비하는 게 낫지!"라고 말씀하셨다.

그때 나도 모르게 더 넓은 곳으로 이사 가고 싶다는 생각이 자꾸 들었다. 남편은 "거기로 이사 가면 청소는 누가 하누?"라며 "그냥 여기서 살자!"라고 했다.

얼마 전, 10년 전에 분양받을 때 함께 이사 왔던 옆집 가족들이 이사를 갔다. 그때 비로소 느꼈다. 모든 것들은 세월의 흐름의 이치에 따라 변화의 물결을 타야 한다는 것을. 나는 옆집 아주머니께 "저희도 곧 이사 가려고 알아보고 있는 중이에요! 이사 가셔도 잘되실 거예요! 그리고 늘 건강하세요."라고 말하며 마지막 인사를 나눴다.

지금 사는 집에 이사 올 때 확장한 베란다에 바를 설치했다. 따뜻한 햇살과 전망이 좋아서 그 공간을 놓치고 싶지 않았기 때문이다. 날씨 좋을 때는 차를 마시고, 저녁에는 맥주 한잔할 수 있는 공간이다. 그런데 50평내 아파트로 이사 가면, 한책협에 있는 스타벅스 테이블을 집에 꼭 두고 싶다.

공부, 책 쓰기, 커피와 맥주 모든 것이 너무 잘 어울릴 것이다. 그리고 높은 책장을 만들어서 책으로 가득 채울 것이다. 올해 안에 100권의 책을 읽는 것을 시작으로 거기서 책읽기 스터디도 하고 싶다.

　1년에 한 번씩 벼룩시장 같은 행사도 열고, 자선기금을 마련해서 소년소녀가장에게 장학금도 주고 싶다.

PART 09

더 가치 있고
질 높은
삶을 살도록 돕는
작가 되기

|김상월|

김상월

'라붐 라이브카페'대표, 유튜브 〈라붐 시크릿 tv〉 운영, '라붐자기계발연구소'대표,
인천 연수동 상가번영회 회원, 한국외식업중앙회 회원, 음악 치유 전문가,
동기부여 강연가, 자기계발 작가

현재 인천 연수동에서 최연소 라이브카페 사장으로 '라붐 라이브'를 운영 중이다.
싱셔받아 꿰인 날개인 재로 살아가는 이늘에게 스트레스 해소용 음악이 아닌, 상처
를 치유하며 나를 사랑하는 치유 음악 전도사로 활동하고 있다. 나의 소중함을 깨
닫는 법, 새로운 꿈을 꾸는 법, 음악으로 상처를 치유하는 법 등을 유튜브 〈라붐 시
크릿 tv〉와 네이버 카페 '라붐자기계발연구소〉를 통해 꾸준히 전하고 있다. 개인저
서 《하루 1시간 음악의 힘》(가제)이 출간될 예정이다.

01.
베스트셀러 작가 되어
매월 5억 벌기

　나는 단순히 멋있어 보이려고 작가가 되고 싶지는 않다. 학창시절 나는 국어와 문학 과목을 좋아했다. 그래서 점수도 꽤 높았다. 그때는 멋진 소설 작가가 되고 싶었다. 하지만 지금 내가 작가가 되고 싶은 건 그때의 의도와는 상당한 차이가 있다. 나름 고생 덩어리 삶을 살았던 내 뼈아픈 인생 스토리가 누군가에겐 큰 힘이 될 거라는 믿음을 갖게 된 것이다.

　나는 20대부터 백화점 판매업에 종사했다. 10년 넘게 고객 응대, 서비스 관련 제품 판매 등 많은 사람들을 응대했다. 그러면서 사람의 심리를 자연스레 알게 되었다. 그러던 중 고등학교 때 친구가 하는 라이브카페에 놀러 가게 되었다. 그 친구는 대학시절부터 라이브카페에서 알바로 노래를 한 친구였다. 그것을 계기로 나는 잊고 있던 음악세계의 매력을 다시금 찾게 되었다. 음악세계에 발을 담그게 된 것이다.

　이때부터 나의 본격적인 음악치유가 시작되었던 것 같다. 나는 많은 싸움과 상처의 시간을 보내고 불행한 결혼생활의 종지부를 찍었다. 죽음의 유혹도 몇 번씩 찾아왔다. 그때마다 찾은 게 음악이었다. 때로는 미친 여자처럼 고래고래 소리를 지르듯, 때론 어린 소녀처럼 청순하게 노래를 부르곤 했다. 음악의 세계는 끝없는 치유의 에너지를 갖고 있었다. 결국 나는 몇 년 동안 라이브카페에서 일하게 되었다. 그리고 그곳에서 일을 배우고 4년 후 나의 꿈의 가게를 오픈했다.

오랜 직장생활을 하고 많은 사람들을 응대하며 느꼈던 사람에 대한 마음, 불행했던 결혼생활의 애로사항, 그리고 음악으로 치유한 아팠던 내 삶은 많은 독자들의 공감을 불러일으킬 거라고 생각한다.

나에게는 많은 깨달음과 뉘우침과 영감을 준 강연이나 유튜브, 책들이 있다. 그중 내가 최고였다고 꼽는 책과 저자들은 다음과 같다.

《100억 부자의 생각의 비밀》의 저자 김태광 작가,《당신은 드림 워커입니까》의 저자 권동희 작가,《혼자 아픈 사람은 없다》의 저자 이덕순 작가,《타이탄의 도구들》의 저자 팀 페리스 작가,《부의 추월차선》의 저자 엠제이 드마코 작가,《백만장자 시크릿》의 저자 하브 에커 작가,《보물지도》의 저자 모치즈키 도시타카 작가,《내가 상상하면 꿈이 현실이 된다》의 저자 김새해 작가,《파리에서 도시락을 파는 여자》의 저자 켈리 최 작가,《화를 다스리면 인생이 달라진다》의 저자 알루보몰레 스마나사라 작가,《이 한마디가 나를 살렸다》의 저자 김미경 작가,《더 해빙》의 저자 이서윤 작가,《확신의 힘》의 저자 웨인 다이어 작가,《당신의 삶에 명상이 필요할 때》의 저자 앤디 퍼디컴 작가 등이다.

이들에겐 자신의 치부가 더 이상 치부가 아니었다. 그것을 극복하고 일어선 그들의 스토리는 어느 순간 나에게 불끈거리는 열정을 솟구치게 했다. 나는 그들로 인해 다시금 일어설 수 있는 용기를 얻었다.

사람들은 내 삶을 궁금해한다. 직업상 사람들을 많이 만나는 데다 사장이다 보니 왜 혼자 사는지 궁금해하는 것이다. 그럼에도 불구하고 정말 멋지게 사는 것 같아 부럽다는 말도 곧잘 듣는다. 왜 혼자 사느냐고 질문하는 사람은 내 이혼경력을 모르는 사람들이고, 멋지게 산다고 얘기하는 사람들은 내 과거를 아는 사람들이다.

처음엔 좀 친하다 싶으면 이혼 사실을 얘기했었다. 하지만 시간이 흐르면서 진실을 말하는 게 때론 약점이 되고 번거로운 일이며 상대방과의 사이에 쓸데없는 시간을 쓰게 한다는 사실을 알았다. '나'라는 사람을 있는 그대로 봐 주지 않고 이혼녀라는 색안경을 한번 거치고 나서 나를 본다는 사실을 알았다.

작가의 기본 바탕이 되는 것은 자신의 경험이라는 말에 나는 나의 이혼이야기를 꺼내려 한다. 부끄럽진 않지만 그래도 나에겐 큰 용기가 필요한 부분이었다. 나는 20대엔 결혼 생각이 없었다. 30대엔 친구들이 결혼하니까, 부모님이 하라니까, 남들도 그러니까 하는 불합리를 이겨 내지 못했다. 그렇게 40대에 이르러 나로 살아가는 기쁨을 느끼고 있다. 나 같은 사람도 시련을 극복하고 행복한 길을 걷고 있는 이야기들을 많은 사람들에게 들려주고 싶다. 그로 인해 희망과 공감의 귀감이 되려 한다.

지금 대한민국을 비롯해 전 세계가 코로나로 크게든 작게든 해를 입고 있다. 작은 라이브카페를 운영하고 있는 나라고 예외는 아니다. 나는 우리 집에 손님이 올 때를 빼곤 TV를 켜지 않는다. 뉴스란 게 늘 좋은 소식만 전하는 게 아니니까. 이미 터져 버린 이슈를 몇 개 방송사에서 자료화면까지 똑같게 마감뉴스 때까지 반복한다. 이런 안 좋은 소식을 반복해서 듣다 보면 내 꿈에 방해를 받고 의욕이 저하됨을 느낀다.

매월 5억 원 이상의 수입이 창출되면 그때쯤엔 아마 공기 좋은 산속 좋은 곳에 땅을 사서 이미 나는 펜션 라이브카페를 열고 있을 것이다. 세상에는 기쁨을 주는 요소가 많다. 그중 내가 바라는 건 멋진 펜션을 지어 도시생활에 혹은 가정생활에 지친 사람들에게 편안함을 제공하는 것이다. 그들이 좋은 공기를 맡으면서 좋은 사람들과 맛있는 음식을 먹고 즐거운 시간을 보내게 하고 싶다. 라이브카페에서 아름다운 노래를 들으며 힐링하게 해 주고 싶다.

한쪽 건물에는 도서관을 지어 집에서 책을 읽는 것과는 다른 기분을 느끼게 할 것이다. 라이브카페에 오시는 손님에게 좋은 음악으로 마음의 평온을 제공하고, 가실 때 그분에게 맞는 책을 선물로 드리고 싶다.

먼저 지금 운영 중인 라이브카페 홍보를 위해 책을 쓸 것이다. 유튜브 영상도 올릴 것이다. 이렇게 라이브카페, 작가, 유튜브는 연관성이 있다. 정보와 홍보 교환이 연결된 시스템을 구축하는 데 힘쓸 것이다. 많은 손님이 몰릴 것을 예상해 직원도 뽑을 것이다. 수익 창출이 커질수록 나는 적극적으로 책 쓰기와 유튜브, SNS에 힘을 쏟을 것이다.

그것들을 통해 누구의 아빠, 누구의 엄마, 어떤 직책의 누구가 아닌, 나 스스로 행복해지는 삶을 알려 주고 싶다. 사람은 초췌하고 가난한 사람의 말에는 믿음을 실어 주지 않는다. 하지만 성공한 사람이 하는 한마디는 진리가 되고 명언이 되기도 한다. 매달 5억 원을 번다면 나는 그들에게 진정 자신이 행복해야 당신이 사랑하는 사람을 지킬 수 있다고 알려 주고 싶다. 선한 부자로 살아가는 나의 일상이 그들의 모델이 되었으면 싶다. 내 생각과 말이 귀감이 되어 진정 그렇게 살고 싶다는 열의를 갖게 해 주고 싶다.

음악에 재능이 있는 사람에겐 좋은 악기를 선물해 줄 수도 있다. 공부하고 싶은 이에겐 학비를 대주기도 할 것이다. 미혼모에게도 더 좋은 길을 걸어갈 수 있도록 지원해 줄 것이다. 겉만 번지르르한 행복 불행자가 많다. 가정을 이루어 배우자와 자식은 있지만 정작 자신을 지킬 수 있는 에너지가 없는 사람들이 너무 많다. 나는 그들에게 정신적 자유를 힐링을 통해 채워 주는 행복 치유자가 되고 싶다. 나의 멋진 펜션 라이브 카페에서.

02.
선한 영향력 주는
음악 코칭 매니저 되기

　나는 사는 게 목적이 아니다. 나는 행복하게 가치 있게 사는 게 목적이다. 오늘 아침에도 해는 밝았으니 습관처럼 일터로 나가 반복되는 일상을 숙제하듯 하는 사람들이 너무도 많다. 나는 남편도 없고 자식도 없다. 이런 나를 보고 사람들은 '돈 쓸 데가 없어서 좋겠다', '속 편해서 좋겠다'라고 쉽게 이야기한다. 성인이 되어서 결혼하면 배우자가 생기고 아이가 생기고 양가 부모님도 하나씩 더 생긴다. 그만큼 부담감과 책임감도 커진다. 하지만 그만큼 자신에게 더 있다는 걸, 내가 갖지 못한 것을 자신이 갖고 있다고는 왜 생각하지 못할까.

　사람은 자신이 갈고닦은 크기만큼 커질 수 있다. 언제까지 세상 탓, 부모님 탓, 쥐꼬리만 한 월급밖에 못 벌어 온다고 남편 탓, 무능력한 아내 탓만 하고 살 것인가. 내 주변에 부자가 없고, 멘토가 없고, 잘난 사람이 없으면 왜 내가 그런 사람이 되려고는 생각하지 않는가.

　나도 30대까지는 세상 탓을 많이 했다. '왜 나는 그 평범한 삶을 살지 못하는가, 왜 저들에게는 쉽게 이루어지는 일이 나에게는 그토록 힘든 일이란 말인가!' 나 자신을 수없이 미워하고 원망도 많이 했다. 어차피 남편도 없고 자식도 없는데 내가 죽은들 누가 슬퍼하겠어. 이렇게 죽으리라는 결심을 몇 차례 거친 후 문득 그런 생각이 들었다. '그래 없는 것 빼고 나에게는 무엇이 있을까.' 곰곰이 생각해 보니 내가 까맣게 잊고 있던, 제일 큰 두 가지가 있었다.

첫 번째는, 건강이었다.

나는 정신 이상자도 아니고 두 팔과 두 다리가 아주 건강하다. 건강한 두 다리로 매일 산책도 하고 출퇴근도 한다. 건강한 두 팔 덕분에 설거지도 하고 강아지도 씻기고 화장도 한다. 라섹 수술을 한 이후로 안 보이던 간판이나 고속도로 이정표도 잘 보인다. 숨도 잘 쉬고 변비 한번 없이 화장실도 잘 간다. 누구나 부러워하는 숱 많고 건강한 머리카락이 있다. 누구에게 손 벌리지 않고 대출 한 번 없이 스스로 돈을 벌고 저축도 하고 가게까지 운영하는 CEO다. 나는 이토록 건강하다. 기쁠 때나 슬플 때나 내 심장은 한 번도 멈춘 적이 없다.

두 번째는, 시간이었다.

결혼을 안 했으니 남편을 내조하지 않아도 된다. 아이 양육에 육체나 정신을 안 써도 된다. 그 말은 내게 무언가를 하기에 너무 풍족한 시간이 주어졌다는 뜻이다. 남편도 없고 아이도 없으니 내 시간이 넘친다는 뜻이다. 그들에겐 그 삶이 필요하니 주어진 것이고, 나에겐 또 다른 할 일이 많으니 지금의 삶이 주어진 게 아니겠는가. 이서윤 작가님은 《The Having》에서 "우리가 느끼고 집중해야 할 것은 이 순간이에요. having은 지금 이 현실에서 출발해야 해요. 미래형이 아닌 현재진행형인 셈이죠. 우리의 렌즈를 '없음'에서 '있음'으로 바꾸는 방법이에요."라고 말한다.

관점을 바꾸고 나니 나에겐 있는 게 더 많았다. 이 사실을 깨달은 후 나는 본격적으로 시간 관리에 들어갔다. 아침에 일어나자마자 창문 열기, 이부자리 정리하기, 차 마시며 명상 테이프 틀어 놓고 아침일기 쓰기. 그리고 바로 운동화 끈을 묶고 밖으로 나가기. 일주일에 4~7번 정도 걸으며 사계절을 느끼기. 나는 걷기운동을 하며 하늘을 보고 나뭇잎을 보고 꽃을 보고 나비를 본다. 정말 너무너무 신나고 설레는 일이다.

여기서 빠질 수 없는 게 바로 이어폰을 꽂고 음악을 듣는 것이다. 처음에는 오로지 자연을 느끼고 내 몸에만 집중하고 싶어서 일부러 음악을 듣지 않았다. 그런데 시간이 좀 아깝다는 생각이 들기 시작했다. 한 번 운동하면 40~50분가량 걷는데 그 시간이 아까웠다. 그래서 음악을 듣기 시작했다. 운동할 때 보통 사람들은 신나는 음악을 듣는다. 하지만 나는 반대로 발라드 위주로 듣는다. 특히 호소력이 짙거나 감정이입이 잘되고 가창력을 필요로 하는 노래를 반복해서 듣는다.

대신 너무 슬프지 않은 곡으로 선정한다. 그리고 내가 무대에서 부를 노래를 선정해 내 노래가 될 때까지 반복해서 듣는다. 나는 노래 한 곡에

꽂히면 잠을 자거나 글 쓸 때 외에는 그 한 곡만 3~5개월 이상 듣는다. 숨소리 하나하나 단어 하나하나에 깃든 감정을 놓치고 싶지 않아서다.

다시 말하지만 나는 앨범을 낸 가수는 아니다. 그저 태어날 때부터 노래를 좋아하던 아이다. 내가 다섯 살 때쯤의 일이다. 나와 열세 살 차이가 나는 큰오빠가 예쁜 여자 한 명을 데리고 왔다. 그 세련된 도시 언니는 내가 귀엽다며 연신 내 머리를 어루만져 주었다. 그때 큰오빠가 내게 노래를 시켰다. 그때 불렀던 노래가 가수 이은하의 '아리송해'란 곡이다. 사실 난 이 노래가 거의 기억나지 않는다. 그런데 처음 노래를 시작하는 인트로 부분이 임팩트 있고 멜로디나 가사가 단순해서 따라 불렀던 것 같다.

나중에 들은 얘기지만 큰오빠가 우리 막내 동생 예쁘고 노래도 잘한다며 언니를 꼬여서 데리고 왔단다. 그 예뻤던 도시 언니는 우리 큰올케가 되었다. 내 유치원 입학, 초등학교 학부모회의 때도 엄마 대신 언니가 오는 등 우리는 가족이 되었다.

이후로도 나는 초등학교 땐 관악부에 들어가 멜로디언, 멜로디 카, 실로폰, 작은북 등의 악기를 배웠다. 운동회 때 이것들을 연주하기도 했다. 중학교 땐 합창부에서, 교회에선 성가대로 활동했다. 여담이지만 고등학교 때는 관악부 유니폼이 촌스러워 관악부 대신 문예부에 들어가 글쓰기를 했다. 지금 생각해 보면 음악활동을 좀 더 적극적으로 해 봤으면 어땠을까 싶기도 하다. 하지만 음악에 대한 열정은 아직도 충분하니 그것만으로도 나는 감사하다.

내가 음악 코칭 매니저의 꿈을 갖게 된 건 사실 그리 오래되지 않았다. 독서를 하고, 자기계발 공부를 하면서 내가 좋아하고 잘할 수 있는 일이 무엇일까 고민해 보았다. 노래를 하는 목표가 꼭 가수는 아니어도 된다. 나는 나를 치유한 음악이, 상처가 깊고 너무 깊은 수렁에 빠져 헤어 나오지 못하는 이들에게도 도움이 될 수 있다고 믿는다. 매일 조금씩 먹는 밥이 내 생명을 유지시켜 주듯 치유의 음악이 전혀 다른 삶을 펼쳐 준다는 걸 나는 알고 있다. 그 치유의 음악을 통해 나는 살고 싶어졌고 나를 사랑하기 시작했다. 너무도 기쁘고 행복하게.

많은 자기계발서에서는 아침시간의 중요성을 강조하고 있다. 하지만 나는 아침저녁, 즉 해가 뜨고 지는 것에 관점을 두고 싶진 않다. 남들이 쉴 때 일하는 사람도 많고, 명절에도 고향에 못 내려가는 더 바쁜 직업도 있다. 또한 24시 식당, 편의점, 호프집, 카페, 커피숍, 라이브 카페 등 밤낮이 바뀐 직업도 엄청나게 많다. 그런 일들의 종사자들에게는 일반 낮일을 하는 사람과 아침 6~8시 개념이 조금 다를 수 있다. 그러므로 내가 눈뜨고 하루를 시작하는 그 시점을 아침이라 이해해 주어야 한다. 이를테면 야간 일을 하는 사람들은 보통 오후 2~3시에 일어난다. 그들에겐 그 시간이 아침이라고 보면 된다.

아침시간 5분은 밤의 1시간에 맞먹는 효과를 갖는다. 5분이면 보통

2곡의 노래를 들을 수 있는 시간이다. 이 노래 한두 곡으로 오늘 하루를 어제와 다른 새로운 오늘로 시작할 수 있는 것이다. 그런 적이 없는가? '이상하게 오늘 하루 종일 이 노래를 흥얼거리고 있네' 한 적 말이다. 평소 그다지 좋아하는 노래도 아닌데 아침에 처음 들었던 그 곡이 하루 종일 입에서 맴도는 것이다. 바로 그거다. 이왕이면 밝은 노래, 기분 좋아지는 노래를 아침에 일어나자마자 듣는 것이다. 하루를 밝히는 데 선곡이 가장 중요한 이유다. 최대한 밝은 노래, 최대한 무겁지 않고 감정이입이 너무 되지 않는 밝은 노래를 들어야 하는 이유다.

슬픈 예를 하나 들어 보겠다. 오래전 나는 남자친구와 헤어졌다. 몇 년을 사귀었으니 얼마나 허전하고 슬펐겠는가. 나는 늦은 밤까지 친구와 이별을 푸념하며 술을 마셨다. 그리고 숙취 탓에 몸이 피곤했다. 술은 안 깨고 출근은 해야 하고…. 그때 지하철 안에서 내가 선택한 노래는 아이유의 리메이크 곡 '너의 의미'다. 너무 좋았다. 아이유의 잔잔한 음성과 이쁜 가사. 어젯밤 그리 푸념하고 펑펑 울었건만 답답하던 마음이 이 노래 한 곡으로 평온해졌다.

〈너의 의미〉 - 아이유
너의 그 한마디 말도 그 웃음도 나에겐 커다란 의미
너의 그 작은 눈빛도 쓸쓸한 뒷모습도 나에겐 힘겨운 약속
너의 모든 것은 내게로 와 풀리지 않는 수수께끼가 되네.
슬픔은 간이역에 코스모스로 피고 스쳐 불어온 넌 향긋한 바람

나 이제 뭉게구름 위에 성을 짓고 널 향해 창을 내리네, 바람 드는 창을

이별을 위로하는 곡은 될 수 없었지만 더 이상 슬픔의 구렁텅이에 머물러 있을 필요는 없다고 내게 알려 주는 치유 곡은 되어 주었다. 기쁠 때 신나는 가사의 댄스곡은 즐거움을 더 해 주지만 너무 슬플 때의 슬픈 노래는 오히려 독이 된다. 슬픔이 배로 커지기 때문이다. 주체가 안 될 정도로 너무 슬플 땐, 누구와 대화해도 아무 말도 들리지 않는 경험을 누구나 했을 것이다.

실제로 나는 너무 슬프거나 죽고 싶을 만큼 절망적일 때 노래 선곡만 잘해도 큰 위안이 된다는 걸 많이 경험했다. 나의 경험과 주변 사람들의 그런 경험들을 바탕으로 오늘 하루가 얼마나 중요한지, 얼마나 큰 축복인지 알려 주고 싶다. 그냥 태어났기 때문에 사는 삶. 이제 놓아 줄 것이다. 대신 너무 행복해서 너무너무 살고 싶어서 사는 내가 되도록, 그들이 멋지게 살도록 코칭해 주고 싶다.

03.
멋진 펜션 라이브 카페에서
작가의 삶 살기

"인생을 사는 방법은 두 가지다. 하나는 아무 기적도 없는 것처럼 사는 것이고, 다른 하나는 모든 게 기적인 것처럼 사는 것이다."

아인슈타인의 말이다. 내가 하루하루를 기적으로 여기며 살게 된 건 라이브 카페를 알고부터다. 정확히 얘기하자면 음악이 나의 친구가 되고 위로가 되고 치유가 됨을 느낀 후부터다.

학창시절 나는 음악을 참 많이 들었다. 그때는 카세트가 나의 친구였다. '최신가요', '인기가요', '댄스가요', '최신 발라드' 등의 이름을 단 테이프들이 나왔다. 나는 거의 한 달에 1~2개의 테이프를 구입했다. 그러곤 테이프가 늘어날 정도로 음악을 들었다. 좋아하는 가수의 테이프는 하도 들어서 늘어나기 일쑤였다. 나는 궁여지책으로 늘어난 테이프를 냉동실에 한 시간쯤 넣었다 틀면 며칠은 더 들을 수 있다는 방법도 알아냈다. 그러다 더 들을 수 없는 지경이 되면 다시 테이프를 샀다. 좀 지질해 보일 수도 있지만 지금 생각해 보면 입가에 미소가 번지는 나의 소녀시절의 예쁜 추억이다.

우리 형제는 3남 2녀였는데 제일 큰오빠와 나는 열세 살 차이, 둘째 오빠와는 열 살 차이, 셋째 오빠와는 일곱 살 차이, 그리고 언니와는 6년 차이가 났다. 나를 포함한 우리 형제들뿐만 아니라 엄마까지 모두 음악을 좋아했다. 큰오빠가 앞마당에서 장작을 패며 듣던 카세트에서는 김정호의 '하얀나비', '이름 모를 소녀'와 같은 노래가 흘러나왔다. 큰올케는 신형원의 '개똥벌레', 셋째 오빠는 백영규의 '하얀 면사포', 언니는 신형원의 '불씨', '유리벽'을 좋아했다. 둘째 오빠는 내가 어렸을 때 서울에서 직장생활을 하는 바람에 생각나는 노래가 없다. 엄마는 '갈대의 순정'을 즐겨 부르시곤 했다.

지금으로선 잘 알지 못할 수 있는 가수와 노래일 수도 있다. 그런데 형제가 많고 나이 차이가 많이 나다 보니 여러 종류의 음악을 들으며 자라나게 된 것이다. 성인이 되어 라이브 카페를 차린 나에게는 어린 시절의 이런 환경이 큰 도움이 되었다. 그 나이쯤에야 알 수 있는 노래를 흥얼거리면 손님들도 어떻게 네 나이에 이런 노래를 아느냐면서 즐거워하신다. 그러면 왠지 모를 공감대가 형성되면서 더 긍정적이고 즐겁게 마음을 열게 된다. 나는 음악 자체도 좋아하고 사랑하지만 노래 한 곡으로 사람과 사람 사이의 공간도 좁히고 공감대를 형성할 수 있다는 점이 참 좋다.

내가 작가가 된 건 우연이 아니다. 나는 초등학교 시절부터 글짓기 대회에도 참가하고 문예부 활동도 하면서 상도 곧잘 받았다. 내 학창시절은 책과 음악이 전부였다고 해도 과언이 아니다. 고등학교 시절 난 이렇게 소원을 빌곤 했다. '나는 죽기 전까지 작가가 될 거고, 내 이름으로 된 기념 앨범을 꼭 낼 거야. 반드시 그렇게 되게 할 거야. 난, 가수고 작가야!'

지금의 나라면 좀 더 구체적으로 좀 더 우주에 닿을 수 있는 기도를 할 것이다. 하지만 그때의 나로선 정말 진심을 다한 기도였다. 그래서 기도가 이루어진 것 같다. 비록 앨범을 낸 가수는 아니지만 음악을 늘 접하는 일을 하고 있는 데다, 지금 책을 쓰고 있고 죽을 때까지 책을 쓸 계획이니까. 나는 이미 두 가지 소원을 모두 이룬 셈이다.

김도사의 《100억 부자 생각의 비밀 필사노트》에 보면 이런 구절이 있다.

"소망이 이루어지지기를 바란다면 원하는 결과를 잠재의식에다 새겨야 한다. 잠재의식은 하나님과 통하는 우주 파이프라인이다."

이 말처럼 나는 나도 모르게 나의 소망을 우주의 파이프라인을 통해 하나님께 구하고 있었다는 걸 알았다. 이런 우주의 법칙을 몰랐을 때부터 나는 나의 소망을 상상하고 말함으로써 원하는 결과를 이루어 냈던 것이다.

내가 지금까지 산 곳은 고향 충청남도 홍성, 서울, 인천이다. 고향에서 학창시절을 보낸 것 빼곤 모두 도시생활을 한 셈이다. 메케한 매연과 경쟁하듯 목적도 없이 달리는 사람들 사이에서 오로지 살아남기 위해 발버둥치려니 너무도 지친다. 대부분의 사람들이 이런 도시생활에 권태와 무기력함을 느낀다. 나 역시 한 살 한 살 나이를 먹으면서 자연이 그리워진다. 이런 사람이 어디 나뿐일까. 이게 자연의 법칙인걸.

그래서 생각해 낸 게 펜션이다. 월세 낼 걱정 없이 내 이름으로 된 펜션과 라이브 카페를 짓는다. 그곳엔 자연을 그리워하며 지친 영혼에 에너지를 충전시키고자 하는 사람들이 모인다. 서로가 서로에게 위안이 되고 내가 좋아하는 음악을 들으며 지친 나를 알아차려 주고 사랑으로 채워 준다. 연인, 부부, 부모, 자식, 친구 등 사랑하는 사람과 펜션에서 맛있게 고기도 구워 먹는다. 도란도란 이야기꽃을 피우며 하하 호호 최고의 에너지를 충전한다.

한쪽 건물엔 도서관을 세울 것이다. 커다랗고 잎이 우거진 나무들 틈새로 햇살이 조명처럼 내리쬐고 살랑살랑 바람까지 불어 준다. 바람은 아카시아 향기도 전해 주고 재스민 향기도 전해 준다. 나는 나만의 야외 전용 테이블에 앉아 꽃향기를 맡는다. 펜션에 여행 온 사람들의 맑은 웃음소리를 들으면서. 뛰어노는 강아지들과 아이들을 보며 행복한 글쓰기도 한다. 계획되지 않은 그들의 자연스런 웃음과 일상은 또 다른 이에겐 그리움일 수도 로망일 수도 치유일 수도 있다. 이 모든 게 힐링이고 치유다.

지금까지 명곡의 반열에 오르거나 사람들이 꾸준히 좋아하는 노래는 기교가 멋들어진 노래들이 아니다. 오히려 무심한 듯 툭툭 던지듯이 부르는 노래, 높은 고음이나 바이브레이션 없이 담백하게 부르는 노래들이 꾸준히 사랑을 받았다. 예를 들면 이문세의 '옛사랑', '사랑이 지나가면' '광화문 연가', '난 아직 모르잖아요', '가을이 오면', 그리고 김광석의 '먼지가 되어', '서른 즈음에', '사랑했지만', '거리에서', 이선희의 '추억의 책장을 넘기면', 'J에게', '알고 싶어요', '인연', '겨울애상', '나 항상 그대를', 조용필의 '그 겨울의 찻집', '꿈', '이젠 그랬으면 좋겠네', '친구여', '상처', '허공', '기다리는 아픔' 등이 있다.

요즘에는 예전 노래를 걸 그룹이나 아이돌 가수들이 리메이크해서 많이 부른다. 가끔 우리 가게에도 20~30대 젊은 손님들이 오는데 선곡을 보곤 깜짝 놀랄 때가 있다.

한번은 손님 중에 대학 교수님이 제자들 6명과 함께 우리 가게에 오셨다. 라이브 카페이고 교수님과 함께 왔기 때문에 선곡을 옛날 곡 위주로 하는 듯 보였다. 그중에 김광석의 '서른 즈음에', 이문세의 '사랑이 지나가면', 쿨의 '슬퍼지려 하기 전에', 코요태의 '순정', 변진섭의 '너에게로 또다시' 등이 있었다.

나의 20대 시절에 즐겨 듣고 유행했던 노래를 지금 대학생들도 어렵지 않게 접하고 부르는 걸 보며 신기하기도 하고 귀엽기도 하고 재밌기도 했다. 음악과 책은 참 공통점이 많다. 누가 읽고 부르느냐에 따라 느낌이나 받아들이는 마음을 해석할 수 있는 범위가 무궁무진하니까.

세월이 지나도 변치 않는 책 중에는 생텍쥐페리 작가의 《어린 왕자》, 미하엘 엔데 작가의 《모모》, 팀 페리스 작가의 《타이탄의 도구들》, 조앤 K. 롤링 작가의 《해리 포터》 시리즈, 양귀자 작가의 《나는 소망한다 내게 금지된 것을》, 오프라 윈프리 작가의 《내가 확실히 아는 것들》 등 무수히 많다.

이런 명작이나 명곡은 부르는 혹은 읽는 사람의 해석법에 따라 느낌이 다르다. 작은 작품을 10년 전 읽을 때와 5년 전 읽을 때의 느낌이 다르다는 것도 알 수 있고 그게 매력인 듯하다. 상상만으로도 멋지지 않은가? 맑은 자연 속에서, 나의 멋진 펜션에서 일상에 지친 사람들이 세상사를 다 잊고 자연을 느낄 수 있도록 장소를 제공한다. 나의 유년시절 불렀던 추억의 노래를, 나의 치유의 노래를 듣고 부를 수 있는 라이브 카페를 제공한다. 그리고 대자연을 느끼며 사람들에게 치유와 희망의 글을 쓸 수 있도록 해 주는 선한 부자의 삶을 산다.

나의 크고 작은 경험들로부터 그 길은 굳이 가지 않아도 된다고, 또 먼저 겪고 먼저 살아온 사람으로서 이런 길이 있다고 알려 준다. 좋은 길로 갈 수 있게 해 주는 노하우도 알려 준다. 더 나아가 더 빠르고 쉽게 갈 수 있는 여러 분야의 추월차선까지도 알려 줄 수 있는 사람. 나는 그런 작가이고 싶다. 그리고 매일 나는 그곳에서 이미 그런 삶을 살고 있는 나를 시각화한다. 잠재의식을 뼛속까지 내 편으로 만든다. 오늘도.

04.
내 이름으로 된
건물주 되기

나는 사람들이 책을 많이 읽었으면 좋겠다. 자기계발서, 소설, 에세이, 자기 분야의 전문서적, 혹은 상식을 담은 책 등. 그 무엇이라도 좋다. 독서는 분야와 상관없이 어느 경우라도 큰 지식과 힘을 발휘한다. 인생을 바꾸는 일은 용기가 아니라 당연한 우리의 의무다.

나는 부끄럽게도 스무 살 중반까지 월세, 전세, 자가, 달방의 개념을 알지 못했다. 어린 시절엔 시골에서 엄마와 함께 살았고 스무 살 이후엔 서울에서 둘째 오빠네와 함께 살았기 때문이다. 내 이름으로 된 집을 얻을 일이 없었기 때문에 월세, 전세의 개념이 없었던 것 같다.

그러다 라이브 카페를 본격적으로 시작하면서 직장과 가까운 동네로 이사하기로 결정하고 집을 알아보러 다니기 시작했다. 전세를 보러 다녔는데 금액에 비해 집은 터무니없이 초라했다. '세상에 이런 집도 있구나.' 난 눈물이 날 만큼 비참함을 느꼈다. 정말 월세는 살기 싫은데 전세 금액이 맞지 않으니 하는 수 없이 월세를 보러 다녔다. 인터넷 매물도 보고 부동산에 찾아가 직접 실물을 보기도 했다.

24년 전 처음 서울에 올라왔을 때가 생각났다. 남산 위에서 도시의 집들을 내려다보며 '저 많은 집들 가운데 내 집 하나가 없구나'라고 느꼈던 그때와 지금 난 뭐가 달라졌을까. 초라한 집들을 보러 다니면서 '네가 푸념할 입장이 아니지. 넌 지금 저런 집도 없어서 집을 보러 다니는 거잖아', '월세? 그래. 잠시야, 잠시. 전세가 없잖아. 왜 월세만 많고 전셋집은 없는 거야.' 생각이 이쯤에 미쳤을 때쯤 나는 부동산 책을 펼쳐 들었다.

2008년 금융위기 이후 금리가 계속해서 올랐다. 그러자 높은 대출 이자를 내면서까지 집을 사려는 사람들이 없어졌다. 그래서 전세가가 껑충 뛰어오른 것이다. 임금은 동결되고 저축 은행이 문을 닫고 경제가 나빠지니 건설사들의 아파트 공급량도 당연히 줄었다. 신규 아파트는 적고 오래된 아파트만 있었다. 그래서인지 집을 사기보다 전세를 찾게 되었던 것이다. 수요와 공급의 불일치! 그 틈새에 나도 끼어 있었던 것이다.

이런 지경에 이르자 나는 내가 건물주가 되기로 마음먹는다. 아파트를 사거나 상가건물을 인수해 임대료 수익을 창출하는 시스템은 나에게 맞지 않았다. 나는 임대 수익으로 부자가 되고 싶은 게 아니라 삶에 찌든 이에게 선한 영향력을 행사하고 싶은 것이다. 당장 눈에 보이는 수익은 아니지만 풍요롭고 행복한 마음만큼 더 귀한 것이 세상 어디에 있을까.

내 땅을 사서 건물을 짓는 것이다. 그게 펜션 라이브 카페다. 2층 구조로 룸은 총 10개. 1층 5개, 2층 5개. 주차장도 예쁘게 꾸밀 생각이다. 바비큐 존과 건물 앞 정원엔 꽃과 나무를 빼곡 심을 것이다. 펜션 맞은편 엔 럭셔리한 통유리로 된 라이브 카페를 지을 것이다. 현재 도시의 라이 브 카페는 거의 지하에 있다. 나는 자연 속에 건물을 지을 생각이다. 때 문에 자연을 최대한 접할 수 있도록 통유리로 디자인할 것이다. 봄여름 가을 겨울의 사계절을 카페 안에서도 볼 수 있도록 할 생각이다. 펜션과 라이브 카페 사이에 멋진 도서관도 지을 것이다. 고전에서부터 음악과 미술 전문서적, 에세이, 베스트셀러까지 비치해 휴식을 취하러 온 이들에 게 몸뿐만 아니라 마음에도 향기를 채워 줄 생각이다.

나는 많은 여행을 했다. 해외여행, 펜션 여행, 맛집 여행, 캠핑, 무전여 행까지 다양하다. 그래서 사람들이 어떤 모양의 펜션을 좋아하는지, 어 떤 조경을 좋아하는지, 어떤 구조를 좋아하는지, 어떤 부수 시설을 원하 는지 잘 알고 있다. 이런 점은 불편하다, 이런 게 있었으면 좋겠다 등을 나의 체험을 통해 느낄 수 있었다. 그런 만큼 여행지에서의 편리함과 편 안함을 제공해 주는 그런 공간을 만들 생각이다.

여행을 가면서 책을 들고 가는 사람은 거의 없다. 책을 좋아한다는 나조차도 여행을 갈 때는 좋아하는 CD를 챙기거나, 음악을 다운받아 준비한다거나, 사진을 잘 받는 옷이나 소품들을 챙기거나, 먹거리를 챙기 는 게 전부였다.

그러다 어느 순간, 사진 속 나의 모습은 활짝 웃고 있는데 그 장소에서 내가 어떤 느낌이 들었고 무슨 일이 있어서 좋았는지 나빴는지는 기억해 낼 수 없었다. 그래서 생긴 습관이 노트와 펜을 챙기는 일이었다. 간단하게라도 그 장소에서 무얼 먹었고 기분이 어땠다 정도만 메모되어 있어도 그때의 느낌을 회상하기가 수월할 테니까.

실제로 몇 달 전 가게 식구들과 해외여행을 다녀온 적이 있다. 나는 이미 중국여행을 두어 차례, 제주도에도 몇 차례 간 적이 있다. 때문에 비행기 안에서 잠자는 것 외에는 딱히 할 일이 없다는 걸 안다. 비행기가 출발할 때와 도착할 때쯤 혹은 중간에 잠시 동안 하늘 위 구름을 구경하는 정도에 그칠 뿐이다. 그래서 나는 자기계발서 2권과 그때그때의 내 마음과 느낌을 적기 위해 노트와 펜을 챙겨 갔다. 몇몇 지인은 나에게 유난을 떤다는 둥, 지가 뭔데, 라는 둥, 누가 해외여행을 가는데 책을 챙기냐는 둥 눈총을 주기도 했다. 하지만 내가 그들과 좀 다르다고 해서 틀리다고는 생각하지 않는다.

나는 짜인 계획에 따라 오늘은 어딜 가야 하고, 거기서 무슨 음식을 꼭 먹어야 하고, 그다음 순서는 뭐고…. 이런 고리타분한 여행을 그다지 좋아하지 않는다. 발길이 닿는 대로 바람이 부는 대로 마음이 시키는 대로 하는 그런 여행을 좋아한다. 실제로 나는 내비게이션을 끄고 무슨 계곡, 무슨 유원지, 무슨 공원, 무슨 산 등 이정표만 보고 따라가 본 적도 있다.

그러다 멋진 정자를 발견했다. 족히 100년은 넘었을 법한 큰 나무였는데 어쩌나 그 위엄이 대단했던지 지금도 눈에 선하다. 나는 그 나무 아래 돗자리를 폈다. 코펠과 부르스타도 꺼냈다. 끓는 물에 라면을 끓여 미리 준비해 간 김치와 호로록 쩝쩝 먹었다. 그 정자 아래에서는 동글동글한 큰 돌 사이로 맑은 물이 흘렀다. 흐르는 물소리가 경쾌한 노래 소리 같았다.

나는 잠시 누워 하늘을 바라본다. 파란 하늘색 물감을 풀어놓은 듯한 그 하늘 사이로 뭉게구름이 살랑살랑 흐른다. 좋다. 나는 눈을 감는다. 잔잔한 바람이 내 볼을 간지럽힌다. 그렇게 30분을 누워 있다가 노트를 꺼내 든다. 그러곤 지금의 이 행복의 속삭임을 울퉁불퉁한 자갈돌 위의 돗자리에 놓인 노트에 삐뚤빼뚤 적는다. 누가 뭐랄 사람이 없다. 그 자유로운 여행의 기억으로 또 몇 달을 행복 속에서 긍정적으로 살아갈 수 있는 힘을 얻는다.

앤디 퍼디컴의 《당신의 삶에 명상이 필요할 때》에는 '마음 챙김'이란 표현이 나온다.

"마음 챙김이란 주의를 집중해 오직 현재에, 지금 이 순간에 존재하는 것을 의미한다. 마음을 쉬게 하며 알아차림의 자연스런 상태에 이르는 것을 말한다."

그때는 몰랐지만 나는 그때 마음 챙김을 하고 있었고 명상을 하고 있었던 것이다.

나는 그런 공간을 사람들에게 마련해 주고 싶다. 잠자리 제공, 귀와 마음을 즐겁게 해 주는 라이브 카페에서의 음악 제공, 그리고 오직 나만의 생각, 느낌, 지식을 챙기는 공간으로 도서관을 제공할 것이다. 그럼으로써 그때의 나처럼 일상으로 돌아갔을 때 기쁘고 행복하게 살 수 있도록 펜션 라이브 카페를 짓는 것이다.

사람이 살다 보면 가족도 있고 직장 동료도 있고 친구도 있고 가장으로서 자식으로서 부모로서 돈을 벌어야 하는 책임과 의무도 있다. 하지만 늘 기쁘거나 행복할 순 없다. 때문에 내 아픈 마음을 알아차려 줘야 한다. 내 지친 마음을 달래 주고 다독거려 줘야 한다.

그래서 월세 낼 걱정 없이 내가 원하는 건물을 짓고 힐링이 필요한 모든 이들에게 숙소와 먹거리와 음악과 책과 자연을 제공하고 싶다. 함께 삶을 공유하고 이야기하고 들어 주고 같이 노래하자. 서로가 서로에게 귀감이 되고 에너지가 되는 아름다운 삶이 모든 사람들의 최종 목표가 아닐까. 조작된 각본의 피해자가 되지 말자. 그러려면 나쁜 시간보다 좋은 시간을 더 늘려야 한다. 더 가치 있고 질 높은 삶을 살도록 나의 펜션 라이브 카페에서 내가 도와줄 것이다.

05.
혼자 유럽여행
다녀오기

　남녀노소를 막론하고 누구나 한 번쯤은 혼자 떠나는 여행을 꿈꿀 것이다. 사실 나는 겁도 많고 모험심도 거의 없는 편이다. 식당도 같은 식당만 가고, 어딜 가도 꼭 먹던 음식만 시켜 먹는다. 새로운 음식을 시켜서 낭패를 보는 게 두렵기 때문이다. 그래서 단골 식당엘 가면 식당 사장님들이 내가 주문할 메뉴를 이미 알고 계실 정도다. 새로운 메뉴를 개발하면 나에게 먼저 시식을 부탁하기도 한다.

　이런 내가 국내 배낭여행도 아니고 해외여행, 더구나 11~13시간 걸리는 유럽여행이라니! 20대의 나라면 감히 해외여행은 꿈도 못 꾸었을 것이다. 그러다 스물네 살 때 우연히 친구들과 중국여행을 떠나게 되었다. 새로운 나라에 대한 궁금증이나 모험심이기보다는 그냥 친구들 손에 이끌려갔던 것 같다. 중국이란 나라는 내게 어린 시절 오빠들이 즐겨 보던 유덕화나 장국영 등이 나오는 영화에서나 봤던 나라쯤으로밖에 기억되지 않았으니까. 하지만 막상 비행기를 타고 중국에 도착했을 때의 설

렘은 잊을 수가 없다. 제주도를 갈 때 비행기를 타 보기는 했지만 해외여
행은 처음이었으니까.

중국 공항에 도착했을 때 나는 내 눈을 의심하면서 덜컥 겁이 났다.
제복을 입은 공항 직원들이나 공항 내부의 풍경이 북한을 연상케 했던
것이다. TV에서 보던, 북한 군인의 제복과 흡사한 옷을 입은 그들의 경
계하는 듯한 눈빛은 지금 생각해도 무섭다. 다행히 이곳이 북한이 아니
라 중국이구나 싶었던 건 공항 곳곳에 붙은 안내 표지들이 중국 글씨로
쓰여 있었기 때문이다. 그것들을 보며 나는 안도의 한숨을 내쉬었다.

우리는 중국의 바다며 산이며 이곳저곳을 여행했다. 공항의 나쁜 이
미지는 잊어야겠다 싶을 정도로 아름다운 여행이었다. 하지만 머릿속에
서 내내 맴도는 생각은 우리나라보다 가난한 나라는 이번 한 번으로 족
하다는 것이었다. 물론 중국이란 나라가 워낙 땅이 넓다 보니 부자동네
도 있고 가난한 동네도 있겠지만 전체적으로 약간 낙후된 느낌이었다.
이때쯤부터였을까. 그때는 유럽이라고 딱히 정하진 않았지만 우리나라보
다 좀 잘사는 나라를 가 보고 싶다는 생각이 든 게.

오랜 백화점 생활을 하면서 내가 느낀 건 백화점 대부분의 제품이나
명품은 원산지가 이탈리아라는 것이다. 내가 인천으로 내려오기 전 마지
막으로 일하던 곳이 명동의 에비뉴엘 명품관이었다. 'a.testoni'라는 브
랜드였다. 설명서나 모든 서류들이 이탈리아어로 되어 있었다. 그래서 가
끔 인터넷으로 테스토니와 이탈리아에 대해 관련 검색을 해 보게 되었

다. 그러면서 점점 관심이 생겼다.

왜 명품들은 대부분 다 이탈리아산이고 사람들은 왜 그리도 이탈리아 상품을 좋아할까? 그렇게 이탈리아를 공부하다 보니 자연스레 이탈리아라는 나라가 궁금해졌다.

스위스, 오스트리아, 독일, 프랑스, 체코, 헝가리, 이탈리아…. 세상에나 이름만 들어도 흥분되는 나라들 아닌가! 이때부터 드라마를 보든 신문을 보든 올림픽 경기를 보든 내 관심은 자꾸만 유럽 쪽으로 쏠렸다. 그중 크로아티아 쪽을 가 보고 싶다. 먼저 영어가 전체적으로 잘 통하는 편인 데다, 자동차를 렌트할 경우 직접 운전하면서 아름다운 아드리아 해를 비롯해 크로아티아 절경을 두 눈으로 보며 여행할 수 있기 때문이다.

두브로브니크(아드리아 해의 진주라 불림)는 〈왕좌의 게임〉, 〈꽃보다 할배〉, 〈꽃보다 누나〉 등을 비롯한 영화, 드라마들의 배경지이기도 하다. 또한 올드 타운 통째로 유네스코 세계 문화유산에 등재되어 있는 곳이기도 하다. 많은 사람들이 두브로브니크를 여행지로 꼽는 것은 이곳이 드라마나 영화의 배경이 되었기 때문이리라. 또한 유럽 하면 떠오르는 대표 장소이기도 한 때문이리라.

내가 정말 가 보고 싶은 곳은 바로 플리트비체다. 플리트비체는 '요정의 숲'이라고 불릴 만큼 그 절경이 대단하다. 영화 〈아바타〉에서 나비족들이 살아가는 숲의 모델이다. 이곳에서 한 달 혹은 1년 정도 머무르면 웬만한 병은 모두 나을 정도로 공기가 좋은 대자연 그 자체다. 플리트비체는 서울시의 절반 크기 정도로 남쪽에서 북쪽으로 이어지는 엄청난 규모의 세계적인 국립공원이다. 영화 〈아바타〉에서 보면서도 '정말 저런 곳이 존재할까? 너무 대단해, 너무 멋져'라는 탄성을 내지를 만큼 내 눈을 사로잡은 곳이다.

이외 프랑스 파리의 에펠탑과 몽마르트 언덕, 드라마 〈사랑의 불시착〉의 촬영지였던 스위스 수도 베른도 너무 멋지다. 특히 현빈이 피아노를 연주하는 장면이 예술이던 이젤발트 호수는 정말 꼭 가 보고 싶다. 알프스 설산과 에메랄드빛 호수, 노란 들꽃까지 하나하나 머릿속과 가슴에 담아 오고 싶다. 내가 유럽여행을 꼭 가겠다고 말하면 사람들은 시큰둥해한다. "유럽여행 좋지.", "야, 유럽 멀어.", "엄청 비싸.", "누구랑?"이란 반응이 전부다. 왜냐고 물어보는 사람이 없다. 왜 그곳을 가고 싶어졌는지… 꼭 갈 수 있을 거라고 말해 주는 사람이 없다.

내 나라 대한민국은 정말 좋은 나라이지만 다른 나라도 여행하면서 보고, 느끼고, 체험하고 싶다. 그것만큼 좋은 공부와 추억이 또 있을까? 다릴 앙카는 이런 말을 했다

"당신이 가슴 뛰는 삶을 사는 것, 그것은 당신에게 주어진 진리이자 인생의 목적입니다."

유럽여행을 생각만 해도 가슴이 뛴다. 알프스 설산과 에메랄드빛 호수. 나는 혼자 여행을 가 본 적이 단 한 번도 없다. 남들의 시선을 의식하기 때문인 듯하다. 나 같아도 가게에 손님이 오시면 "어서 오세요." 한 후 "몇 분이세요?"라고 물으니까. 하물며 여행지에서 숙소도 잡아야 하고, 식당도 가야 하는데 그때마다 "혼자예요."라고 말해야 한다는 것에 어색함과 두려움이 드는 건 사실이다.

하지만 해외는 다르지 않은가! 그들이 나를 알지도 못할뿐더러 많고 많은 관광객 중 하나에 불과할 테니. 그러니 나는 더 자유로울 수 있다. 지금까지 봤던 사람들만 보고, 먹던 음식만 먹고, 똑같은 행동만 반복하면서 내 인생은 왜 달라지지 않는가, 하고 푸념하는 것은 바보짓임을 안다.

김형수 작가의 《삶은 언제 예술이 되는가》에 이런 말이 나온다.

"죽은 고래는 아무리 커도 물살이 흐르는 대로 따라 흐르지만, 살아있는 송사리는 아무리 작아도 거슬러 오를 줄 안다."

나는 덩치만 큰 고래에는 관심이 없다. 자그마한 송사리라도 살아 움직이고 싶다. 그게 나의 삶에 대한 의무일 것이다.

내 삶을 이끄는 자는 언제나 나 스스로였다. 그러다 유튜브를 통해 김도사님을 만났다. 처음엔 센 발음의 경상도 사투리에 살짝 겁을 먹었다. 그래서 몇 차례 유튜브 영상을 끝까지 보지 못했다. 김도사님 영상은 그리 길지 않다. 평소 나는 긴 영상을 즐겨 본다. 그런데 그 길지 않은 영상에 자꾸만 끌려 다시 틀어 보곤 한다. 그렇게 본 영상이 꽤 많다.

그러다 한책협을 알게 되었고, 김도사님의 책쓰기 1일 특강을 신청하게 되었다. 이 느낌을 뭐라고 할까. 그동안 "안 돼! 튀지 마라! 나서지 마라!" 그냥 앉아만 있어도, 아무 말 안 하고 있어도 튀지 말라는 말을 자주 듣던 나다. 그래서 튀지 않으려고 자제하고 억누르며 살아왔다.

그랬던 내가 김도사님의 강의를 듣는 내내 억누르고 자제해 왔던 그간의 모든 열정이 자꾸만 꿈틀거리는 것이었다. 말로 표현하기 힘든 묘한 기운이 나를 자극하는 것이었다. 처음 라이브 카페를 시작할 때와 비슷한 기운이었다.

'그래, 책을 쓰자! 글을 쓰자! 저분이 구세주다. 저분이 내 재능을 발굴해 줄 것이다!'

가족에게도 지인들에게도 할 수 없었던 내 경제사정까지 얘기하면서 나는 나의 간절함을 이끌리듯 쏟아 냈다. 비록 도사님과의 면담은 짧게 한 차례밖에 없었지만, 짧은 말 한마디 한마디에서 다독거림과 위안과 희망을 느꼈다. 나는 눈물을 주체할 수 없었다. 이 눈물의 의미를 도사님도 아시는지 눈가가 촉촉해지셨다. 너무도 감사했다. 그동안 나는 너무 움츠리고 있었다. 뭔가를 해야 하는데, 하고 싶은데 너무 억누르고 살다 보니 겁이 났던 것도 사실이다. 학창시절부터 글을 좋아하고 책을 좋아하던, 잠자고 있던 나를 깨워 주신 건 김도사님이다.

내 멋진 펜션 라이브 카페 정원 벤치에 앉아 우아하게 커피 한 잔 마시며 도사님과 배우자인 권마담님께 손편지를 쓰고 싶다.

"도사님. 저 제 펜션 카페에서 아픈 마음을 가진 사람들을 음악으로 치유해 주는 뮤직 미러클 전도사로 살고 있어요. 너무 행복해요. 모두 도사님 덕분이에요. 너무 감사해요."라고.

알프스 산맥에서, 유럽 플리트비체에서, 이젤발트 호수에서도 유럽 향이 묻어나는 예쁜 편지지에 몽블랑 펜으로 한 자 한 자 손편지를 쓰고 싶다.

나는 오늘도 팔딱팔딱 힘 있게 움직이는 한 마리의 작은 송사리처럼 반짝반짝 빛난다.

PART 10

경험과 진심을 담아
구체적이고 현실적인
도움을 주는
상담가 되기

| 권윤교 |

권윤교

사업가, 뮤지션, 청년 멘토, 자기계발 작가

서울예술대학교에서 기타를 전공하였다. 스무 살 일본에서 1년간 유학 후 돌아와 밴드 뭉크(MUNK)에서 9년간 활동하다가 카페 운영을 경험하고 현재는 무인텔을 운영 중이다. 기타리스트, 사업가, 작가 등 여러 가지 일을 해 보면서 열정적인 인생을 꾸려나간 경험으로 꿈을 좇는 청년들의 멘토로 활동 중이다. 현재 '편견을 버리고 자신의 가치를 믿는 것'을 주제로 개인저서를 집필 중이다.

01.
엄마, 아빠한테
벤츠s클래스, 벤틀리
사 드리기

우리 부모님은 내가 어릴 때부터 내가 원하는 것은 다 해 주시는 편이었다. 내가 어릴 땐 우리 집이 그렇게 넉넉한 형편은 아니었다. 하지만 어린이날이나 생일날이면 그 당시 꽤 고가였던 10만 원짜리 변신 로봇 등을 사 주시곤 하셨다. "쎈 네 고집을 못 이겨 사 주는 거다."라고는 하셨지만 아마 사업자금이나 생활비를 아껴 가며 사 주셨던 것 같다. 장난감을 손에 쥐어 주실 때면 아버지는 항상 장난처럼 "너 나중에 커서 돈 벌면 아빠 롤스로이스 사 줘야 돼."라고 말씀하시곤 했다.

당시에 나는 그게 자동차라는 것만 인지했을 뿐이다. 어렸던 만큼 나는 그것이 어떤 의미인지 모를 수밖에 없었다. 지금 그 당시를 회상하면서 현재의 나를 볼라치면 마음이 조금 무거워진다.

나는 평소에 약속을 중요하게 생각하는 편이다. 그런 만큼 장난스러우면서도 의미가 깊었던 어린 시절의 아버지와의 약속을 언제 지킬 수 있을지 나도 모르게 진지하게 생각하는 날이 많아졌다. 동시에 미래에 대한 꿈과 걱정도 같이 생겨났다.

나는 중학교 2학년 때부터 기타를 독학했다. 음악을 좋아하는 누나가 사 놓은 기타였다. 그런 누나가 대학 재수를 하느라 그 기타를 방치하고 있었다. 어느 날 나는 혼자 덩그렇게 놓여 있는 기타를 보고 스스로도 알 수 없는 이끌림에 공부는 뒤로하게 되었다. 그러곤 15만 원짜리 통기타와 옆에 있던 초급 레슨 책 한 권을 펴 들었다. 그렇게 처음 만져 보는 기타에 미친 듯이 빠져들었다.

음악에 큰 관심이 있었던 것도 아니었다. 그때 내가 왜 그랬는지는 사실 아직도 미스터리다. 어쨌든 1년 뒤인 중3 때 나는 밴드부를 결성했는데 당시 학교에서 축제가 열렸다. 우리는 처음으로 학교 강당에서 공연이라는 것을 하게 되었다. 첫 공연을 마치고 무대에서 내려온 우리는 중학교 후배들에게 둘러싸였다.

나는 그 당시 엄청난 인생 경험을 했고, 또한 큰 충격을 받았다. 300명 정도의 후배들이 나를 보기 위해 내 주변에 모여들었기 때문이다. 학교 후문이 나를 만나러 온 후배들 때문에 꽉 막힐 정도였다.

더 기막힌 것은 한 번 공연했을 뿐인데 나에게 사인을 해 달라는 것이었다. 나는 어리둥절했고 무슨 상황인지 몰랐지만 본능적으로 멋지게 사인을 해 주었다. 1시간이 넘도록 그러고 있었던 기억이 난다.

그 뒤로 어린 나의 꿈은 정해졌다. 그 경험은 음악에 더욱 빠져드는 계기가 되었다. 기타를 제대로 치기 위해서는 여러 가지 장비들이 필요했다. 먼저 통기타가 아닌 일렉트로닉 기타가 필요했다. 일렉트로닉 기타를 치기 위해서는 앰프와 기타의 소리를 바꾸어 주는 '이펙터'라는 장비가 필수였다.

종류가 무수히 많은 이펙터는 최소 3~4가지의 종류는 있어야 했다. 거기에다 계속해서 다른 이펙터들이 필요했다. 또한 부수적으로 없어서는 안 되는 여러 가지 액세서리가 있었다. 피크, 기타 줄, 스트랩(멜빵), 장비들을 연결하는 잭, 하드케이스, 독학에 필요한 교본 등등. 중학생에게는 고가의 장비들이 태반이었다. 부모님의 지원이 없이는 사실 구매가 불가능한 물품들이었다.

아버지는 물건을 사 주시거나 할 때 항상 하시는 말씀이 있었다. "무언가를 구매할 때, 돈을 쓸 때는 꼭 필요한지 잘 생각해 봐야 한다. 그런 후 그것이 무엇이든 꼭 필요한 것이면 반드시 사야 한다. 그럴 때도 이왕이면 좋은 것으로 사는 게 좋다."라고 말씀하셨다.

그래서인지 아버지는 내게 당시 꽤 좋은 기타와 부수적인 액세서리, 장비들을 아낌없이 사 주셨다. 그렇게 용돈도 주시고 같이 낙원상가도 가서 직접 사 주시곤 하셨다. 그럴 때면 항상 장난스러운 말투로 "너 나중에 나 롤스로이스 꼭 사 줘야 된다. 꼭 빚 갚아!"라고 말씀하시곤 했다.

이제 나는 롤스로이스의 의미를 알게 되었다. 내 고등학교 시절에도 아버지는 항상 롤스로이스 이야기를 하셨다. 그래서 그때 나는 아버지에게 롤스로이스가 대체 어떤 자동차냐고 물어봤다. 아버지는 나에게 롤스로이스에 대해 설명해 주셨다.

지금은 사실 롤스로이스도 돈만 내면 살 수 있는 것으로 알고 있다. 하지만 당시 아버지 말씀으로는 롤스로이스는 돈이 아무리 많아도 아무나 살 수 있는 차가 아니라고 했다. 비싼 값에 걸맞게 명성이 있는 훌륭한 사람이나 VIP 고객들에게만 파는 차량이었던 것이다. 그래서 나는 아버지가 다른 자동차가 아닌 롤스로이스를 말씀하신 거라는 것을 뒤늦게 알게 되었다. 거기에는 그냥 돈만 많이 벌기보다 돈도 있고 명예와 명성도 있는 훌륭한 사람이 되라는 뜻이 숨어 있었던 것이다.

그런 뜻을 처음 제대로 알게 되었을 때, 어린 시절 몰랐던 해답을 찾은 것 같은 기분이 들었다. 그리고 어린 시절의 약속을 꼭 지키고 싶다는 각오가 머리와 가슴속에 새겨졌다.

엄마는 올해로 면허를 따신 지 20년째다. 처음엔 무서워서 몇 년간 직진도 잘 못했다고 하신다. 하지만 지금은 누구보다도 편안하게 운전을 하신다. 그렇게 운전하시면서 항상 사업하는 아버지와 자식들을 도우셨다. 엄마가 운전을 못 하셨으면 우리 가족은 너무 힘들었을 것이다. 그 정도로 엄마는 운전을 통해 아버지 사업과 가족의 생활에 많은 도움을 주셨다.

그런데 엄마가 아버지보다는 조금 덜 좋은 차를 타고 다니시는 게 현실이다. 그런 엄마한테 꼭 아버지보다 좋은 차를 사 드리고 싶다는 목표가 나에게 생겼다. 나도 운전을 하고 다니지만 안전상의 이유를 생각하자면 아무래도 조금 더 크고 튼튼한 차가 좋은 것은 사실이지 않은가.

그래서 나는 나의 버킷리스트를 종이에 적을 때면 항상 부모님의 차를 바꿔 드릴 것이라는 목표를 적는다. 순서도 늘 첫 번째다. 아버지에겐 어린 시절의 약속을 지켜 드리고 싶고, 운전하면서 고생하는 엄마에게도 똑같이 해 드리고 싶은 게 자식으로서 당연한 것이리라.

이처럼 나의 버킷리스트 1번은 어린 시절 순수했던 약속을 지키고 싶은 데서 나온 것이다. 30대가 넘은 지금 부모님의 고생을 미안해하는 마음에서 생겨난 것이다. 사업 특성상 자동차는 우리 가족에게 꼭 필요한 수단이다. 그런 만큼 안전상의 이유로 좋은 차를 타게 해 드리거나 선물해 드리고 싶은 것은 당연한 일이다. 그래서 '부모님께 자동차 선물해 드리기'는 고민 없이 나의 버킷리스트 1번이 되었다.

나는 현재 아버지의 사업을 도맡아 하고 있다. 어릴 때부터 음악을 하는 것이 꿈이었고, 서른 살까지 원 없이 음악을 했다. 지금은 내가 원해서 아버지의 사업을 도맡게 되었다. 내가 힘든 만큼 부모님은 조금은 편할 거라는 생각을 하면서 열심히 일하고 있다.

여기에서 그치지 않고 나는 더 큰 꿈을 꾼다. 몇 년 안에 부모님께 롤스로이스, 아니면 벤틀리, 아니면 메르세데스 벤츠 S클래스도 좋다. 아무튼 튼튼하고 멋진 차를 선물할 것이다(나도 차를 좋아하는데 롤스로이스도 좋지만 벤틀리와 벤츠 S클래스 정도도 자가로 운전하시기 편하고 충분하다고 나름 생각해서 나 스스로 결정한 차종이다). 내게 시간이 그리 많지는 않다. 벌써 내 나이가 서른네 살인 데다 그것도 반이 지나갔기 때문이다.

부모님이 하루라도 더 젊으실 때 좋은 차를 타시기를 바란다. 그리고 나 역시 하루라도 더 젊을 때 빠르게 목표와 꿈을 이루고 싶을 뿐이다. 문제될 것이 있겠나?

02.
20대들의 조언가로서
꿈과 용기를 주고
100만 구독자 유튜버 되기

　나는 이유는 모르겠지만 항상 선배들보단 후배들과 더 가깝게 지낸 편이다. 나는 중학교 2학년 때부터 기타를 쳤고 실용음악과를 기타전공으로 졸업했다. 음악은 단체생활이다. 기타를 치기 위해선 밴드를 결성해야 했다. 밴드는 보컬과 베이스기타, 드럼, 키보드를 연주하는 친구들이 있어야 했다. 밴드를 하며 어린 시절부터 쭉 단체생활을 해 온 셈이다.

　나는 고등학교 시절 동네에서 기타 연주를 잘하기로 꽤 유명했었다. 소문을 듣고 나를 찾아와 준 친구들이 넘쳐 났었다. 늘 동료, 후배들과 함께 대부분의 시간을 보냈다.

　고등학교 시절에는 반장, 부반장으로 뽑힐 정도로 교우관계나 성적도 매우 좋았고, 선생님과의 관계도 좋았다. 하지만 마음속으로는 자유롭지 못한 학교생활을 극도로 싫어했다.

　그러다 보니 수업시간에 도망쳐 나와 연습실에 가곤 했었다. 특별히 사고를 친 적은 없지만 내 방식대로 학교에 반항한 시절도 있었다. 그래서인지 나를 잘 모르는 사람들에게 이미지가 좋은 편은 아니었다.

음악을 하는 친구들은 감수성이 풍부하고 예민하다. 내 주변 친구들은 특히 고민도 많았다. 나 역시 그랬고 나보다 나이가 어린 친구들은 더 그랬었다. 음악을 하는 학생이라고 해서 더 특별하거나 한 고민은 아니었다. 주로 집안 문제, 늘지 않는 실력, 음악에 대한 고민, 대입, 이성 문제 등 흔한 10대들의 고민이었다.

이상하게 10대 시절엔 한 살 차이 나는 선배가 가장 무섭고 어렵지 않은가? 나는 고작 한 살밖에 나이 차이가 나지 않는 후배들의 군기를 잡거나 혼을 내는 성격이 아니었다. 오히려 그런 것을 매우 싫어했다. 나는 후배들에게 더욱 살갑게 대했다. 그런 성격 탓에 후배들이 더욱 나를 따랐고 쉽게 어울렸다.

무서운 음악 선배님이 아닌 친근한 형 같은 나에게 후배들은 마음속 깊은 고민들을 털어놓곤 했다. 그래서인지 후배들이 유독 나에게만 비밀 이야기를 많이 했다는 사실을 나중에서야 알게 되었다.

나는 그런 후배들에게 그간 귀동냥으로 또 간접체험으로 습득한 어설픈 사례들을 예로 들어 주는 게 전부였다. 하지만 나는 진심으로 후배들의 고민을 챙겼다. 다행히도 후배들은 그런 내가 하는 이야기에 힘을 얻었다고 나에게 고맙다며 밝은 표정으로 말하곤 했었다.

나는 좋아하는 뮤지션의 음악을 들으며 그들의 '히스토리'를 공부하는 것에 재미를 느꼈었다. 그러면서 자연스럽게 그들의 히스토리 안에 녹아 있는 한 사람의 인생, 성장 과정, 성공스토리, 시련, 아픔까지 공부하게 되었다. 나는 라디오의 고민상담 프로그램을 즐겨 듣기도 했다.

그 후로 더 많은 후배들이 나를 찾았다. 아무것도 모르던 내가 상담가의 역할을 하면서 수많은 후배들과 시간을 보낸 기억이 있다. 한 가지기억에 남는 이야기가 있다.

"엄마가 아빠랑 이혼하려고 해요. 형은 집에 오면 담배를 피우고 술을 마시곤 해요. 제가 연습실에 갔다 오면 소리를 지르고 화를 내요. 용돈도 없어서 아르바이트를 구하고 있어요. 너무 힘들어요."

후배의 이야기에 나는 쉽사리 아무 말도 할 수 없었다. 어설프게 용기를 주거나 현실에 맞지 않는 희망을 이야기하는 것은 너무도 무책임한 상담이라 생각했기 때문이다. 실제로 내가 해결해 줄 수 있는 문제도 아니었다.

나는 그날 밤 용돈을 털어 울먹이는 후배를 데리고 동네 분식집에서 김밥과 라면을 나눠 먹었다. 그러곤 밤 11시에 내가 쓰던 연습실로 가서 후배에게 강렬한 사운드의 메탈 음악을 틀어 주었다. 메탈이라는 장르가 스트레스도 날리고 지친 에너지를 높여 줄 것이란 믿음이 있었다.

"부모님이랑 형이 네가 싫어서 그런 게 아니잖아. 이럴 때일수록 방황하면 안 돼. 연습이나 계속해 보자. 넌 실력이 좋으니까 나중에 꼭 성공할 거야. 배고프면 전화하고."

이런 정도의 말을 해 주는 것이 내가 당시에 할 수 있는 최선이었다. 이전까지의 비교적 가벼운 상담과는 사뭇 달라서 아직도 기억에 남아 있는 이야기다.

군대에 복무할 때의 이야기다.

나는 미루고 미루다 스물여섯 살 늦은 나이에 군악대에 입대했다. 그런 탓에 군대에서 '형' 소리를 들으며 지냈다. 학창시절부터 규율과 억압을 싫어했던 나는 부조리하게 억압받는 후임들이 안타까웠다. 그래서 그들 중 몇몇을 불러서 말했다.

"나랑 둘이 있을 때는 편하게 쉬어. 형이라고 부르고 고민 있으면 꼭 말하고. 대신 안 들키도록 잘하자."

나는 후임들과 상담을 하려고 한 것은 아니다. 그냥 음악 후배들이 생각났을 뿐이다. 동생 같은 이들이 군 생활을 하면서 갖게 되는 긴장과 걱정을 조금이라도 덜어 주고 싶었다.

나는 이등병과 일병 시절에 나의 선임들이 당연시하는 부조리와 저질스러운 군대 문화에 염증을 느꼈었다. 그런데 그들과 똑같은 인간이 되는 것을 스스로가 용납할 수 없었을 뿐이다. 그래서인지 후임들은 더욱 진심으로 나를 따르게 되었다. 그런 점에 나도 고마움을 느꼈다.

옆 소내에 한 후임이 새로 왔다. 그는 타 부대에서 사고를 치고 강제 전출을 온 상황이었다. 그는 밤마다 자살을 기도했다. 새벽에는 전화를 쓰겠다며 나가버리고 잠이 오지 않는다며 군홧발로 내무실 문을 뻥뻥

차며 욕을 해댔다. 간부들이 달래고 혼을 내도 고쳐지지가 않았다. 굉장히 위험한 관심병사였다. 문제가 심각해지자 부대에서 회의가 열렸다. 결국 그를 달래려 휴가를 주기로 했다. 그런데 하필 나와 휴가 날이 겹친 것이다.

이전에 그가 혼자서 한숨을 쉬고 있는 모습을 우연히 보고 짧은 대화를 해 봤다. 그때 그가 심성은 착하다는 것을 알았다. 나는 너무나 우울한 표정으로 휴가 나갈 준비를 하는 그가 안쓰러워 보였다. 함께 휴가에 필요한 짐을 싸며 그와 나는 이런저런 이야기를 나눴다. 그러다 대화에 재미가 붙어서 한참을 떠들었다. 그리고 휴가에서 복귀하면 잘 지내 보자며 인사를 나눴다.

휴가에서 복귀한 그는 내 이름을 부르며 나를 찾아왔다. 그는 밖에서 사 온 담배 한 갑을 건네며 내게 말했다.

"권 병장님이 처음이었습니다. 그때 저를 친구처럼 대해 주셔서 많이 생각났습니다. 다들 저를 피하기만 하고 전출 왔다고 색안경 끼고 봤던 것 압니다. 사실 여기가 처음이라 기댈 사람이 없었습니다. 이제 말썽 안 부리겠습니다. 죄송했습니다."

나도 처음엔 관심병사였던 그가 거슬렸다. 그렇게 그를 피해 온 내 모습이 생각 나 미안한 마음이 들었다.

"네가 무슨 큰 말썽을 부렸다고 그래. 힘들면 그럴 수도 있지. 이제 괜찮아 보이네."

내 말이 끝나자마자 그는 쑥스럽게 미소를 지으며 도망치듯 뛰쳐나가

버렸다.

나는 전문 상담가는 아니다. 다만 주변의 어려운 이들에게 미약하게라도 힘이 되어 주고 싶을 뿐이다. 상담가의 기본 자질은 진심과 공감이라고 생각한다. 나도 상담을 받고 싶을 때가 있다. 하지만 누군가에게 고민을 털어놓는 것은 그리 쉬운 일이 아니다. 아마도 진심으로 들어 주고 함께 고민해 주는 누군가를 만난다는 것은 쉬운 일이 아닐 것이다.

TV나 라디오 프로의 고민상담 코너는 항상 있는 주제다. 고민상담을 해 주는 유튜버들도 많이 있다.

나의 성격과 내가 행하고 겪은 인생의 경험들을 볼 때 나도 상담가의 자질이 있다고 생각한다. 어린 시절엔 함께 공감해 주는 것까지만 가능했다면 이제는 어려운 아이들에겐 물질적으로도 도움이 되고 싶다는 바람이 있다. 많은 아이들에게 더 구체적이고 현실적으로 도움을 줄 수만 있다면 얼마나 보람되고 좋겠는가.

물론 능력이 따라 주어야 가능한 이야기다. 그렇게만 된다면 더할 나위 없을 것이다. 우선은 유튜브를 통해 상담해 주면서 많은 이들, 특히 10대, 20대들에게 나의 경험과 진심을 들려주고 싶다. 그렇게 그들에게 삭게나마 도움이 될 수 있다면 그것보다 기쁘고 보람된 일은 없을 것이다.

03.
슈퍼카 3대 이상
소유하기

　나는 어린 시절엔 운동을 좋아했지만 지금은 그렇지 않다. 나 역시 보통의 남자아이들처럼 축구, 농구, 핸드볼, 야구를 즐겼었다. 특히 공으로 하는 운동을 좋아했었다. 중학교 1학년 때의 일이다. 당시 같은 반에 '오창민'이라는 친구가 있었다. 첫인상이 무서웠는데 창민이는 선천적으로 사시 눈을 가지고 있었다. 창민이는 자주 머리도 감지 않고 학교에 왔고 뭔가 우울해 보이는 친구였다.

　다른 친구들은 창민이의 외모 때문인지 창민이와 쉽게 어울리려 하지 않았다. 하지만 마음은 누구보다 착한 친구임을 안 나는 창민이를 거리낌 없이 대했다. 우리는 매우 친한 친구 사이였다.

　어느 날 나는 창민이와 친구들을 불러 내가 좋아하는 농구시합을 했다. 창민이는 나와 같은 편이었고 시간 가는 줄 모르고 농구시합에 빠졌다. 그러다 창민이가 상대팀의 슛을 블로킹하려고 큰 키로 날아올랐다.

큰 키에 체격이 좋았던 창민이는 단번에 블로킹을 성공시켰다. 하지만 불행하게도 바로 밑에 내가 서 있었고 창민이의 우람한 팔뚝이 내려친 공이 내 얼굴을 그대로 가격했다. 나는 공에 맞아 주저앉았고 아픈 코를 부여잡고 생각했다. 그러다 화가 났다.

당시에 나는 창민이가 눈이 불편해서 그런 실수를 했다고 잘못된 생각을 했다. 실수 한 번 때문에 절친했던 창민이에게 화를 내지는 못했었다. 미안해하던 창민이의 표정이 아직도 기억에 선명하다.

하지만 그 때문에 매끈했던 내 코가 매부리코가 되었고, 코뼈가 휜 영향이 다른 신체 성장에도 상당한 영향을 끼쳤다는 사실을 뒤늦게 알게 되었다.

나는 이 사건 후로 좋아하던 공과 멀어졌다. 공놀이에 질린 나는 방에서 잘 나오지 않게 되었다. 방에 있는 시간이 길어지면서 자연스레 누나의 통기타를 만지작거리게 되었다. 그것이 기타를 연주하게 된 계기가 되기도 했다. 한편으로는 기타를 독학하면서 내 인생은 완전히 달라졌다.

음악을 들으며 철학이란 것이 생겼고 한 분야를 깊게 공부하는 습관이 생겼다. 기타 연습은 엄청난 인내와 끈기를 요구했다. 또한 자발적으로 학습하는 방법을 일깨워 주었다. 어린 시절의 이러한 노력과 영향이 지금까지도 나의 최대 장점이 된 셈이다.

슈퍼카를 사고 싶은 것과 위의 내용이 무슨 관계가 있는지 이야기하겠다.

음악을 중단하고 사업을 시작한 나는 예전과는 너무나도 다른 삶을 살게 되었다. 사업을 하면서 당시 상황에 맞는 새로운 취미들이 생겼다. 사업을 하려면 운전이 필수였는데 이때부터 혼자서 드라이브를 즐기게 되었다. 대중교통만 이용하던 나는 운전이 너무 즐거웠다. 일이 끝나고 밤마다 4~5시간 정도 운전을 즐겼다. 위에서 말했듯이 나는 한 분야에 빠지면 그것을 파고들고 사랑하게 되는 성향이 있다.

한편, 사업의 스트레스는 이제껏 경험해 보지 못한 것이었다. 불면증에 시달려 건강에 지장이 생겼고 스트레스를 풀지 않고서는 견뎌 내기 힘들었다. 드라이브는 일이 끝나고 음악을 크게 틀어 놓고 노래도 부르며 혼자 즐기는 유일한 시간이었다. 신나게 드라이브를 즐기는 것이 스트레스를 푸는 유일한 방법이었다.

당시에 어머니가 타시던 자동차를 물려받아 타고 있었는데 어느 날 드라이브 도중 아찔한 경험을 하게 되었다. 언덕에서 브레이크를 밟고서 신호 대기 중인 상황이었다. 초록불이 켜졌고 브레이크에서 발을 떼는 순간 차가 꿀렁이더니 '부웅' 하는 소리와 함께 'RPM'이 치솟았다. 순간 차가 정상이 아닌 것을 느꼈다.

나는 본능적으로 브레이크를 밟았다. 멈춰 있는 차가 앞뒤로 움찔움찔하는 것이 느껴졌다. '지금 시동을 끌까?'라는 생각이 머리를 스쳤다. 그 순간 브레이크에서 발도 떼지 않았는데 다시 RPM이 치솟으며 엔진이 굉음을 뿜었다. 그러고는 자기 멋대로 앞으로 나아가기 시작했고 이내 가속도가 붙었다.

나는 브레이크를 밟은 다리를 쥐어짜면서 버텼다. 순간 오른쪽의 공터가 시야에 들어왔다. 나는 그쪽으로 급격하게 스티어링휠을 꺾었다. 다행히 주변에는 사람이 없었다. 브레이크에 계속 힘을 주니 브레이크가 털털거리면서 끝내 속도가 줄어드는 것이 느껴졌다. 이때다 싶어 재빨리 시동을 꺼버렸다. 여전히 RPM은 치솟아 있었고 시동이 꺼진 자동차는 두 번이나 붕붕거리는 소리를 내더니 언제 그랬냐는 듯 조용해졌다.

나는 당장 안전한 새 자동차를 사야겠다고 결심했다. 출퇴근은 물론 당장 드라이브를 못 나간다는 생각에 마음이 급했다. 드라이브를 즐겼을 뿐 자동차 자체엔 큰 관심이 없었던 나는 무슨 차를 살지 막막했다. 하지만 식은땀을 흘리게 만들었던 브랜드에서 나온 자동차만큼은 공짜로 준다고 해도 싫을 정도로 화가 나 있었다.

부모님께 내가 겪은 일을 설명하자 당장에 자동차를 바꾸라며 적극적으로 지원해 주시겠다고 하셨다. 안전이 최우선인 물건인 만큼 신중하게 고르라고 당부하시면서. 부모님은 젊은 사람들이 좋아하는 적당한 '외제차'를 알아보라고 말씀하셨다. 순간 내 귀를 의심했다. 정말요? 부모님의 믿음에 가슴이 뛰었고 자동차에 대한 관심이 급격하게 올라가는 현상을 겪었다. 사실 나도 사람인데 좋은 차에 관심이 왜 없었겠는가.

결국 외국회사인 'B'사의 자동차를 구매하게 되었다. 나는 처음 타 보는 '예쁜 외제차'에 매료되었다. 그리고 이때부터 자동차에 대한 애정과 관심이 생겼다. 그렇게 자동차의 역사, 기계적인 원리, 더 나은 운전 방법 등을 알아 가며 드라이브에 이어 '자동차'를 공부하는 취미가 생겨났다. 이전에 몰랐던 사실들을 알아 가며 배움의 즐거움도 느끼고 있다.

다시 한 번 말하지만 나는 한 분야에 빠지면 그것을 파고들고 사랑하게 되는 성향이 있다. 슈퍼카에 대한 로망은 너무나 자연스러운 버킷리스트가 되었다.

나는 자동차를 좋아하고 드라이브를 즐기며 스트레스를 푼다. 이후로 사업을 더욱 열심히 하는 나를 발견했다. 자연스럽게 '동기부여'가 된 것이다. 누구나 멋진 슈퍼카를 타고 싶은 것은 당연하다. 언젠가 멋진 슈퍼카를 타고 자동차가 주는 즐거움 자체를 온전히 느끼고 싶다. 젊은 남자에게 '내 자동차'라는 것은 얼마나 큰 기쁨을 주는가.

나는 내 버킷리스트에 언제나 슈퍼카를 사겠다고 써 놓는다. 하지만 1번 버킷리스트는 변함이 없다. 고마운 부모님께 멋지고 예쁜 '외제차'를 선물해 드리고 싶다.

04.
내가 좋아하는 일,
그리고 내가 원하는 일 하기

나는 중학교 2학년 때 음악을 시작해서 서른 살까지 기타리스트로 활동했다. 대학에서 기타를 전공하고 밴드를 하면서 공연, 녹음, 학원 일 등에 종사했다. 나에게 음악은 청춘을 함께한 내가 가장 사랑하는 것, 그 자체였다. 아름다운 청춘 시절에 음악을 했다는 점은 굉장한 축복이고 기쁨이라 생각한다. 음악은 변함없이 내가 좋아하는 일이라고 생각한다. 그러나 나는 부단히 노력했지만 좋아하는 일에서 대단한 성공을 거두진 못했다.

음악을 직업으로 삼아 성공하고 경제적으로도 큰 성과를 거두려 한다면 실력을 제외하고 시대가 요구하는 여러 가지 조건이 충족되어야 한다. 또한 좋은 멘토와 만나게 되는 등의 여러 운까지 따라 줘야 성공 확률이 급격하게 올라가는 것은 부정할 수 없는 사실이다. 우리 시대에 대중음악을 하는 사람들에게 성공의 기준이란 무엇일까? 당연히 사람마다 다를 것이다. 10대 시절 나의 꿈은 막연하게 유명해지는 것이었다.

대중음악계에는 스타 이외에 프로듀서, 작사·작곡가도 있고, 그 외에 여러 가지 기술적인 일을 다루는 멋진 음악인들이 많지 않은가. 그러나 나는 유명한 음악가가 되는 것 말고 내가 원하는 꿈은 없다고 나를 한계 지었다. 물론 이런 목표와 꿈이 잘못된 것은 아니다. 명확한 목표와 고집으로 성공한 사람들도 많기 때문이다. 나는 내가 음악을 하면서 만족할 만한 성과를 이루지 못한 가장 큰 이유를 알고 있다. 나는 명확한 목표 없이 음악을 적당히 좋아한 것이었다. 나는 이 중요한 사실을 음악을 그만두고 나서야 깨달았다.

나는 중학교 시절 첫 공연을 마치고 혼자서 후배 300명에게 사인을 해 준 일이 있다. 그 사건을 계기로 나는 본격적으로 음악을 시작하게 된 것이다. 그렇게 기타만 치다가 자연스럽게 음악고등학교에 진학했고 가장 들어가기 힘들다는 음악대학까지 들어갔다. 대부분을 독학한 나는 이것이 엄청난 운이었다고 생각한다. 또한 멋진 선후배들과 친구들을 만나서 굉장히 재미있고 좋은 음악을 했다고 생각한다. 군대도 군악대에 들어갔다. 이런 인생을 살면서 너무나 자연스럽게 음악을 해 온 것이다.

나는 내가 원해서 음악을 한 것은 맞다. 그리고 사실 피나는 노력이 있었기 때문에 짧지만도 않은 시간 동안 음악을 하는 것이 가능했다. 하지만 돌이켜 보면 음악 자체를 진정 좋아한 것은 아니었다. 그보다 따라오는 인기와 동료들이 좋아서, 명확한 목표도 없이 조금은 맹목적으로 음악을 하지 않았나 싶다. 이런 어리석음을 지금은 크게 반성하고 있다.

현재 프로음악가를 꿈꾸는 재능 있는 어린 친구들에게 자신이 정말로 음악 자체를 좋아해서 그 길을 가려는 것인지 묻고 싶다. 특히 예술계통은 스스로 원해서 하는 경우가 대부분이라 피나는 노력을 해 보지 않은 사람은 없을 것이다. 노력은 기본이다. 나 역시 그랬고 누구나 그렇게 한다. 그러나 그 이상의 것이 필요한 것이 사실이다. 스스로가 그 점을 끊임없이 자신에게 물어봐야 할 것이다.

몇몇 직장인을 예로 들어 설명해 보겠다. 현재 다니는 직장에서 평생을 일하라 하면 좋다고 이야기할 직장인이 과연 몇이나 있을까. 보통은 해 오던 일이니 하는 것일 뿐 아닐까. 사표를 낼지 말지 갈등을 일으키면서. 그러다 노력도 하고 경력도 쌓이면서 업무능력도 향상되고 인정도 받게 된다. 그래서 현재에 만족하는지, 앞으로도 평생 그 일을 하겠냐고 물어본다고 하자. 그러면 그렇다고 대답할 사람이 과연 몇이나 있을까? 나는 사업을 시작하고 4년 넘게 그렇게 좋아하던 기타를 1년에 다섯 번도 만지지 않게 되었다.

나는 나의 실패를 자위하거나 내가 읽었던 자기계발서의 뻔하지만 좋은 글귀들을 원망하거나 부정하지 않는다. 책은 거짓말을 하지 않았나. 나는 음악을 그만두고 새로운 일을 하면서 비로소 그것을 깨달았다. 그리고 그동안 꽉 막혀 있던 생각의 길을 뚫어 버릴 수 있게 되었다.

새로운 목표가 생겨서 음악을 그만두었지만 나도 사람인데 가끔은 후회도 되고 미래가 두렵기도 했다. 그러다 어느 날 서점에서 한 자기계발서를 읽게 되었다. 그리고 책에서 본인의 장단점과 꿈을 종이에 적어 보라는 몇 가지 문구를 읽게 되었다. 장단점은 비교적 쉽게 적었으나 꿈을 적으려니 갑자기 막막해졌다.

집에 돌아왔지만 쉽게 잠을 이룰 수 없었다. 이리저리 뒤척이다 노트를 꺼내 아래처럼 적어 보았다.

'내가 정말로 좋아하는 일은 무엇일까?'
'내가 가장 원하는 가치는 무엇일까?'

나는 당장에 꿈은 적을 수 없었지만 고민 끝에 목표를 생각해내어 적어 보았다. 나는 음악을 할 당시 많으면 한 달에 200~300만 원 정도의 일정하지 않은 수입을 벌어들였다. 그때 사업을 계획하고 있던 나는 한 달에 1,000만 원을 벌겠다는 목표를 노트에 적어 간직했다. 그렇게 명확한 목표들을 노트에 적고 나서 생긴 긍정적인 변화들이 있다. 가방이나 자동차 안에 노트를 항상 가지고 다니면서 생각이 날 때마다 꺼내서 읽게 된 것이다. 사실 목표를 읽으려 했다기보다는 아직 적지 못한 꿈을 생각날 때마다 노트에 적어 보려고 한 것이다.

그러면서 자연스레 예전에 적어 놓은 목표들이 눈에 들어왔다. 읽으면 읽을수록 다시 한 번 머리와 가슴에 목표를 달성하고자 하는 의욕이 생겨났다. 조금 더 노력한다면 현실적으로 달성 가능해 보이는 목표들이 먼저 눈에 들어왔다. 그러면서 그 목표를 이루기 위해 어제보다 나은 오늘을 살려는 아주 작은 '노력'을 자연스럽게 하고 있는 나를 발견했다.

나는 현재 안정적으로 사업을 하고 있다. 그런데도 나의 장단점과 목표가 적힌 노트를 지니고 다닌다. 머리로만 생각하는 것에는 한계가 있다. 적어 둔 목표를 잊지 않도록 항상 노트를 지니고 다니는 이유다. 나는 나를 의식적으로 바꾸려고 했다. 그것이 나를 발전시켰다.

이러한 작업을 미리 하지 않았다면 사업에 위기가 왔을 때 결코 이겨내기가 쉽지 않았을 것이라 생각한다. 실제로 노트에 적어 둔 '글자'들의 도움을 많이 받았다. '글자'는 내게 계속해서 앞으로 나아가라고 채찍질해 주었다. 그리고 지금도 적어 두었던 크고 작은 목표들이 실제로 하나씩 이루어지고 있다. 그러면서 구체적인 나의 꿈들이 자연스레 생겼다.

4년 넘게 안정적인 매출을 올리는 점으로 미루어 나는 이 사업에서 반 이상은 성공했다고 생각한다. 그리고 지금 하는 사업을 정리하고 지금보다 더 나은 사업을 하려는 목표를 가지고 있다. 최종적으로 내가 가장 즐겁게 일하는 사업을 찾아서 1년 뒤에 사업체의 분점을 전국에 10개 이상 늘려 가는 것. 이것이 현재 내 목표다. 혹시 그 사업이 분점을 필요로 하지 않는 형태라면 하지 않겠지만. 어찌 되었든 지금보다 10배의 순수익을 올리는 것이 내 목표다.

일찌감치 좋아하는 일을 찾고 성공까지 한다면 그것은 엄청난 행운이다. 우리 모두는 이 세상에서 서로 다른 삶을 살아간다. 하지만 누구든지 명확한 목표를 가지고 본인 앞에 주어진 일을 묵묵히 해나가면 자연스레 꿈이 생기게 된다는 것을 깨달았다.

'모든 일은 서로 연결되어 있다'라는 말이 있다. 인생의 한 분야에 노력을 기울이게 되면 다른 모든 분야에도 그 영향이 미치게 된다는 말이다. 순수하게 음악을 하면서 피나는 노력을 했던 경험이 없었더라면, 또 나의 '목표 노트'가 없었더라면 나의 인생과 지금 하는 사업의 성과는 크게 달라졌을 것이다. 이 점 나 스스로가 제일 잘 알고 있다. 나의 꿈은 내가 적어 둔 목표를 빠짐없이 모두 이루는 것이다.

05.
외국에서
살아 보기

　나는 학교를 다니는 것을 매우 싫어했었다. 중학교 2학년 때 기타를 독학하면서 혼자만의 연습 시간을 갖는 것을 즐겼었다. 중학교 때는 수업시간에 종이에 기타 지판을 그려 놓고 몰래 보곤 했다. 그렇게 머릿속으로 기타 치는 나를 상상하면서 온종일 기타 연습에 빠져 있었다. 고등학교 때는 배짱이 늘어서 점심시간에 기회를 보다 무단으로 학교를 뛰쳐 나오는 일도 많았다.

　아버지의 출근길과 나의 등굣길이 비슷해서 아버지는 나를 종종 학교까지 태워다 주시곤 했다. 그런데 연습실에 가려고 아버지 차가 사라지길 기다린 후 곧바로 교문 옆길로 도망쳐 나오기도 했다. 당시엔 온종일 연습해도 만족이 안 되어 학교에 가는 것이 시간낭비처럼 느껴졌었다.

　그리고 교과서를 그대로 훑어 읽는 듯이 느껴졌던 수업인지라 더 흥미가 생기지 않았었다. 친구들과 노는 시간도 아까웠다. 공부에 열중하는 친구들의 모습을 보면서 나도 '이 시간에 연습해야 하는데' 하며 초조해했다. 나는 고3이 되어서 실용음악을 배우려 직업고등학교에 들어갔고, 그런 노력에 힘입어 음악대학까지 입학하게 되었다.

대학을 가서도 학교생활은 만족스럽지 않았다. 유명대학에 합격했다고 모두가 부러워했지만 나는 사실·학교라는 자체를 이제는 그만 다니고 싶다고 늘 생각했었다. 나에게는 답답하기만 한 학교생활이 늘 숨통을 조여 왔다. 학교를 벗어나 어디로든 떠나고 싶은 마음뿐이었다. 결국엔 출석일을 채우지 못했고 거의 모든 과목에서 F 학점을 받았다. 그리고 6개월 만에 나는 휴학을 결심했다.

나의 이야기를 들으신 어머니는 "계획도 없이 무슨 휴학. 절대 안 돼."라며 반대하셨다. 나는 중학교 때부터 내가 느낀 답답함에 대해 말하다가 휴학한 후 일본으로 유학을 가겠다고 했다.

사실은 학교를 그만 다니고 싶은 마음에 즉흥적으로 투정 부리듯 이야기한 것이다. 일본에 가겠다는 나의 말을 듣고 어머니는 깜짝 놀라셨지만 자세히 이야기해 보라고 하셨다. 순식간에 벌어진 넓은 대화의 폭에 나 스스로도 당황했었다. 하지만 곧장 음악 선진국인 일본에 가서 공부해 보고 싶다고 이야기했다. 내가 아는 지식을 총동원해 어머니를 설득하려 말을 이어 갔다. 그러면서도 스스로도 터무니없는 이야기라고 속으로 생각했었다.

사실 나도 음악 선진국에 대한 로망은 있었다. 미국과 영국 그리고 아시아에서는 일본이 음악 선진국이다. 사실은 일본이 가장 가까워서 비교적 겁이 나지 않았고 조금은 만만하게 생각했었다. 지금 생각하면 철없이 방황했던 내 모습이 부끄럽지만 한편으로는 대견하기도 하다. 갑작스러운 나의 이야기에 부모님은 얼마나 황당하셨을까.

스무 살의 나는 2006년 9월에 일본에 도착했다. 나는 도쿄의 '나카노'에서 지내게 되었다. 처음 한 달간은 어학원에서 연결해 준 한국인 기숙사에서 지냈다. 하지만 나는 곧 한국인끼리 어울리게 되는 기숙사에서 빨리 벗어나야겠다고 생각했다. 그러곤 곧장 부동산으로 가서 월세방을 계약했다. 전자사전 하나를 들고 손짓, 발짓을 해 가며 무사히 계약을 마쳤다. 지금 생각해 보면 그랬던 나 자신이 신기하고 기특하다.

외로움도 잠시, 어학원에서 금세 2명의 한국인 친구가 생겼다. 참고로 아직까지도 절친한 사이다. 한 명은 두 살 많은 형이었고 한 명은 동갑이었다. 둘은 패션을 공부하러 일본에 온 것이었다. 나는 두 사람의 영향으로 패션에 빠져들었다. 나는 사실 패션에 늘 로망을 갖고 있었다. 음악과 패션의 밀접한 관계는 설명하지 않아도 될 듯하다. 나는 운 좋게도 이 두 사람을 만나서 패션에 대한 호기심과 갈증을 좀 더 쉽게 해결할 수 있었다. 그것은 순식간의 일이었다.

나는 맛있는 음식이나 관광에는 관심이 없었다. 음악과 일본어 공부 시간만 빼고 늘 '옷'에 빠져 있었다. 신주쿠, 하라주쿠, 시부야, 다이칸야마 등을 돌아다니며 미친 듯이 쇼핑을 즐겼다. 두 사람을 따라다니며 도쿄에 있는 백화점, 로드숍을 매일같이 다녔다. 난생처음 명품숍에도 갔었다.

용돈을 아껴 도쿄의 'LOVELESS'라는 유명 명품편집숍에서 처음으로 고가의 옷을 구매해 보기도 했다. 둘은 나에게 감각과 보는 눈을 키우려면 흔하지 않은 옷을 자주, 직접 보고 만져 봐야 한다고 했다. 그러면서 명품숍에 대한 부담을 덜어 내라고 조언해 주었다.

명품브랜드를 소비하는 층은 매우 다양하다. 비싸고 좋은 물건을 싫어할 사람은 없을 것이다. 하지만 명품이고 비싸다고 해서 무조건 예쁘다거나 전부 내 마음에 드는 것도 아닐 것이다. 그리고 명품이나 비싼 제품을 구매하는 사람들의 심리가 꼭 남들에게 예쁘고 멋있게 보이고 싶어서 그런 것만도 아닐 것이다. 설령 그렇다고 해도 나쁘다는 것은 더욱 아니다. 나는 옷을 잘 입는 멋진 사람을 좋아한다.

하지만 명품에 취미가 없거나 잘 모른다고 해서 그 사람이 이상할 것이 있는가? 세상엔 유명한 명품이 아니어도 가치가 높고 좋은 물건들이 너무나 많다. 개인 소비의 자유와 취향은 절대로 누군가가 강요할 수 없다. 나는 단지 좋은 기회가 찾아오면 적절히 명품을 구매해 보는 경험 또한 매우 바람직하다고 개인적으로 생각한다.

이야기가 나와서 하는 말이지만 간혹 명품매장에 가는 것을 필요 이상으로 부담스러워하거나 낯설어하는 사람들이 있다. 어떤 장소를 가든 공공장소에서의 매너만 지킨다면 아무런 문제가 되지 않는다. 구경만 하고 사지 않는다고 뭐라 할 사람은 아무도 없다. 우연히 부자나 재벌 손님이 마트에서 장 보듯 쇼핑하는 모습을 본다면 그것도 재미있지 않겠는가.

사실 손님의 절반은 그냥 구경하러 가는 경우도 많다. 드물게 있는 경우지만 매장의 직원이 은근히 눈치를 주거나 하면 눈웃음을 날리고 철저하게 무시하면 그만이다.

'명품'에 대해 생각해 보면 배움의 요소가 많다. 장인정신과 철학, 그들만의 역사와 이야기를 빼놓을 수 없다. 나 역시 음악과 사업을 하면서 명품으로부터 많은 영향을 받았다. 명품은 무언가 하나를 만들어도 장인정신을 갖도록 만들어 주었다. 또한 나만의 철학과 스토리를 생각하게 되었다. 내가 만들어서 파는 그 '어떤 것'의 가치를 높이고 '나의 것'을 사는 사람들에게 더 좋고 높은 가치를 주고 싶다는 생각을 하게 된다. 이러한 가치는 지금 시대를 사는 사람들이 원하는 꼭 필요한 가치라고 생각한다. 내가 좋아하는 브랜드나 기업의 철학과 역사를 알아 가는 것은 책을 보는 재미와 비슷하다.

한편, 일본은 음악 선진국답게 음악 시장의 크기도 엄청났다. 2006년도의 이야기다. 당시 우리나라에선 보기 힘들었던 '길거리 버스킹'이 곳곳에서 펼쳐지고 있었다. 또한 우리나라에서 잘 볼 수 없던 고가의 악기, 장비, 또는 CD나 DVD들이 널려 있었다. 당시 나는 집 앞 편의점에서 갖가지 공연들을 쉽게 예매할 수 있다는 사실에 충격을 받았었다. 길거리나 로드숍에서는 '메탈리카', '레드 핫 칠리페퍼스' 등의 록음악을 쉽게 들을 수 있었다. 이것들 역시 당시의 우리나라에선 쉽게 접할 수 없는 것이었다.

1년간의 짧았던 경험이 나의 인생에 많은 긍정적인 영향을 주었다. 그것은 14년이 지난 지금도 나의 인생의 엄청난 부분을 차지하고 있다. 얼핏 비슷해 보이지만 전혀 다른 문화와 새로운 친구들. 어린 시절 혼자만의 생활과 생각을 통해 많은 것을 깨닫고 돌아왔다.

나의 버킷리스트는 단연 '또 다른 외국에서 살아 보기'다. 이제는 유럽이나 미국에서 살아 보면서 우리와 전혀 다른 서양의 문화를 직접 느껴 보고 더 넓은 세상을 경험하고 싶다. 나는 '우물 안 개구리' 그 자체였고 아직도 애송이일 뿐이다. 그런 만큼 나는 또 다른 넓은 세상을 원한다. 비록 어린 마음에 휴학을 핑계로 한 일종의 도피성 유학이었지만 스무 살의 찬란했던 도전은 지금까지도 내 가슴에 깊이 새겨져 있다.

PART 11

사람들의
변화를 이끌어 내는
대한민국 최고의
동기부여가 되기

|박소연|

박소연

자녀교육 상담가, 자기계발 작가, 동기부여가

14세, 12세 두 딸의 엄마이자 자녀교육 상담가, 자기계발 작가, 동기부여가이다. 살아오면서 겪었던 삶의 위기 때마다 잘 헤쳐 나온 삶의 지혜와 경험을 사람들과 나누는 동기부여가로 살고 싶이 한다. 현재 '스스로 책 읽는 아이로 만드는 책 육아'라는 주제로 개인저서를 집필 중이다.

01.
베스트셀러 작가 되어
대형서점에서
팬 사인회 하기

"언니, 요즘 어떻게 지내요?"

"어, 언니 부산 강연 가려고 KTX 탔어."

20대 때부터 친하게 지내던 언니가 어느 날 베스트셀러 작가이자 강연가가 되었다는 소식을 들었다. 내가 아는 언니가 갑자기 유명인이 되고, TV에도 출연하는 것을 보며 적잖이 놀랐다. 그래서 언니를 만나 묻게 되었다.

"언니, 언니한테 어떻게 이렇게 갑자기 큰 변화가 왔어요?"

"원래 변화는 갑자기 찾아오는 거야. 소연아, 너는 나보다 더 잘할 수 있어."

언니는 나에게 그렇게 말해 주었다. 언니의 시작은 책 쓰기였다고 했다. 책을 써 본인 스스로를 브랜딩 한 것이다. 그렇게 자신의 가치를 끌어올리고, 베스트셀러 작가, 코치, 강연가로서 멋지게 살아가게 된 것이다. 그런 언니가 다르게 보이고 대단하게 느껴졌다. 나도 언니처럼 되고 싶다는 생각이 들었다.

나는 그동안 부유한 집에 태어나지도 못했고, 학벌이 뛰어나지도 않고, 타고난 능력도 없고, 게다가 운도 지지리 없다고 생각하며 살아왔다. 가족들의 무시와 불신, 믿었던 존재의 배신과 계속되는 가난. 그런 와중에 무기력해진 내가 내게 해 줄 수 있는 것은 바로 '책을 써 베스트셀러 작가가 되는 것'이라는 생각이 들었다.

하지만 이내 '그 언니니까 저렇게 잘될 수 있는 거지'라는 생각들이 자꾸 내 발목을 잡았다. 무언가 새로운 일에 도전하려고 하면 '네가 잘할 수 있겠어?'라고 내면의 목소리가 말했다. 그리고 결과가 안 좋으면 기다렸다는 듯 '그거 봐, 넌 역시 안 돼'라고 속삭였다.

나는 이렇게 가난한 자의 생각만 가지고 나 자신을 믿지 않았다. 그래서 스스로에게 기회조차 주지 않았다. 나에게 계속해서 닥치는 불행과 환경만을 탓하며 지냈다. 그러니 당연히 내 능력을 최대한 끌어올릴 수 없었다. 내 몸과 마음은 점점 더 나약해져만 갔다.

그러나 좌절과 절망으로 주저앉고 싶지 않았다. 자책과 가난에서 벗어나 이제는 누군가 원하는 내가 아닌, 내가 원하는 내가 되어 보고 싶었다. 그동안 나는 남의 눈치만 보며 거기에 맞춰 살려고 노력해 왔다. 그래도 놀아오는 건 배신과 눈물뿐이었다.

이제는 이렇게 스스로를 폄하하는 태도를 모두 버리고, 타인의 평가와 시선 따위는 접어 두고, 베스트셀러 작가를 향해 달려가고 싶다. 베스트셀러 작가가 되기까지의 과정은 내 안에 숨겨진 선물을 발견해 가는 아름다운 여정이 될 것이다.

책 출간은 퍼스널 브랜딩의 최고봉이자 확실한 성공의 날개를 다는 것이라고 한다. 그 말이 맞는다면 나는 이것을 통해 경제적 어려움이 더 이상 두렵지 않은 부자가 되고 싶다. 소득절벽의 공포를 경험해 봐서 그것이 얼마나 두려운 것인지를 알기 때문이다.

나는 회상만 해도 눈물이 왈칵 날 것 같은 끔찍한 일들을 겪었다. 나에겐 이런 일들을 통해 깨달은 것들이 너무도 소중하다. 때문에 이런 교훈을 다른 사람들과 나누는 것이 나의 의무라는 생각이 든다. 힘들고 고통스러운 시간들을 지나왔기 때문에 힘든 사람들을 조금 더 깊게 이해할 수 있게 된 것 같다.

성공한 사람들에게는 보통 사람들과는 다른 점이 있다고 한다. 순수한 열정과 사랑으로 타인의 고통과 불편을 온전히 이해하고 공감하는 능력. 그리고 그들에게 도움이 되고자 하는 진심 말이다. 이에 나도 내가 얻은 깨달음으로 사람들이 내면의 행복을 찾고 자신의 삶을 일으켜 세울 수 있도록 도움을 주고 싶다는 바람을 갖게 되었다. 그 사람의 강점을 발견해 주고 잠재력을 펼치게 해 성공하도록 돕는 진정한 구루가 되고 싶다. 내 지식과 경험을 이용해 다른 사람들이 성공하도록 돕고 싶다. 그렇게 세상을 변화시키고 싶다.

돈에 쫓기기만 하는 삶이 아닌, 당당하게 나와 아이의 삶을 이끌어 가는 엄마가 되고 싶다. 많은 이들에게 도움을 주고 얻게 되는 경제적 수익을 나누며 살아가고 싶다. 내가 세상에 줄 수 있는 가치는 무엇인가? 생각할 것이다. 나만 잘 먹고 잘살겠다는 생각으로 일하지 않을 것이다. 내 글로 누군가에게 좋은 영향력을 끼친다는 것. 가슴이 벅차오르게 하는, 도움이 되는 존재가 된다는 것은 생각만 해도 참 감사한 일이다.

이를 통해 나 또한 스스로 가치 있는 존재라고 느끼게 될 것이다. 자아 존중감이 높아지고, 의미 있는 삶을 사는 동시에 물질적인 만족도 얻을 수 있을 것이다.

최근 계모의 학대로 작은 캐리어 가방에 갇혀 죽은 9세 아이의 뉴스를 접했다. 정말 괴롭고 슬픈 마음이 들었다. 친부도 사회도 그 누구도 지켜 주지 못한 그 아이의 생명이 참으로 안타까웠다. 이외에도 기가 막힌 사연들로 인해 생명을 잃는 아이들의 뉴스를 많이 접하게 된다. 그러면서 내가 베스트셀러 작가가 되고 경제적인 자유인이 되면 그런 불우한 환경의 아이들을 돕는 재단을 만들고 싶다는 목표가 생겼다. 돈을 잘 벌 뿐 아니라, 더 나은 자선활동을 벌이고 돈을 더 가치 있게 쓰는 사람이 되고 싶다.

지금까지의 내 삶의 결과들이 나 자신의 가치를 판단하는 잣대가 되지는 못할 것이다. 내가 실패한 인생을 산 것처럼 보이기도 한다. 그리고 아직 '인생 꼴찌' 같아 보이기도 한다. 그러나 나는 내 존재 자체로 훌륭하다. 현재 내 모습이 전부라고 단정 짓지 않고, 남들의 칭찬과 판단에 휘둘리지 않고, 나 자신을 어느 누구와도 비교하지 않겠다고 다짐해 본다.

꿈꾸는 내 미래의 모습을 믿을 때 내가 원하는 모든 것을 가질 수 있을 것이다. 그리고 돈은 그때 얻게 되는 많은 것 중 하나일 것이다.

나 스스로 만들어 낸 나에 대한 선입견에 사로잡혀 내 가능성을 못 박지 않겠다. 내가 가진 것들을 긍정적으로 받아들이고 꿈, 재능, 열정에 집중할 때 비로소 새로운 삶이 열리게 될 것이다. 내가 진정 원하는 내 모습은 무엇인가? 진짜 나를 찾고 싶다. 또한 사랑하고 사랑받고 싶다. 진심으로 나를 사랑하고 싶다. 사랑하는 척하는 게 아니라 진심으로. 또한 다른 사람을 진심으로 사랑하는 사람이 되고 싶다. 가식이 아닌 진심으로.

이제는 내 안에 억눌려 있던 분노, 화, 슬픔, 억울함, 좌절, 외로움과 이별하고 싶다. 남아있는 내 삶과 인생 2막을 가치 있게 살고 싶다.

베스트셀러 작가가 되어서 경제적 자유를 얻고, 누군가의 롤 모델이 되고, 대형서점에서 팬 사인회를 하는 상상을 해 본다. 더 이상 남과 환경을 탓하지 않고, 절박한 마음으로 노력하며, 나 자신을 끝까지 믿어 줄 것이다. 어떠한 상황이 닥치더라도 언제나 스스로를 사랑해 주는 사람이 될 것이다. 두려움을 극복하고 지치지 않고 끈기 있게 될 때까지 도전할 것이다.

부에 대한 긍정적인 생각으로 마음을 채울 때 경제적 자유로 가는 모든 가능성이 활짝 열릴 것이라 확신한다. 성공한 사람들도 다 나처럼 처음엔 아무것도 모르고 시작했음을 기억하자. 강한 의지와 담대한 마음으로 실행해 나갈 것이다. 많은 사람들을 옳은 데로 이끄는 지혜로운 사람이 되기를 간절히 바라고 기도한다.

02.
다양한 부동산 투자로
100억 자산가 되기

　맥도날드 회장이 "나는 사실 햄버거가 아니라 부동산으로 돈을 벌고 있다."라고 말했다고 한다. 맥도날드 프랜차이즈 지점을 잘 살펴보면 지하철역 가까운 곳, 대로변 모퉁이에 대부분 위치하고 있다. 땅값이 오르기 전에 그곳을 선점하고 그 이후에 부동산 가격이 오르면 시세차익을 얻고 있는 것이다. 그래서 그는 햄버거보다 부동산으로 이익을 얻고 있다고 말한 것이다. 그리고 떡볶이계의 맥도날드, '국대 떡볶이' 또한 상권을 보는 눈이 탁월하기로 소문나 있다. 이들은 부동산을 보는 감각과 눈이 있는 사업가들이다.

　이들과 반대로 나는 부동산에 관심조차 없었다. 원금을 잃을지도 모른다는 두려움에 늘 '투자'를 망설이기만 했었다. 적금만 부으면 부자가 될 줄로 아는, 돈과 부동산에 무지한 사람이었다. 하지만 요즘 같은 저금리 시대에는 예금이나 적금만으로는 노후를 대비할 수 없다는 것을 깨달았다. 앞으로 어찌 살아갈지 고민되었다.

하루하루 열심히 치열하게 사는데도 내 삶은 항상 제자리인 것 같았다. 늘어가는 마이너스 통장의 잔액이 변하지 않는 것이 내 현실이었다. 나는 내 마음대로 되지 않는 내 인생을 불평했다. 왜 항상 무슨 일이 생길 때 드는 슬픈 예감은 틀리지 않을까. 나에겐 내 슬픔을 가져가줄 무언가 필요했다.

나는 몇 년간 친정에 얹혀살았다. 그래서 간절하게 우리 가족의 안정적인 보금자리를 만들고 싶었다. 여러 부동산 카페에도 가입해 많은 정보를 얻으며 부동산을 공부했다. 부동산 카페에서 내가 아직 경험해 보지 못한 부동산 관련 궁금증들을 해결할 수도 있었다.

실거주와 동시에 투자용인 아파트를 얻고 싶어 열심히 이곳저곳에 발품을 팔았다. 네이버 부동산과 호갱노노 같은 부동산 앱을 설치해 새벽까지 내용을 메모하곤 했다. 그렇게 손품을 팔았다. 잠을 자면서도 부동산 꿈을 꾸곤 했다.

나는 부동산 가격을 결정하는 요인을 계속해서 공부했다. 이 과정에서 나의 경험들이 나만의 자산이 된 것 같다. 드디어 얼마 전 성동구 행당동 친정 근처에 내 집을 마련하게 되었으니까. 내 집을 마련하고 나니 안정감과 자신감도 덤으로 따라왔다.

그러던 중 우연히 경매와 재테크 오프라인 강의를 듣게 되었다. 그것은 그동안 내가 몰랐던 세계에 대한 발견이었다. 거기에서 종잣돈 만드는 방법과 경매의 권리분석에 대한 공부도 했다. 그렇게 부동산 관련 지식들을 쌓아 갔다. 시간이 날 때마다 부동산 관련 책을 읽고 또 읽었다. 경제 뉴스에는 도통 관심이 없던 내가 이젠 경제 신문 앱을 까는 데까지 이르렀다. 그러곤 매일 경제 뉴스를 읽으며 경제와 부동산 흐름을 파악했다.

재테크에 있어 나와 잘 맞는 분야는 안정성이 높은 편인 부동산인 것 같다. 공부를 하면서 나의 소중한 자산을 잃지 않는 투자가 부동산 투자라는 확신이 들었다. 수업도 정말 재미있었고, 같은 관심사를 가져 대화가 잘 통하는 투자 동지들도 만날 수 있어서 좋았다. 우리는 투자에 대한 정보도 공유하고, 서로 응원해 주기도 했다.

나는 얼마 전 지인의 추천과 도움으로 청주의 한 아파트 분양권을 사게 되었다. 그런데 3일 후 그 지역의 광가속기 입지 확정 기사 발표가 났다. 주위 지인들은 분양권을 잘 샀다며 축하해 주었다.

그렇게 작은 성공을 경험하고 나니, 부동산이 더 재미있어졌다. 그리고 더 열심히 공부해서 꾸준히 투자해 봐야겠다는 동기부여도 되었다. 당시 내가 산 분양권은 매물이 다 들어가고, 가격도 꽤 오른 것 같았다. 투자는 타이밍이라는 생각이 들었다.

분양권 투자뿐만 아니라 수도권과 지방의 소형 아파트를 매수한 후 리모델링해 가치를 상승시킬 수 있다. 이렇게 소형아파트 투자로 월 1,000만 원의 월세 수익을 얻고 싶다. 소액으로 여러 건 투자해 위험을 낮출 것이다. 그리고 나중엔 종잣돈을 모아 상가투자도 할 계획이다.

이렇게 꼬마상가도 사고, 후에는 강남의 건물주까지 되고 싶다. 다양한 부동산 투자를 통해 100억 자산가가 되겠다는 큰 꿈을 그리며 용기를 내보리라는 소망을 가져 본다.

나는 가끔 '내가 부동산과 돈에 대해 더 일찍 알았더라면 얼마나 좋았을까?'라는 생각을 한다. 하지만 지금도 늦지 않았다고 믿는다. 완벽하지 않아도 괜찮은 나만의 사례들이 쌓여 가고 있다.

물론 앞으로 투자의 각 단계마다 많은 두려움과 싸워야 할지도 모른다. 그러나 나는 경제적 자유와 독립을 간절히 이루고 싶다. 때문에 그 두려움을 물리칠 것이다.

부모나 남편, 자식에게 의지하지 않는, 나 스스로 자유롭고 당당히 살 수 있는 경제적 자유를 얻고 싶다.

얼마 전 한 친구가 내게 이렇게 말했다. "소연이가 성공에 대한 열망과 꿈이 생긴 것 같아서 너무 보기 좋다."라고 말이다. 나는 그 말을 가만히 생각해 보았다.

사실 나는 나 자신을 잊은 채 꿈도 없이 살아왔다. 깨고 싶은 악몽 같은 내 삶을 서우겨우 버텨 내며 살아온 것이다. 그러나 이제 나에게는 이루고 싶은 꿈이 생겼고, 인생 2막을 멋지게 살고 싶다는 열망이 생겼다. 그런 내 마음을 내 주위 사람들도 느낀 것 같다.

부동산으로 인해 예전과 다르게 내 삶에 활력이 생겼다. 시간을 더 아껴 쓰게 되었다. 모든 일에 더 감사하고 기뻐하게 되었다. TV 광고에서 왜 '네 꿈을 펼쳐라!'라고 하는지 이제야 알 것 같다.

나는 나의 이 꿈을 이뤄 갈 것이다. 또한 부동산에 대해 잘 모르거나 선입견을 갖고 있는 사람들에게 내 지식과 경험을 나누어 주어 다 같이 잘되는 투자를 하고 싶다.

이 꿈을 이뤄 가며 나를 진심으로 사랑하게 되고, 타인도 사랑하게 되는 길을 가고 싶다.

03.
선한 영향력을 끼치는 100만 유튜버 되기

유튜브는 SNS 사용자라면 당연히 알뿐더러 많은 사람들이 이용하고 있는 인터넷 영상매체다. 매일 국내뿐만 아니라 전 세계에서 다양한 영상물이 무수히 올라오고 있다. 그러니 골라 보는 재미도 있고, 세계의 이슈도 빠르게 접할 수 있어 좋다.

또한 유튜브는 올린 영상의 호응도가 좋고 다수의 구독자가 발생하면 수익도 생긴다. 그 수익은 소액에서부터 중소기업 사장님의 수입과 맞먹기도 한다. 물론 그 이상을 벌어들이기도 한다.

예를 들어, 작년 〈보람튜브〉를 운영하는 가족회사가 약 95억 원의 강남 빌딩을 사들였다는 소식이 화제가 되었다. 〈보람튜브〉는 여섯 살 이보람 양의 일상을 공유하는 유튜브 채널이다. 그런 소식이 전해지자 많은 국민들은 '여섯 살 아이가 그렇게 큰돈을 벌어들이다니 놀랍고 부럽다'라는 반응을 보였다. 유튜브 구독자 1위를 차지한 〈보람튜브〉는 지난해 월 최고 약 18억 9,000만 원을 벌어들인 것으로 추정된다고 한다.

이렇듯 요즘 유튜브로 수익을 얻는 사례로 인해 유튜브에 대한 관심이 높아 가고 있다. 하지만 사실 쉽게 얻어진 결과는 아닐 것이다. 유튜브 채널을 통해 독자층을 관리하는 일은 방송매체에서 여럿이 하는 역할을 혼자서 하는 과정이다. 여러 사람의 역할을 해내는 일인 다역의 작업이라는 뜻이다.

그러므로 유튜브에 동영상을 올리고 수익을 낸다는 건 보기와는 다르게 쉽지 않은 과정일 수 있다. 남들보다 조금 더 편하게 혹은 큰돈을 벌기 위해 시작하는 게 유튜브다. 하지만 반대로 제대로 된 시작조차 못하고 꿈만 꾸다가 망하는 경우도 많다고 한다.

국내에서 운영 중인 유튜브 채널은 1만 개가 넘는다. 이 중 구독자 수 100만 명을 넘은 유튜브 채널은 87개다. 전체 상위 1%의 유튜버들이 이곳에서 활동하고 있다. 유튜브는 일정 구독자 수를 넘긴 유튜버에게 기념 트로피를 증정한다. 일명 '플레이 버튼'이다. 구독자 10만 명이면 실버 버튼을, 100만 명이 넘으면 골드 버튼을 수여한다. 1,000만 명을 넘으면 최고 등급인 '다이아몬드 크리에이터 어워즈'를 받을 수 있다.

나는 너무 싫어하며, 때론 지루하게, 때론 극심한 스트레스를 받으며 직장을 다녀야만 했다. 그래도 매달 안정적인 월급이 들어왔기 때문에 직장을 포기하기 어려웠다. 하지만 억지로 직장을 다니지 않고, 내가 정말 좋아하는 일을 하면서 수익을 창출하고 싶은 게 속마음이었다.

어떤 한 유명 유튜버는 처음엔 가벼운 마음으로 시작했지만 유튜브에 동영상을 꾸준히 올렸다고 한다. 그렇게 3개월이 지나자 월 수익이 100만 원을 넘겼다고 한다. 그 후 남편도 퇴사해 함께 유튜브 크리에이터 활동을 시작했다고 한다. 지금 이들은 자신이 좋아하는 일을 하면서도 회사에서 받던 월급의 5~10배 이상 벌게 되었다고 한다. 즐기면서 할 수 있는 평생직장과 안정적인 수익 두 마리 토끼를 다 잡은 유튜버 커플이 된 것이다.

유튜브는 동영상이기 때문에 블로그보다 어렵게 생각하는 분들이 많다. 유튜브를 보는 건 누구든 마음만 먹으면 할 수 있겠지만, 직접 콘텐츠를 만들려고 하면 쉽지 않은 게 현실이다. 하지만 쉽고 간단하게 스마트폰으로도 편집이 가능하기 때문에 좋은 콘텐츠가 있다면 일단 시작해 보는 게 좋을 것 같다.

나도 많은 유튜브 영상을 시청하고 '좋아요'를 누르거나 '구독하기'를 눌렀었다. 그러나 이제는 '구독자'에서 유튜브를 만드는 '생산자'가 되고 싶다. 그리고 더 나아가 훗날에 '스타 유튜버'가 된 나의 모습을 그려본다.

블로거로서도 많은 영향력을 끼칠 수 있다. 그러나 영상을 통해 단기간 안에 끼칠 수 있는 유튜버의 파급력은 블로거와 비교가 되지 않는다. 선 세계인이 공유하는 구글의 영향력은 실로 대단한 것 같다.

앞으로 어떤 '주제'를 가지고 유튜브를 할지 고민해 볼 것이다. 충분한 주제, 콘텐츠와 꾸준함을 가지고 있다면 기회는 반드시 있을 거라고 생각한다.

3년 안에 선한 영향력을 끼치는 100만 유튜버가 되고 싶다. 100만 유튜버가 되기까지의 길이 결코 쉽진 않을 것이다. 그럼에도 불구하고 나는 구독자들에게 좋은 정보를 제공하고, 선한 영향력을 끼치는 유튜버가 되고 싶다. 포기하지만 않는다면 언젠가는 100만 유튜버가 되어 구글에서 주는 '골드 버튼'을 받게 될 날이 올 것이라고 믿는다.

04.
세계여행 하며
외국인 친구 사귀고,
그들과 거침없이 대화하기

'번아웃 증후군'이란 증상이 있다. 충분한 휴식 없이 너무 일에 몰두하다 정신적 에너지를 다 소진해 버려 무기력과 우울, 자기혐오 등에 빠지는 증상이다.

번아웃 상태까진 아닐지라도 바쁜 시대를 살아가는 우리 대부분은 에너지가 간당간당하다. 가끔 휴식을 위한 시간이 주어지지만 터무니없이 짧게만 느껴진다.

이렇게 번아웃된 사람들은 여행지를 찾아 떠난다. 주5일제 근무로 바뀌면서 과거에 비해 여행 수요자가 급격히 늘어났다. 홈쇼핑에서도 여행 상품 소개가 주말마다 나오는 것을 볼 수 있다. 여행을 싫어하는 사람은 별로 없다. 1년에 여행을 갈 수 있는 5일을 위해 300일을 일한다는 사람이 있을 정도다. 혼자든 가족과 함께든 여행은 그 자체만으로 큰 설렘을 준다.

나는 집순이는 아니다. 집을 나서는 것을 좋아하고, 나가면 새로운 곳에 잘 적응하고 잘 노는 편이다. 다만 여행지는 익숙하지 않고, 편하지 않은 곳이기 때문에 새로운 무언가를 전해 주는 것 같다.

안전하고 지루한 일상을 벗어나 여행을 떠나고 싶은 때가 간혹 있다. 다시 어지러운 일상으로 복귀하게 된다고 해도. 그것만으로도 '일상을 살아갈 에너지'를 얻어 오게 된다.

나는 재작년과 작년에 홀로 서유럽과 동유럽 여행을 다녀왔다. 그 여행들은 나에게 정말 특별한 경험을 안겨 준 힐링 여행이었다. 죽을 것만 같았던 힘든 시기에 다녀온 혼자만의 여행이었기 때문에 더욱 좋았던 것 같다. 해 보지 않은 홀로 여행에 큰 용기를 내어 도전해 봤다가 얻은 소득이다.

여행을 다녀와서 그런 용기를 내준 나 자신을 칭찬해 주었다. 기회가 된다면 또 한 번 홀로 여행을 다녀오고 싶은 마음이다.

그런데 다음에 여행을 갈 때는 더 많이 준비되어 가면 좋겠다는 생각이 들었다. 먼저 영어와 중국어, 스페인어, 이탈리아어 등을 공부했으면 싶다. 세계 곳곳을 다니며 다양한 외국인 친구들을 만나 그들과 다양한 언어로 소통하고 싶기 때문이다. 그렇게 더 깊이 서로를 알아 가고 그들과 친해지고 싶기 때문이다. 언어를 더 유창하게 구사할 수 있는 실력을 갖춘다면 나와는 다른 그들의 문화, 생각 등을 교류하며 좋은 친구가 될 수 있을 것 같다.

나는 2년의 중국 어학연수, 2개월의 호주 여행, 6년 동안의 미국생활 등으로 외국인과의 대화를 두려워하지 않는 편이기는 하다. 하지만 오랫동안 영어를 사용할 기회에 맞닥뜨리지 않아 습득한 것들을 많이 잊어버리게 되었다. 지금은 내 일이 굳이 영어를 쓰지 않아도 되고, 해외로 출장 갈 일도 없고, 높은 토익 점수를 받지 않아도 되니, 영어와 더 멀어지게 될 수밖에 없었다.

이제부터 욕심을 내기보다는 하루에 몇 문장씩 꾸준히 암기하고 실제로 입 밖으로 내 보는 식으로 공부해야겠다. 그것은 세계 여행지에서 바로 통하는 현실 회화를 구사하고 싶기 때문이다. 만약 여행지에서 실제로 맞닥뜨리게 되는 여러 상황에서 말을 걸거나 대화하지 못한다면 그것은 이제껏 '죽은 외국어'를 배운 탓일 게다.

외국인과 사귀고 어울리는 데 정말 필요한 '쓸 만한 외국어'를 배우는 것에 집중해야겠다. 또한 유창한 발음보다 더 중요한 것이 꾸준한 노력을 통한 자신감인 것 같다. 비단 외국어뿐만 아니라 모국어도 당당하게 말하는 것이 말을 잘하는 비결이다. 기죽지 않고 말하기! 모든 말하기의 핵심인 것 같다.

그렇다면 어떻게 기죽지 않고 말할까? 영어만큼 대한민국 전 국민을 괴롭히는 무언가가 있을까? 영어를 못해도 먹고사는 데 지장이 없는 사람들조차 영어를 하지 못하면 무언가 부족하다는 느낌에서 빠져나올 수 없는 것이 우리 사회의 분위기다. 그런 만큼 영어 공부는 온 국민에게 무거운 짐이 된 듯하다.

외국인을 만나 자연스럽게 이야기하는 영어 회화에 관해서라면 나에게 영어는 아직도 좀 어렵고 부담스럽다. 영문학과를 졸업하고 30년 넘게 영어를 배웠어도 끝이 없는 공부인 것 같다. 외국인을 만났을 때 깊이 있는 대화를 나누기란 쉽지 않은 일인 것 같다.

다양한 상황에서 미국인과 사귀고 어울리며 제대로 대화할 수 있는 '인싸 회화'를 하고 싶다. 또한 영어와 중국어를 파고들어 고급 회화 수준이 되도록 공부하고 싶다. 그래서 누구를 만나든 거침없고 깊이 있게 대화할 수 있는 실력을 갖추고 싶다.

그렇게 해서 외국인 '베프'를 사귀고 싶다. 여행을 가는 각 지역마다에서 좋은 외국인 친구들을 많이 사귀고 지속적으로 연락하며 친분을 쌓는 것이 내 버킷리스트다.

내 인생의 후반전에는 '지금보다 더 즐겁게, 내가 원하는 모습으로 살아야지'라고 생각하게 된다. 세계 각지에서 외국인 친구들을 만나 새로운 웃음을 지어 보고, 새로운 경험을 해 보고, 새로운 관점을 들어 보고, 새로운 생각을 가져 보는 여행을 하고 싶다.

이것이 내게는 생각만 해도 참으로 가슴 뛰는 일이다. 그 시간들 가운데 종종 뜻밖의 일들을 맞닥뜨리게 될 수도 있다. 하지만 그 일들을 통해 깨달음을 얻고, 내 삶의 마법 같은 순간들을 맞이해 보고 싶다.

05.
대한민국 최고의
동기부여가 되어
TV, 라디오 출연하기

얼마 전 유명 연예인 설리, 구하라가 갑작스럽게 자살해 우리 사회에 적잖은 충격을 안겼다. 그들은 겉으론 모든 것을 다 가진 것처럼 보였다. 그러나 실제의 그들의 삶이 얼마나 피폐하고 힘들었을지는 아무도 짐작할 수 없는 일이다.

코로나로 인해 사업은 망하고, 실직이 늘어나고 있는 요즘, 혹여 삶을 포기하는 사람들이 점점 더 늘어날까 봐 심히 걱정된다.

이처럼 자살이 점점 늘어나고 있는 이유는 뭘까?

우리나라에서는 사회에서는 물론 가족들 사이에서도 서로에 대해 배려하거나 격려하는 사람들이 많지 않은 것 같다. 오히려 서로의 약점을 너무 잘 알기 때문에 서로 비난하며 싸우기도 한다. '너는 참 괜찮은 사람이야'라며 좋은 점을 말해 주고 격려해 주고 안아 주는 사람이 주위에 많았으면 좋겠다. 힘겨운 세상 잘 버티고 살아가고 있음을 응원해 주는 사람들이 주위에 생각보다 그리 많지 않은 것 같아서다.

　그렇게 사람들은 점점 메말라 가고 각박해져 간다. 주위를 돌아볼 여유는 찾아볼 수 없다. 그저 주어진 자신의 삶을 바쁘고 힘겹게 살아갈 뿐이다.

　그 탓에 많은 사람들이 낮은 자존감에 절망하며, 세상에 자신 혼자뿐이라고 생각하다, 결국엔 자살을 택하고 마는 안타까운 일들이 일어나고 있는 것은 아닐까.

　나 또한 오랫동안 나를 사랑하지 않았고, 오히려 나를 천대해 왔다. 자살도 많이 생각했었다. 아무도 나를 인정해 주는 이가 없었다. 나는 늘 부족하고 보잘것없는 인간이라는 생각이 들 때가 많았다. 너무 쉽게 남들의 말에 상처받고 흔들렸다. 이렇게 낮은 자존감으로 인해 늘 힘들어했다. 다른 사람에게 인정받기를 갈구하면서도 막상 칭찬을 들으면 믿지 않았다.

　그런데 올해 초 우연한 기회에 미술그림치료 수업을 듣게 되었다. 그 과정에서 나는 내가 나 스스로에 대해 얼마나 엄격했는지, 얼마나 스스로에 대한 칭찬에 인색했는지 알게 되었다. 나는 내가 잘하지 못한 것에 대해서는 나 자신을 채찍질하고, 비난했다. 하지만 내가 잘한 것에 대해서는 당연시하고 그냥 넘어갔다. 그런 나의 모습을 처음 객관적으로 인지하게 된 것이다. 나는 그런 나의 행동을 돌아보며 나 스스로에게 사과했다.

"소연아, 그동안 너를 무시하고, 잘한 것은 너무나 당연시하고, 못한 것은 '왜 이 모양이냐'며 질책했던 나의 잘못을 용서해 줘. 이제 때론 잘못해도 너그러이 넘어가 줄게. 누구나 실수할 수 있는 거니까. 이제 잘한 것은 정말 많이 잘했다, 수고했다고 칭찬해 줄게. 그동안 너를 사랑해 주지 못해서 정말 미안해. 그동안 죽지 않고 살아 줘서 정말 고마워. 너를 정말 사랑해."

이렇게 고백하며 드디어 내가 나와 진정한 화해를 하게 되었다! 그러자 나도 예상치 못했던 눈물이 흘러내렸다. 그러다 나는 흐느껴 울기 시작했다. 한동안 계속 눈물이 그치지 않았다.

나의 자아는 나의 이런 고백을 정말 오랫동안 기다려 온 것만 같았다. 내 속의 또 다른 자아가 그동안 쌓인 서러움과 기쁨의 눈물을 쏟아 내는 것 같았다.

나와 같이 낮은 자아와 부정적 생각에서 빠져나오지 못하는 사람들, 우울한 사람들, 자신을 사랑하지 못하는 사람들의 생각을 바꿔 주고, 그들만의 가치를 발견해 주는 진정한 멘토가 되고 싶다. 과거에 힘들었던 나의 경험을 나누고, 함께 아파하며, 위로해 주고 싶다. 더 나아가 꿈과 목표를 가질 수 있도록 도와주고 싶다. 그 꿈을 원동력 삼아 삶을 다시 잘 살아 보자는 의지를 부여해 주고 삶에 대한 열정을 갖도록 해 주고 싶은 것이다.

어느 날 둘째 딸이 나에게 "엄마, 엄마가 내 엄마여서 좋아."라고 했다. 내가 "정말? 감동이다. 왜 엄마가 네 엄마여서 좋은데?"라고 물었더니 "응, 왜냐면 엄마가 친구 같은 엄마여서. 나도 커서 엄마가 되면 엄마 같은 엄마가 되고 싶어."라고 하는 것이었다.

이런 둘째의 이야기를 들으며 얼마나 큰 감동을 받았는지 모른다. 딸의 꿈이 '엄마'라니. 엄마 같은 엄마가 되는 게 꿈이라니. 사실 나는 특별히 좋은 엄마는 아니다. 많이 혼내고 잔소리도 하고 때론 딸을 크게 서운하게도 하는 그저 평범한 엄마다.

그런 내게 딸의 그런 말 한마디가 얼마나 내 마음 깊은 곳을 울리고 감동을 주었는지 모른다. 나는 딸의 지금의 꿈이 변하지 않도록 내가 더 좋은 엄마가 되어야겠다고 다짐했다. 그 말 한마디로 딸은 내게 정말 좋은 동기부여를 해 주었다.

나도 다른 이에게 이렇게 동기부여를 해 주는 사람이 되고 싶다. 더 나은 사람으로 살아가고 싶게 만드는 동기부여가 말이다. 그들의 삶의 전환점이 되어 줄 수 있는 한마디를 해 주는 사람. 절망적인 삶에 생명의 은인 같은 사람이 되어 주고 싶다.

나는 내가 그 사람만의 장점을 발견해 주고, 믿어 주는 대한민국 최고의 동기부여가가 되기를 바란다. 그래서 TV와 라디오에 출연해 더 많은 사람들에게 삶의 희망과 꿈을 전하는 사람이 되기를 간절히 원한다.

PART 12

어려운 이웃에게
베풀고 나누며
타의 모범이 되는
등대 같은 삶 살기

|곽경빈|

곽경빈

코딩지도사, 타로심리상담사, 부모교육지도사, 자기계발 작가, 동기부여가

방과후 회사에 다니는 직장인이다. 쉬지 않고 끊임없이 독서하며, 꾸준한 자기계발을 놓지 않아 코딩지도사, 타로심리상담사, 부모교육지도사라는 자격증을 획득했다. 끊기 있지 동기부여기리는 기슴 실데게 하는 꿈을 그리며 유듀브 〈빛나는 책임마TV&(책 읽어주는)책아이TV〉를 자녀와 함께 운영 중이다. 현재 '성적 올리는 방과후 수업 200% 활용하는 법'을 주제로 개인저서를 집필 중이다.

01.
꿈 찾아 주는
코치 되기

난 1979년생으로 〈응답하라 1988〉 시대의 사람이다. 1988년 대한민국의 첫 올림픽을 호돌이와 함께 치러 내고, 전두환 대통령의 강력한 국민 탄압을 겪어 보기도 했다.

이혼 맘인 엄마가 쉬는 귀한 주말 어느 날, 엄마와 나는 시내버스를 타고 부평시장에 도착했다. 하지만 부평역 앞 대로에서는 시위대와 경찰이 맞붙고 있었다. 나는 최루탄을 피해 엄마의 손을 꼭 붙들고 집으로 내달렸다. 이렇게 나는 국민의 인권을 위해 싸우는 마지막 세대가 되었다.

우리 친정엄마는 3남 4녀의 맏이로 태어났다. 그러니 줄줄이 동생들을 먹이고 입히기 위해 학교와는 상관없이 생계를 위해 돈을 벌러 나서야 했다. 남의 집 식모살이부터 양장점의 재단 보조, 시외버스 안내양, 갈빗집 서빙, 방직공장 직원 등 돈이 되는 일이라면 살림 밑천인 첫딸은 무엇이든 했다.

대학 입학과 돈벌이를 위해 전라도에서 인천으로 오는 동생들도 틈틈이 돌봐야 했다. 뿐만 아니라 잘못된 결혼으로 인해 본인의 자식들도 책임져야 하는 외롭고 힘든 삶을 살았다.

내 시어머님 역시 친정엄마와 동일한 세대다. 3남 3녀의 첫째 딸로서 일찍부터 하동시골에서 농사일을 거들어야 했다. 딸이라는 이유로 학교도 안 보내 주었다고 한다. 시어머님은 집안일부터 생계를 위해 모자장사와 각종 돈이 되는 일을 10대부터 했다고 한다.

그러다 도피처 삼아 부산 시내로 시집왔지만 상황은 더 나빠진다. 8남매의 장남에게 시집온 나의 시어머니는 남편의 세탁소 일을 거들뿐더러 부산으로 돈 벌러 나온 시동생들까지 챙겨야 했다. 새벽같이 일어나서 연탄불로 온 가족의 식사를 챙기고 시동생과 남편의 도시락까지 싸야 했다. 뿐만 아니라 본인의 아이들이 들어 있는 고무다라이를 발로 흔들어 가면서 세탁소 일을 거들었다.

그렇게 온종일 가게일과 집안일에 시달리다 자정 넘어 기절하듯 세탁소 안 단칸방에 쓰러지곤 했다고 한다. 그러면 갓난 아들은 쓰러진 엄마의 젖을 물고 놀다가 곁에서 잠드는 착한 아이였다고 한다.

이렇게 존경스러운 부모님 덕분에 우리 형제는 굶거나 생계를 위협받시는 않았다. 다만 너무나 치열하게 사느라 아이들과의 소통이 조금 부재했을 뿐이다. 이런 부모님 슬하에서 자라오면서 우리는 우리 자신의 꿈이 아니라 바쁘게 변해 가는 이 시대에 적응하느라 정신이 없었다. 친구들과 지인들의 전화번호를 잔뜩 외워 삐삐를 치기도 하고, 새로 나온 PCS폰을 자랑하느라 공중전화 박스 옆에서 전화통화를 하기도 했다.

지금은 스마트폰 하나로 은행 업무를 볼 뿐 아니라 카톡으로 동네 지인과 정보 공유도 하는 시대다. 알림장 대신 스마트폰 어플로 아이 학교의 공지사항을 받고 있기도 하다.

우리는 부모님에게서 "열심히 공부해라, 엄마아빠처럼 가난하게 살지 마라, 좋은 대학 가고, 좋은 직장 구하거라"라는 소리만 들으며 자랐다. "변화에 적응해라, 미래는 어떻게 변할 것이다, 책을 읽어라, 인간세상의 지혜가 모두 책 속에 담겨 있다"는 말들은 자주 듣지 못했다.

그런 만큼 우리는 열심히 공부해 대학에 입학하고 취직하고, 그럭저럭 살아오게 되었다. 그러다 우리도 결혼하고 아이를 갖게 되었다. 그러면서 우리는 아이에게 무엇을 어찌 잘 물려줄지 고민을 자주 하게 된다. 우리 부모님이 먹고사는 걱정에 삶을 바쳤다면, 우리는 이제 먹고사는 걱정보다 자녀들에게 하고픈 일과 즐거워하는 일을 찾아 주려고 애쓴다.

나는 부모님의 강압으로 원치 않은 간호학과에 진학해 소중한 2년을 버렸다. 단순히 간호사는 취직이 잘 되니까, 교대를 못 간다면 간호학과에 가라는 논리였다. 아니면 대학 등록금을 대줄 수 없다는 부모님의 협박이 있었다. 20년 내내 주는 밥 먹고, 하라는 공부만 한 아이에게 부모님은 어느 날 갑자기 네 전공과 너의 미래는 교사, 아니면 간호사라고 못

박으신 거였다. 나는 집에서 키우는 애완견처럼 별 수 없이 간호학과를 다니게 되었다. 그렇게 용돈을 벌겠다고 아르바이트를 하는 등 세상을 배워 나가던 나는 뒤늦은 반항을 하게 된다.

보건소, 산부인과, 내과, 외과 실습을 모두 끝냈지만 나는 남의 살에 뾰족한 바늘을 꽂지 못해서 도망 다녀야 했다. 타인의 상처를 케어해야 하는 간호사였지만 환자의 고통을 내 아픔처럼 느끼느라 나는 정작 내 일은 잘할 수 없었다. 그러다 어려운 결심을 하게 된다. 나이팅게일 선서 까지 마쳤지만 부모님 몰래 자퇴서를 던지고 만 것이다.

그 후 나는 1년간 새 직장에서 돈을 모았다. 그러곤 내가 원하던 전 문대 일어학과에 입학하게 된다. 그리고 2002년 졸업 전에 인천공항 면 세점에 교수님의 추천으로 취직이 된다. 어린 시절 가난한 탓에 나의 유 일한 친구는 독서였다. 그랬던 내가 내 엄마처럼 돈이라는 것을 벌겠다 고 되는 대로 직장을 다니게 되었다.

하지만 이제는 후회한다. 내 엄마의 무지로 인해 나의 인생이 이렇게 흐지부지된 것은 아닐까? 되는 대로 살고, 주는 대로 먹고, 일하라면 일 하고, 시키는 일만 하는 사축(회사에서 기르는 가축=직장노동자)이 되어 버 린 건 아닌지?

나는 내 아이는 사축으로 키우고 싶지 않다. 나는 이제 내 아이뿐만 아니라 같은 세대를 살고 있는 우리 아이들에게 네가 원하는 삶을 살아라, 너는 원하는 모든 것을 이루는 사람이 될 수 있다고 가르칠 것이다. 내가 소망했고, 내가 체험했기 때문이다.

그러기 위해서 스스로 잘하는 것과 좋아하는 것을 찾아 가도록 도와주는 꿈 지도사가 될 것이다!

앞으로의 세대는 우리의 과거와 현재와는 확연히 다른 삶을 살게 될 것이다. 어린 시절 우리는 학교 운동장에서 뛰어놀다가 목이 마르면 그냥 학교의 수돗물을 마셨다. 겨울이면 당번들이 순서대로 땔감을 교실로 가져오고 우리는 난로 위에 도시락을 얹어 두었었다.

반면 지금의 우리 아이들은 공기청정기와 에어컨이 있는 교실에서 정수기 물을 마시고 있다. 앞으로 나의 손자손녀들은 또 어떤 교실에서 어떻게 수업을 받고 있을까?

내가 즐겨 보는 《유엔미래보고서2040》은 2008년부터 시작된 여섯 번째 시리즈의 책이다. 이 책은 매년 10년 이상의 장기적인 전망을 소개하는 데 독보적인 존재감을 나타내 온 책이다. 그 덕분에 많은 독자들에게 읽히면서 베스트셀러에 올랐다. 기업과 국가 정책 담당자들로부터 필독서로 지정되는 경우가 많다. 특히, 미래를 짊어질 인재를 키우는 공간인 학교의 추천도서로 많이 선정되고 있다.

《유엔미래보고서2040》에서 소개하는 2014~2060 미래예측 연대표를 간단하게 몇 가지 소개해 보겠다.

- 미국 보병대에 로봇이 투입되어 무거운 짐을 나르게 된다.

- 가상현실 기술이 대중화된다.

- 중국이 경제력, 특히 구매력에서 미국 경제를 능가하게 된다.

- 구부러지는 패널을 가진 TV와 홀로그램이 보편화된다.

- 건강모니터가 보편화되어 개인이 항상 소지하고 다니게 된다.

- 거의 모든 수술을 로봇이 실행한다.

- 바이오 연료가 급성장한다. 기후변화의 대안으로 바이오연료가 급
  부상하기 때문이다.

- 무인자동차 기술이 세상을 연결시켜 준다.

- 줄기세포로 성장시킨 장기로 손상된 장기를 교체한다.

- 수명연장 기술이 급성장한다.

- 일과 가사의 균형을 맞추는 법률이 제정되어 모든 기업은 재택근무,
  유연근무를 보편화시킨다. 그 결과 생산성 향상과 업무 효율성이 더
  높아진다.

- 물 전쟁이 본격적으로 발발한다. 기후변화로 인한 장기적 가뭄이 지
  속되며 동남아시아, 중동, 북아프리카에서 최초의 물 전쟁이 시작된다.

- 인간과 동일한 인공지능을 지닌 안드로이드가 등장해 인간처럼 행
  동하게 된다.

- 스마트폰, 웨어러블 컴퓨터를 넘어 몸에 이식되는 바이오 폰의 시대
  가 온다.

- 유인 우주선이 화성을 목적지로 삼는다.

- 기후변화와 환경오염으로 중국의 폐질환 사망자가 8,000만 명에 달한다.
- 온난화로 인해 2035년 9월 한 달간 북극의 얼음이 사라진다.
- 사망한 사람들이 홀로그램으로 재현되어 삶과 죽음의 경계가 모호해진다. 돌아가신 부모님도 늘 재생시켜서 함께 지낼 수 있기 때문이다.
- 중국, 러시아, 미국 등이 달에 식민지를 건설하기 시작한다.
- 일반인들에게 우주여행이 해외여행처럼 쉬워진다.
- 화성에 인류가 거주하기 시작한다.
- 자원 부족과 기후변화의 심각성은 자연과 인간의 생존에 직접적 위협 요소로 작용한다.
- 급속한 지정학적 변환으로 발생하는 위기를 모면하려고 많은 인구가 기후난민이 된다.

이렇듯이 다가올 미래에 우리와 우리 아이들은 다양한 문제와 급변하는 지구 환경 속에 살게 된다. 저자는 도전하는 사람이 미래에 살아남는다고 한다.

나는 이것이 무릇 예언만으로 그치는 것은 아니라고 생각한다. 오히려 현재와 가까운 미래에 실행될 일들이라고 생각한다. 이에 우리는 저자의 조언처럼 미래를 인지하고 도전하고 준비해야 한다고 생각한다. 왜냐하면 우리의 부모세대 역시 물을 사 먹게 되는 현재를 상상해 본 적이 없기 때문이다.

이제 우리에게는 생계가 시급하지 않다. 그런 만큼 우리는 우리의 자녀들이 이런 상황을 미리 인지하고 준비하도록 학습시켜야 한다. 그래야 다가올 고난과 재난 등을 피할뿐더러 되레 잘 활용해 잘 살 수 있는 방법을 함께 준비해 나갈 수 있을 것이다.

나는 우리 아이들이 평범한 사축이 되어 주는 돈으로만 사는 사람이 아니었으면 싶다. 대신 책을 읽고, 스스로의 재능을 개발하고, 다가오는 미래스타일에 맞춰 희망적인 인간으로 살아갔으면 싶다. 그런 인재가 되도록 내가 아이들을 코칭하고 가르치는 사람이 되어 줄 것이다.

02.
동기부여 책으로
베스트셀러 작가 되기

나의 부모님은 내가 일곱 살 때 이혼하셨다. 어린 우리들은 이유가 뭔지도 모른 채 아빠를 잃었고, 가난을 얻었다. 부엌도 없는 단칸방 안에 일곱 살 딸과 세 살 아들만을 남기고 방문을 밖에서 잠가 둔 채 엄마는 일하러 나가셨다. 남겨진 우리는 온종일 TV도 없는 단칸방에서 이불 속에 묻어 둔 밥과 요강 하나로 심심하고 지루한 하루하루를 버텨 냈다.

그러다 내가 여덟 살이 되어 종일 아이를 가둬 둘 수 없는 상황이 되었다. 이에 엄마는 결심하고 이혼한 남편에게 아이들을 보내게 된다. 남편 없이 아침 9시부터 밤 9시까지 식당일을 하는 여자가 아이를 위해 할 수 있는 일이라곤 돈 버는 거 말고는 없었기 때문이다.

강원도 아빠 집에는 새엄마가 있었다. 내 기억의 그녀는 신데렐라의 새엄마, 소공녀 세라의 새엄마였다. 아빠가 없는 틈을 타 우리가 잘못하면 매부터 들었고, 새엄마의 말은 법이 되었다. 아직 네 살밖에 안 된 남동생은 새엄마인지, 내 엄마인지 천지도 모르고 그냥 엄마, 엄마라고 부르며 그녀의 젖가슴에 묻혀 잠들었다. 하지만 나에게는 친엄마를 그리며 울면서 잠드는 날이 계속되었다.

그러던 어느 날 친엄마가 찾아왔다. 내가 강원도 어느 학교를 다니는 지도 모르는 엄마는 태백의 국민학교를 전부 뒤지다시피 했다고 한다. 내 딸을 찾아 달라고 울며 학교를 뒤져 나를 찾아낸 것이었다. 얼마만의 상봉인가? 나는 남동생처럼 내 친엄마의 젖가슴에 묻혀 행복하게 잠들었다.

다음 날 아침 눈을 뜨자 엄마는 사라지고 없었고, 나는 울며불며 며칠을 아빠를 졸랐다. 친엄마를 찾아 달라며. 그러던 어느 날 부산 친할머니 댁에 다녀온 새엄마는 여느 날과 다르게 나에게 친절했다. 잔뜩 사 온 귤을 동생과 나눠 먹으려 하자, 동생은 없으니 너 혼자 다 먹으라고 했다. 남동생은 부산 친가에 놔두고 왔다고 들었다. 그날 이후 나는 혼자 인천 엄마 집으로 가게 되었다. 엄마와 함께 살 수 있게 되었지만, 아빠와 동생이 없이 늘 혼자인 외로운 일상을 선물 받게 되었다.

엄마의 출근 이후 나는 혼자 동네 친구의 집에 들러 같이 학교를 갔다. 학교가 끝나면 혼자 운동장을 배회하거나, 동네 어귀를 돌다 집으로 와서 혼자 엄마놀이를 하곤 했다. 부엌도 없는 단칸방을 혼자 쓸고, 닦았다. 부엌문 앞에 기대앉아 TV 방송이 나올 시간을 기다리곤 했다. 그렇게 잔업까지 채우고 오는 엄마를 기다렸다.

엄마는 공장에 나가며 어린 딸이 먹을 점심밥을 꼬박꼬박 챙겨 두었다. 하지만 집에 남겨진 딸은 혼자 먹는 밥이 싫어서 몰래 내다 버리곤 했다. 그러다 어느 날 그 사실이 들통 나서 엄마에게 얼마나 많이 맞았는지 모른다. 온몸에, 보이는 곳 모든 곳에 매질을 당하고도 모자라 집 밖으로 쫓겨나기까지 했다. 엄마는 힘들게 번 돈으로 부지런히 밥을 해 놓았건만, 아이는 그 정성도 모르고 내다 버리면서 늘 먹고 있다고 거짓말을 해 왔던 것이다.

《나의 라임오렌지나무》의 어린 제제에게 무참히 매질을 했던 아빠도 그랬다. 넉넉지 않은 형편에 일자리까지 잃어 생계가 막연했던 제제 아빠. 그런 아빠가 옆에 있는 줄도 모르고 내뱉은 "아빠가 가난해서 너무 싫어."라는 말은 아빠의 가슴에 비수가 되어 꽂혔다. 거기다 제제는 아빠를 위로한답시고 저속한 노래를 불렀다. 아빠는 아이의 마음은 보지 못하고 못된 아들이 자신을 비웃는다고만 생각하게 된다. 비참함이 분노로 바뀐 아빠는 이성을 잃고 말았다. 잠시 후 정신을 차리고 자신이 무슨 짓을 저질렀는지 크게 후회하지만 이미 제제는 만신창이가 된 후였다.

이렇게 늘 혼자였던 나의 유일한 낙은 주인집 아이들이 보던 동화책을 빌려 보는 것이었다. 여덟 살에 처음 접한 안데르센 동화책에서처럼 나는 성냥팔이 소녀처럼 외롭고, 미운오리 새끼처럼 사회의 미움을 받으며, 인어공주처럼 물거품이 되어 사라지는 아이였다.

안데르센 동화책은 '공주와 왕자가 이후 오래오래 행복하게 잘 살았습니다'라고 끝맺지 않았다. 동화책은 삶은 백설 공주처럼 새엄마의 미움을 받으면서도 외롭지만 열심히 살아 내는 것이라고 가르쳐 주었다.

이후 책에 빠진 나는 학교 도서관이나 시내 서점에 가서 닥치는 대로 책을 읽게 된다. 방학이 되면 돌봐 줄 사람이 없는 난 엄마의 친정인 전남 순천 시골집으로 갔다. 그곳에는 5일장에 손수레로 쌀을 배달하는 예순 넘은 외할아버지와 외할머니가 계셨다. 그리고 아직 고등학교, 중학교를 다니는 막내 이모와 막내 외삼촌이 계셨다. 이모 삼촌이 보던 여러 가지 책들은 어린 나이에 이해하기는 힘들었지만, 유익한 독서 경험을 만들어 주었다.

난 《어린 왕자》를 보면서 외로움을 배웠다. 또한 상처받지 않기 위해 여우처럼 상대와의 거리두기를 배우게 되었다. 어른이 된 이후, 나는 늘 다가오는 이성에게 "책임질 수 없으면 길들이지 말라."라고 부탁하며 관계를 시작했다. 《나의 라임오렌지나무》의 제제처럼 나를 이해해 주고 나만 바라봐 주는 뽀르뚜까 아저씨를 바랐기 때문이었다. 그렇게 나는 아주 조용히 없는 듯 사는 방법을 택하게 된다.

난 세상의 모든 아이들이 나처럼 외로운 유년기를 보내지 않기를 바란다. 가족이 멀리 있고, 친구가 없다고 해서, 혼자인 것은 아니다. 하나님께서 '나'라는 존재를 이 지구상에 보내신 데는 이유가 있기 때문이다. 그 이유를 책 안에서 찾아보고자, 교회에서 찾아보고자 많은 노력을 기울였다. 서점과 도서관에서 수많은 시간 동안 책을 읽으며 위안을 얻고, 외로움과 쓸쓸함을 위로했었다.

이제는 나처럼 외롭고, 힘들게 살 필요가 없다. 누구든지 어디든지 수많은 도서관과 서점에서 그 공허함을 책으로 달랠 수 있기 때문이다. 돈이 없다고, 능력이 없다고, 그들을 위로해 주지 못할 이유가 없다. 나는 책 쓰기로 나처럼 힘들고 어려운 사람을 돕기로 마음먹었다. 동기부여 책으로 베스트셀러 작가가 되어 그들에게 꿈과 희망과 목표를 만들어 주는 사람이 될 것이다. "나도 했어. 그러니 너도 할 수 있어."라고 용기를 북돋워 주면서.

나처럼 책으로 경험과 지혜를 나누어 주는 것 또한 그들에게 커다란 동기부여가 되고 위로가 될 것이다.

아주 오래전 싸이월드, 세이클럽이라는 것이 있었다. 그것으로 인터넷상의 친구들과 인터넷 안에 내 공간을 만드는 게 유행이던 시절이 있었다. 실제 우리 집은 단칸방에 월세지만, 싸이월드 안에는 도토리만 가득 사 두면 대궐 같은 내 집이 생겼다.

〈별이 빛나는 밤에(이하 별밤)〉를 기억하시려나? 라디오를 듣고, 사연을 보내고, 전화 연결이 되어 내 목소리가 전국 각지에 나가게 되는 기적을 체험해 보셨나? 나를 표현하기가 어려웠던 그때 새로 생긴 문화 중 하나였다. 세이클럽에서는 지금의 SNS처럼 공통된 관심사를 가진 전국 각지의, 나와 비슷한 누군가들이 모여서 수다를 떨고는 했었다. 인천에서 부산까지 전국의 서로가 친구가 되는 그곳, 세이클럽. 신청곡을 받아 주고, 각자의 사연을 소개해 주는, 〈별밤〉은 아니지만, 〈별밤〉처럼 아름다운 시간을 만들어 주던 공간이었다.

이 모든 곳이 나에게 동기부여와 위로를 해 주던, 우리들의 소원이 이뤄졌던 곳이 아닌가? 지금도 우리는 인스타그램과 페이스북으로 서로의 근황을 알리고, 해외의 친구 소식도 옆 동네처럼 소통하며 지내고 있지 않은가.

이렇게 시대의 변화에도 변하지 않는 것이 있다면 그것은 책이다. 지금까지도 여전히 인기 있는 《드래곤볼》, 《슬램덩크》, 《빨강머리 앤》, 《작은 아씨들》, 《영웅문》, 《삼국지》, 《데미안》 등등의 불멸의 책들 말이다.

진정한 영웅은 시대를 가리지 않으며, 진정한 베스트셀러는 시대를 초월한다. 이런 변치 않는 진리를 따라서 나도 시대에 남는 영원불멸의 베스트셀러를 쓸 것이다. 지금 세대와 이후 세대 모두에게 따뜻하고 위로를 건네주는 책을 쓸 것이다. 모든 어려운 이들에게 그들만의 사연과 아픔을 책으로 승화할 수 있도록 격려할 것이다. 아프고 힘든 상처는 혼자 끙끙 앓을수록 곪아 가기만 한다는 것을 나는 이미 겪어 봤기 때문이다.

03.
부와 지식을 나누는
기부문화 권장하기

나는 편모 가정에서 자라 온 소심한 여자아이다. 난 버스비로 떡볶이를 사 먹기 위해 왕복 한 시간 거리의 중학교를 걸어 다녔다. 하지만 그 시간은 그다지 멀리 느껴지지도, 힘들지도 않았다. 걸어 다니면서 읽은 《슬램덩크》 만화책과 《영웅문》 같은 소설책은 어디서, 어떻게 읽어도 시간 가는 줄 모르게 했었다.

어릴 적 나의 영웅과 내 인생의 롤 모델은 대부분 만화책 주인공과 소설책 속에 있었다. 모든 승부에 정정당당해야 하고, 현자는 어디든지 계시며, 의리와 정의를 지키면, 하늘은 복을 내려주신다고 배웠다. 학교에서는 나에게 어디에서 사는지? 부모님은 뭐 하시는지? 부모님의 학력은 어떻게 되는지? 캐물었다. 그러곤 나의 엄마를 불러서 성적에 신경 쓰시라고 잔소리했다. 하지만 살기 바쁜 엄마는 내 성적보다 돈벌이가 우선이었다.

그러던 중 중3 여름방학이 닥쳤다. 담임 선생님께서는 엄마를 불러

나의 성적이 애매하니, 진로를 어찌하실 거냐며 엄마를 채근하게 된다.

엄마가 다니시는 전남방직 공장에는 당시 여공들이 많았다. 나의 엄마, 우리 외숙모, 나의 이모도 일하러 다닐 만큼 근면 성실한 노동력만 있으면 누구든지 환영받는 회사였다. 또한 그 회사에는 기숙사에서 지내며 낮밤으로 일하고 오후에는 공부하러 다니는 북인천여상 학생들이 굉장히 많았다.

엄마는 딸의 진로를 결정하기 위해 특단의 조치를 취하게 되었다. 중3 딸을 엄마의 회사에 여름방학 동안 취업시킨 거였다. 친구들은 소중한 중3 여름방학 동안 학원을 다니거나 과외를 받고 있는 마당이었다. 하지만 나는 공장 기숙사에서 3교대 근무를 하는 여공 언니들과 함께 일하게 되었다.

아침 6시에서 오후 2시 반까지 일하는 주간근무와 오후 1시에서 오후 9시 반까지 일하는 오후근무는 그래도 견딜 만했다. 문제는 야간근무. 밤 9시에 출근해서 다음 날 아침 6시 반에 퇴근하는 야간근무는 잠도 많고, 할 일 많은 평범한 중3 여자아이가 견딜 수 있는 일이 아니었다. 자정을 넘긴 시간 난 작업대 앞에 서서 방직기계 방향으로 고꾸라져 기계에 딸려 들어가는 사고를 겪을 뻔했다. 같이 일하던 선배 여공이 쓰러시기 식선의 나를 발견해 집으로 귀가시켜 주었다. 나는 무서운 야간근무를 제외받고 2교대로 한 달 반을 근무하게 되었다.

엄마의 훈계는 방학 동안 고민하고 결정하라는 것이었다. 이렇게 고

된 일을 견디면서 학교를 다니는 사람도 있는데, 엄마의 후원을 받으며 너는 왜 공부에 매진하지 않느냐는 것이었다. 여상에 진학하게 된다면 지금처럼 공장에 다니면서 학교를 다녀야 한다. 그런데 인문계에 진학하게 되면, 엄마의 지원 아래 학업에 열중해야 한다는 말씀이셨다.

방학이 끝난 이후 나는 열심히 공부해 인천외고 일본어과에 입학하게 되었다. 그 무서운 공장을 벗어나게 되었던 것이다. 방학 동안의 공장 경험은 엄마가 얼마나 고된 일을 하며 현장에서 버티고 있는지, 집안의 가장으로서 자식을 위해 얼마나 열심히 사시는지 깨닫는 계기가 되었다.

나는 엄마를 생각하며 열심히 공부에 매진했다. 고등학교 시절 동안 매년 장학금을 타 엄마에게 보탬이 되어 드린 것이 그 결과다. 해마다 받은 장학금은 우리 집의 책상이 되었고, 우리 집의 새 TV가 되었고, 내 어머니의 살림 밑천이 되어 줘 나는 기쁘고 뿌듯했었다.

장학금이라는 좋은 기회는 나에게 더욱더 열심히 사는 계기가 되어 주었다. 그것을 계기로 나중에 커서 나와 같은 어려운 학생들을 도와주는 장학사나 기부가가 되어야겠다는 꿈을 키우기도 했다. 나의 부를 나누는 기회, 나의 경험과 지혜를 나누는 기회를 꼭 모교와 나의 유년시절이 어린 동네에 나눠 줘야겠다고 다짐하게 되었다.

슬픔과 아픔은 나누어야 줄어들고, 사랑과 행복은 나누어야 커진다는 진리가 있다. 그래서 장례식과 결혼식은 빠지지 말고 다녀 줘야 한다고 들으며 자랐다. 엄마, 아빠도 없고 하나뿐인 동생도 없이 나 혼자 삭이는 외로움, 아픔과 슬픔은 늘 내 어깨에서 내려오질 않았다. 하지만 장학금으로 맛있는 저녁식사를 하게 되는 날이면 옆 동네 살던 이모, 삼촌들까지 모두 모여 행복을 나누었다.

이렇게 살아가며 배우고 터득한 소박한 진리로부터 나의 꿈이 새로 생겨났다. 돈을 많이 벌게 되면 나누며 살아야지, 내 지식과 경험으로 나처럼 힘들고 외로운 사람들에게 힘이 될 수 있게 나누며 살도록 해야겠다, 하는. 나의 가족뿐만 아니라 이제는 대한민국 모두가 나의 가족이기 때문이다.

그들에게 나의 부를 나누어 기부할 것이다. 나의 책과 나의 강연으로 우리 대한민국의 가족들에게 공감하며, 소통하며, 위로를 건네주는 사람이 될 것이다. 지금은 코로나로 힘들고, 개인적 사정으로 힘들고, 각자의 다양한 인생만큼 수많은 고민과 어려움이 많은 시대다. 하지만 이전에도 그랬던 것처럼 어느 하나 위로가 되어 주지 않는 것이 지금의 시대다.

우리나라는 2020년 전 세계 이혼율 세계 3위, 경제협력개발기구(OECD) 회원국 중 노인 자살률 1위, 청소년 자살률 10위라는 안타까운 타이틀을 많이 갖고 있다. 이것은 분명 아픈 사람이 많기 때문이다. 이런 우리나라의 가족들에게 난 위로와 위안이 되는 사람이자, 이혼율과 자살률을 낮춰 주는 사람이 될 것이다.

자존감이란 나를 스스로 존중하는 마음이다. 자신감은 주로 타인과 비교해서 내가 우월하다고 느끼는 감정이다. 자존감은 내가 생각하는 나에 대한 존중의 감정이다. 남의 평가에 상관없이 스스로를 소중하고 존중받을 사람이라고 생각하는 것이다.

나는 편모가정이라는 조건과 가난한 환경 탓에 자존감은커녕 자신감도 전혀 없는 사람으로 성장하게 되었다. 하지만 귀하게 자란다고 자존감이 높은 것도 아니다. 내가 초등학교 5학년일 때 나의 짝꿍은 전교부회장 남학생이었다. 당시 나는 좋은 담임 선생님의 격려로 혼자 독학해 학원에 다니지 않아도 평균 90점을 넘기는 우등생이었다.

그런데 어느 중간고사 시험 날 전교부회장인 나의 짝꿍이 내게 시험문제의 답을 보여 달라고 했다. 그때는 두 학생이 하나의 책상을 사용했다. 그래서 가운데에 책가방만 올려 두고 시험을 봤다. 그러니 마음만 먹으면 옆 친구 시험지를 커닝하는 것은 아주 쉬운 일이었다.

양심이나 정의의 개념이 발달되지 않았던 어린 난 전교부회장이 내 도움을 요청하는 것에 우쭐해서 시험답안을 보여 주고 말았다. 이렇듯 부잣집에 학원, 과외를 많이 받는다고 해서 자신감과 자존감이 높아지지는 않는다.

요즘 대부분의 아이들이 외동아들이거나 외동딸이다. 아주 소중하고 귀하게 자랐지만 자존감이 낮은 이유는 부모가 모든 결정을 대신 해 주기 때문이라고 생각한다. 학원이나 진로도 아이 의견이나 소질보다는 부모의 생각, 정보력으로 결정하고 있다. 결정하지 않으니 스스로 책임질 수 없고, 스스로 본인에 대한 탐구나 고민이 없었으니 무력하다고 느끼는 것이다.

아이를 키우면서 순간순간 나도 아이보다 어른이라는 생각으로 아이의 결정력을 가로챈 적이 많았다. 자존감을 키워 주는 방법은 좋은 학원을 보내는 것의 선택권 그 자체를 아이에게 선물하는 것이다.

우리 아이가 여섯 살이 되면 태권도를 배워야 하고, 일곱 살이 되면 미술학원에 다녀야 하며, 여덟 살이 되면 피아노를 배워야 한다. 이렇게 주변 엄마들처럼 나도 아이의 의견과 상관없이 시기에 맞춰, 코스별로 학원을 보내고 있었다. 그러다 그것이 아이를 잘 키우는 것이 아니다. 하고 싶은 것과 잘하는 것을 구별하고 아이가 스스로 선택하게 해서 본인의 선택에 대한 책임감을 키워 주어야 한다. 그것이 자존감을 키워 주는 거라는 것을 깨닫게 되었다.

자존감 없는 아이는 꿈이 없는 사람이 된다. 하라는 공부를 하고, 가라는 학원에 가며, 하라는 전공을 택한 채 그에 맞는 직업을 가지면 끝인 줄 알게 된다. 이것은 아주 오래전 우리 부모님 세대에서나 거쳤던 성공 순서다. 시키는 대로 공부하고 취직해서 공무원이나 대기업에 다니다 몇 년 뒤 결혼하는 그런 패턴 말이다.

요즘 이렇게 애지중지 품 안에서 키우던 자식들이 좋은 직장을 그만 두거나, 시집장가 잘 보내 놓으면 이혼하고 되돌아오는 일이 다반사다. 이유가 무엇일까?

자존감 없는 그들이 배려와 소통을 배우지 못했기 때문이다. 나는 귀하고, 나는 소중하고, 나 아닌 다른 사람은 이기고 짓밟고 올라서야 한다고 배운 탓이다. 그래서 직장 내 선배의 훈계를 받아들이지 못하게 된다. 그리고 결혼 이후 변해 버린 상대의 마음을 탓하기만 하며 이혼을 선택하게 되어 버린 것이다.

남편의 입장에 서서 생각해 봤다면, 그의 마음을 조금만 배려했다면, 나를 위해 선배가 오랜 기간에 걸쳐 터득한 노하우를 가르쳐 주는 거라고 받아들인다면, 우리나라가 자살률 1위, 이혼율 3위는 되지 않았을 것이다.

다가오는 미래에는 컴퓨터가, 로봇이 많은 노동과 작업을 대신하게 된다. 사람에게는 감정과 지혜를 나누고, 서로 간에 협업하며 공감하는 일만이 남게 된다고 한다.

우리는 지금부터 나의 부를 나누고, 기부하며, 서로 함께 살아가는 지구를 가르쳐야 한다. 물론 선조의 지식과 지혜를 물려줘야 할 소임도 있다. 하지만 우리 아이들이 스스로 서로를 사랑하면서 함께 살아 나갈 수 있도록 공감하고 소통하며 사는 미래를 물려줘야 할 책임이 우리에겐 있다.

이런 일에 앞서고, 본보기가 되는 사람이 되는 것이 나의 꿈이다.

의식을 변화해
소통하는 삶 공유하기

어린 시절 나는 늘 혼자였다. 그래서 외로움이란 친구가 늘 따라다녔다. 그 외로움을 벗어나기 위해 나는 일요일이면 교회에 다니기 시작했다. 목사님의 좋은 말씀을 듣고, 맛있는 국수도 먹고, 교회 친구들과 뛰어놀기도 했다. 교회에는 성경공부도 시켜 주시는 다정한 선생님이 계셨다. 단 하나, 여름 성경학교의 대한 기억은 내게 어려움으로 다가온다.

여름성경학교란 여름방학 기간 중 교회에서 치르는 여름 캠프와 같은 이벤트다. 교회 안에서 놀고, 먹고, 어울리고, 기도하고, 찬양하고, 함께 교회에서 잠을 자고 다음날 귀가하는 것이다. 문제는 기도였다. 사람들이, 어른들이 얼마나 통성기도를 열심히 하는지 울며불며 소리치고 아주 난리도 아니었다. 어린아이였던 나는 그 광경이 너무 무섭고 두려웠다. 평소 조용하고 인자하고 자비로운 사람들이 지옥에 갇힌 듯 발버둥치며 소리 지르는 모습은 영화에서나 본 것 같은 무서운 광경이었다.

이 상황을 계기로 나는 여름성경학교에 다시 가지 않게 되었고, 점점 교회를 멀리하게 된다. 내가 아는 하나님은, 우리가 배운 하나님은 사랑으로 가득한 분이신데, 왜 이렇게 절규하며 매달려야만 하지? 본인의 잘못은 정중하게 용서를 구할 수도 있는데, 죽일 듯이 스스로를 때려가면서까지 잘못을 빌어야만 되나? 이들이 정말 하나님의 자식이며, 하나님이 바라는 자식의 모습인가? 아니라면 그들은 하나님이 아닌 악마의 자식이 된 것은 아닌지?

나의 엄마는 불교신자이며, 평소 사랑으로 가득한 이혼녀다. 그런데도 쉬는 날이나 나를 위한 식사를 준비하실 때면, 즐겁게 노래를 흥얼거리며 사랑을 표현하기도 했다. 가끔 부처님의 말씀으로 훈계나 교육을 하실 때 보면 부처님이나 하나님이나 모두 같은 말씀을 하신다고 깨닫게 되었다. 부처님의 사랑이, 하나님의 사랑이 내 엄마의 사랑처럼 무한히 예쁘게 나를 바라봐 주시는 것임을 알게 되었다.

교회를 열심히 다니던 국민학교 5학년 때 교회에 대한 나의 생각은 바뀌게 된다. 헌금도 얼마 안 내고, 부모도 교회에 나오지 않고, 아이만 계속 다니자, 교회 사람들이 하나둘 불편함을 드러내기 시작했던 것이다.

그러다 6학년, 열세 살 때 진짜 목사님, 진짜 하나님의 목자를 만나게 되었다. 친구의 아버지가 신학대학을 졸업하시고, 지하 작은 방 하나에 개척교회를 세우셨다. 그 교회에 가면 정말 기도가 잘되었다. 진실하고 정성 가득한 목사님의 말씀이 얼마나 꿀처럼 달고 좋던지. 목사님의 설교시간에는 졸아 본 적도 없었다.

이런 믿음을 경험하게 된 이후 나는 다른 교회를 가지 못하게 되었다. 오직 사리사욕과 아이도 어른도 돈으로만 평가하는, 소리 지르는 기도가 기도라고 하는 이상한 교회에 갈 수 없게 되었다.

나의 엄마는 불교신자라서 그런지 무당을 좋아했다. 삶을 살아 내기가 힘들어 절과 무당에게 의지했는지도 모르겠다. 연초가 되면 올 한 해 동안 좋은 일은 없을지, 조심해야 할 일은 없을지 유명하다는 점집에 찾아가 묻는 게 일이었다. 그냥 나처럼 하나님께 "올해는 별일 없이 잘 지내게 해 주세요.", "올해는 직장에서 승진하게 해 주세요.", "올해는 아이들이 아프지 않게 해 주세요." 이렇게 기도하는 게 더 효과적이라고 생각했지만 어린 내 말 따위는 엄마에게 들리지 않았다. 왜냐하면 엄마와 나는 종교 자체가 달랐기 때문이다.

그래서 나는 나도 모르게 소원을 들어준다는 하나님, 보름달, 별똥별 온갖 지구상의 모든 것들에게 기도하기 시작했다. 크리스마스가 되면 하나님께, 정월대보름날이 오면 정한수를 떠 놓고 보름달을 향해 기도했다. 별똥별을 발견하면 사라지기 전에 소원을 빌어야 하므로 친구랑 미리 소원 빌기 연습도 했었다.

어떤 날은 떨어지는 노을빛 석양을 바라보면서도 기도했었다. 기도의 내용은 한결같다. "우리도 남들처럼 온 가족이 함께 살게 해 주세요. 넷이 모여 함께 밥상에서 웃으며 식사하게 해 주세요." 같은 것들이다. 그러다 이런 기도는 나이가 들어감에 따라 점점 변하게 된다. "동생과 함께 살게 해 주세요."에서 "아빠가 돌아가시기 전에 한 번만이라도 같이 살아 보게 해 주세요."라고.

부처님도 하나님도 동급이라고 생각한 어린 나는 "아무나 들어 주세요. 들어 주시기만 하면 절에도 다닐게요."라는 순박한 기도를 하기도 했었다. 하지만 내 기도는 순탄하게 먹히지 않았다. 집으로 되돌아온 남동생은 엄마와 나를 괴롭히기 위해 온 것인지 사고가 끊이지 않았다. 서른 넘어 만나게 된 아버지는 상상 속의 그 아버지가 아니었다.

나는 이사를 가면 새집에서 가위눌리고, 무당이나 점집, 절에 가서 만나는 그 무서운 불상들을 보고 오면 꼭 뒤통수가 따가웠다. 가끔 보이는 그것들 때문에 혼자 두려움에 떨기도 하고, 가위나 성경책을 품고 잠자리에 들기도 했으며, 방 안의 형광등을 켜 두고 자기 일쑤였다. 주기도문을 중얼중얼 외우다 잠들기도 했던 어느 날 나는 어둠 속 그것들에게 소리를 질렀다. "사라져라! 꺼져라! 넌 어차피 나에게 손가락 하나 까닥하지 못한다. 날 무섭게만 하고, 내게 두려움만 줄 뿐인데, 그런다고 네가 얻는 게 무엇이냐. 그냥 가라."라고.

이사를 가거나 피곤해 잠들거나 하면 자주 이렇게 가위눌리게 되었다. 그러다 이제는 '아… 이 녀석 또 왔네. 빨리 가라!'라고 마음먹게 되었다. 그러자 점점 나타나는 횟수도 줄고, 이제는 보이지 않게 되었다. 나의 의지로, 나의 생각으로 내치는 데 성공한 것이다.

이것을 계기로 나의 생각과 행동에 작은 변화가 생기게 되었다. 이 세상에 없는 듯 사는 것이, 아주 조용히, 가만히, 주는 대로 사는 것이 내가 취할 모습이 아닌 것을 알게 되었다. 주는 밥 먹고, 가라는 학교에 가는 것이 나에게 주어진 이 세상 임무가 아니라는 것을 알게 된 것이다. 결국 나는 엄마가 보낸 전남방직 회사에서 실이나 뽑아내는 노동자가 되지 않겠다는 생각으로 행동하게 되었다.

일반 인문계 고등학교에 가게 되면, 학원을 다니거나 과외를 받는 친구들의 성적을 따라잡을 수 없다고 생각했다. 그렇다고 엄마 말씀처럼 공장에 다니며 고등학교를 다닐 자신도 없었다. 그러니 다른 방향을 찾아야겠다고 마음먹고 실천했다. 이렇게 나는 난생처음 엄마에게 반항해 인천외고에 입학하게 되었다. 그리고 약속대로 성적우수 장학금을 3년간 받으며 엄마에게 보답했다.

즐겁게 인천외고에 입학한 나는 열일곱 살에 생애 첫 죽음을 마주하게 되었다. 책밖에 친구가 없고, 조용히 없는 듯 살았던 마음 착한 나는 고등학교에 입학한 이후 아주 작은 자신감이 생겨났다. 그래서 고등학교 시절에는 좀 더 많은 친구들과 행복한 시간을 보내고 싶다는 욕심도 생기게 되었다. 그때 우등생 대우를 받으며, 밝고 명랑해 보인다고 인기가 많은 나에게 철없는 열여덟 살 같은 반 입학생이 다가온 것이다.

미경 언니는 그렇게 나와 친구가 되었다. 나이답지 않게 너무 해맑은 미경 언니는 부모의 이혼으로 아빠와 살다가 가출했다고 자랑(?)했다. 중학교는 퇴학을 당하고 홀로 공부해 중학교 졸업장을 땄다고 했다. 그러면서 우리와 같이 이 학교에 입학하게 되어 너무 행복하다고 말했다. 담배도, 술도 하지만 나와 함께 놀 때는 전혀 그런 기색이 없었다. 술도 담배도 끊겠다면서 같이 공부하고 잘 지내자며 졸졸 따라다니던 언니였다.

하지만 선배들은 그런 언니가 싫었던 것 같다. 열여덟 살인데도 고1이 아니냐면서 시비를 걸고, 선배를 무시한다면서 짜증을 내고 호출을 했다. 그렇게 종종 얻어맞은 얼굴로 교실에 들어와서도 금세 웃으면서 "괜찮아."라고 하던 미경 언니.

철이 없던 나는 귀찮도록 붙어 다니려는 미경 언니에 대한 애정이 사라지고 있었다. 그날도 학교를 마치고 엄마 없는 우리 집에서 숙제를 같이 하자고 친구들에게 제안했었다. 하지만 미경 언니는 오락실에 있다길래 그냥 무시하고 와 버렸다. 내가 언니를 챙겼어야 했는데….

집으로 미경 언니가 자꾸 전화해서 칭얼거렸다. "너도 내가 싫어? 너도 내가 귀찮아? 나 그럼 죽어버릴래. 아무도 나를 사랑해 주지 않아. 나는 왜 태어난 거지? 나 좀 보러 와 줘. 우리 집에 나 보러 와 줘."라고. 어린 나는 '설마 이런 투정 따위로 죽을 리가 없잖아'라고 생각하며 그냥 모진 소리를 뱉어 버렸다. "아이, 귀찮아. 그럴 거면 빨리 우리 집 와서 같이 숙제나 하자. 자꾸 전화해서 그러지 말고. 이리 와. 여기 애들 다 모여서 나 지금 못 나가."라고.

그렇게 아무리 설득하고 달래도 울며 보채기만 하는 언니에게 결국 "그럼 진짜 죽어 버리든지! 진짜로 죽지도 못할 거면서!"라고 말해 버렸다. 그렇게 일방적으로 나는 전화를 끊어 버렸고 친구들과 함께 미경 언니는 까맣게 잊었다. 그런데 다음 날 아침 학교로 간 나는 믿을 수 없는 이야기를 담임 선생님에게서 듣고 만다. 우리 반 친구들은 다 같이 미경 언니의 장례식장으로 조문을 가게 되었다.

그날도 선배에게 끌려간 미경 언니는 실컷 맞았다고 했다. 얼마나 모진 소리를 많이 들었을까? 나에게 전화로 보고 싶다고, 달래 달라고 칭얼거린 건데, 나도 나쁜 그 선배들처럼 그냥 죽어 버리라고 꺼지라고 해 버렸던 것이다.

인근 아파트 옥상에서 떨어진 미경 언니는 병원으로 옮겼지만 이미 죽어 있었다고 했다. 며칠 동안 울며불며 사과했었지만 미경 언니가 들었을지 모르겠다. 그 이후 이사 간 집에서 가위눌릴 때 나에게 찾아온 그 환영이 미경 언니가 아니었을지도… 모르겠다.

그 사건 이후 나는 또 입을 닫아 버렸다. 나의 말 한마디로 사람이 죽었으니, 난 말하는 사람이 아니라 듣는 사람이 되어야겠다고 다짐하면서. 그리고 어떤 상황이라도 원한다면 바로 달려가 그의 아픔, 그녀의 고민을 들어 주며 공감하는 사람이 되어야겠다고 다짐하면서. 그날 내가 찾아가서 미경 언니의 아픔을 들어 주고 보듬어 줬다면…. 소중한 한 사람의 생명을 살렸을지도 모를 일이다.

이렇게 나는 말하는 사람이 아니라 말을 들어 주는 사람으로 다시 변하게 되었다. 그리고 모든 이의 아픔을 공감해 주고 소통해 주는 사람이 되고 싶다고 다짐하게 되었다.

05.
개인 도서관이 있는
전원주택에서 세계여행 하는
자유 누리기

　나는 주어진 환경에만 맞춰 살아온 사람이었다. 누구도 나에게 변화하는 환경에 맞춰 너의 꿈을 꾸라고, 희망을 가지라고 권해 주지 않았다. 내 엄마처럼 주어진 세상의 조건 속에서 살아남기만 하면 된다고, 배우며 자라 왔다.

　나의 이모들은 순천 시골에서 고등학교를 마치면 스스로 공부해 대학에 가거나, 돈을 벌려고 도시로 나갔다. 그렇게 돈을 모아 대학에 갔다. 삼촌들도 마찬가지로 도시로 나와 돈을 벌면서 대학을 다니고 졸업했다. 이른바 자수성가한 사람들이 나의 이모, 삼촌들이었다. 그리고 내 엄마는 그런 동생들의 성공이 본인의 성공인 것처럼 행복한 옛날 사람이었다. 그래서 엄마의 딸인 나 역시 스스로 벌어서 대학을 가거나 보내 주는 대학을 졸업하고 취직해야 하는 것이 정해진 길이라고 하셨다.

　그래서 내게는 이렇다 할 꿈이 없었다. 진로도 몰랐으며, 하고 싶은 일도 없었다. 그러다 꿈을 이야기하고 공감해 주면서 누군가와 소통하는 것이 나를 위한 위로이자, 나의 천명이 아닐까, 생각하게 되었다. 내 나이 마흔이 넘어 고심 끝에 터득한 나의 운명인 것이다.

　중학교에서 만들고 싶은 집, 갖고 싶은 집을 그리라고 하는 과제가 있었다. 나는 단순하게 1층은 엄마 집, 2층은 동생 집, 3층은 나의 집이라고 그리던 아이였다. 욕심도 없고, 소원도 없던 나는 엄마의 욕심으로 간호과에 진학하게 되었다. 교사나 의사, 변호사가 될 재목은 아니기 때문에 선택해 주신 직업, 간호사.

　하지만 간호사는 아무나 하는 직업이 아니었다. 매일 아픈 환자의 아파하는 소리와 울음소리를 들으며 상처를 벌리고 약을 바르고 치료해 주는 직업. 뾰족한 주사를 매일같이 환자에게 찌르며 견뎌야 하는 간호라는 직업은 내겐 아픔이었다. 환자의 통증이 내게 느껴지는데도 나는 환자의 상처 부위를 더 크게 벌려 소독하고 약을 바르며 붕대를 감아 줘야 했다. 내가 환자보다 더 심하게 그 통증을 느끼니, 치료를 할 수 없어서 도망만 다니고 있었다. 욕창환자의 소독은 더욱 큰일이었다. 토하러 가기 바빠서 환자의 욕창 부분을 바라보지도 못했다. 이런 사유로 결국 나는 엄마 모르게 간호과를 중퇴해 버렸다.

　나는 간호과를 중퇴한 이후 1년간 직장생활을 하면서 돈을 모아 다시 일본어과에 진학했다. 그리고 알바를 하며 대학생활을 즐겁게 보낸 후 교수님의 추천으로 인천공항 면세점에 취업하게 되었다.

사람이란 보는 만큼 성장하게 마련이다. 인천에서 서울만 오가며 살아온 나는 한국이 넓다고 생각했다. 하지만 공항에서 만나는 수많은 외국인과 해외 여행객들은 나에게 또 다른 새로움과 희망을 준다.

나는 2년간 모은 돈으로 엄마에게 해외여행을 선물해 드렸다. 엄마와 단둘이 떠나는 해외여행을 주변 선배들이 왜 말리는지, 다녀와 보고서야 알게 되었다. 외향적 성격의 엄마는 나이 오십이 넘었는데도 새까만 비키니 차림으로 해변을 당당히 누비셨다. 그와 다르게 20대의 나는 원피스 수영복과 타월로 온몸을 가리고 다니느라 정신이 없었다.

이렇게 성향이 다른 엄마와 딸은 각자의 행복을 첫 해외여행에서 느끼고 귀국하게 되었다. 그리고 나는 다시는 엄마와 여행 따위는 안 간다고 다짐하게 된다. 하지만 다녀와 본 사람만 안다는 해외여행을 맛본 엄마를 위해 난 다시 2년간 돈을 모아 엄마와 함께 일본여행을 다녀왔다. 혼자서 평생 자식들 부족하지 않게 키워 보겠다고 열심히 살아온 엄마에게 꼭 보답하고 싶은 마음이 컸기 때문이다. 이제 나는 고생 가득했던 엄마를 위해 해외여행이 아니라 세계여행을 시켜 드리겠다고 다짐하고 있다.

나만 가난하고 힘들게 살아온 것이 아니라는 것을 결혼해 보니 알게 되었다. 여자 혼자서 남편 없이 직장을 다니며 돈을 번다는 것. 그러곤 집에 와서 집안일 하고, 아이들과 동생들까지 챙기는 것. 그것이 얼마나 힘들고 감사한 일이었는지 딸은 결혼해서 본인의 가정을 꾸려 보니 알게 된 것이다.

이 모든 고난과 역경을 왜 나에게 주셨는지? 왜 하필 나였는지? 이런 고민은 내 엄마도 하지 않았을까? 싶었다. 하지만 엄마에게는 고민할 시간조차 허락되지 않았다. 때문에 주어진 환경에 열심히 최선을 다해 살아오신 것이 아닐까. 그런 엄마에게 내가 해 줄 수 있는 일은 좋아하시는 여행으로 보답하는 것이란 생각이 들었다. 해외여행이 아니라 세계여행으로, 크루즈여행으로 엄마에게 고맙고 자랑스러운 딸이 되려고 한다.

지난 4월 《해빙》이란 책을 접하게 되었다. 가진 것에 감사하고, 고난에도 이유가 있으므로 고난 자체에 집착하지 말고, 이겨 내고 나아가면 된다는 내용이다. 긍정적으로 밝게 기도하면 좋은 운이 따라온다. 그것은 돈에 관한 운이거나, 좋은 인연을 만나는 것일 수도 있다는 내용이었다.

이후 나는 해빙을 매일 하고 있다. 해빙 이후 내게 다가온 귀인은 바로 한책협의 김태광 대표님이시다. 책 쓰기 코칭계의 구루, 김태광 대표님은 9년간 1,000명이 넘는 작가를 배출하셨다. 지금까지도 계속 선배 작가들의 출간 소식을 전하며 한책협 식구들의 꿈과 희망이 되어 주고 계신다.

대표님은 단순히 책 쓰기 과정만 코칭해 주시는 게 아니다. 의식의 변화, 즉 생각이 변해야 행동하게 되고, 긍정적으로 서로 격려하고, 위로하고 소통하게 되면 밝은 에너지가 행운을 끌어온다고, 부자가 된다고 가르쳐 주신다. "성공해서 책을 쓰는 것이 아니라 책을 써야 성공한다."

라는 모토 아래 나를 비롯한 많은 사람들에게 꿈과 희망을 찾아 주고 부의 자유를 얻어 가게 한다.

내 소망은 김창옥 교수, 김미경 강사처럼 사람들과 공감하고 소통하며 위로를 건네주는 강사가 되는 것이다. 어려웠던 내 과거를 지나온 것에 감사하며, 나처럼 조용히, 가만히 살아가는 것이 옳은 것이 아니라는 것을 들려주고 싶다. 더 치열하게 꿈꾸고 노력해서 본인의 성공을 이뤄 내라고 응원하는 삶을 살도록 노력하겠다.

신간이 나오면 항상 우리 집, 개인 도서관으로 배송되어 올 것이다. 그리고 수많은 사람들이 내 도서관으로 찾아올 것이다. 나는 그들과 함께 읽고 공감하고 소통하며, 서로를 격려하는 공간이 되도록 할 것이다. 이번 생에 고생만 한 나의 엄마에게, 나의 시어머니에게 세계여행을 선물하는 멋진 딸, 자랑스러운 며느리가 될 것이다.

힘들고 외로웠던 나의 과거는 내 성공의 밑거름이 될 것이다. 앞으로 많이 벌고 더 많이 베풀고, 스스로를 어려운 이웃에게 내어주어 타인의 모범이 되는 등대가 되도록 하겠다.

PART 13

장학재단 만들고
후대를 양성하여
선한 영향력을 끼치는
억만장자 되기

|박영민|

박영민

(주)유니베라 화명중앙영업국 대표, (주)대성A&C 대표, 삼양운수 대표

30년 동안 쌓아온 수만 시간의 공부와 현장 경험과 영업 노하우로 여성들과 함께하며 미술심리치료가로 활동하고 있다. 여성리더십 코치, 동기부여가, 자기계발 멘토로 활동 중이며, 나를 행복으로 초대해 준 '영업에서 내가 알게 된 것들'을 주제로 개인 저서를 집필 중이다.

01.
세계 여러 나라에서
한 달 살기 체험하기

내 고향 충청남도 서산은 삼면이 바다로 둘러싸여 있다. 연포, 만리포, 천리포, 방포, 학암포, 안면도 등 수많은 해수욕장이 널려 있다. 그만큼 어릴 적 바닷가에서 뛰놀았던 추억이 많다. 그래서인지 커서도 바다가 보이는 곳에서 살고 싶었다. 바다만 보면 마음이 시원해지면서 행복했다.

1980년대에 부산에 있는 언니 집에 놀러 갔다가 처음 보게 된 해운대 바다. 감탄을 자아내는, 끝없이 펼쳐진 푸른빛 망망대해는 지금도 앞으로도 머릿속에서 지울 수 없을 것이다.

해마다 휴가철이 되면 사람들은 더위를 피해 산과 바다로 떠난다. 나도 바다를 보러 떠나고 싶었다. 하지만 좋아하는 것을 할 수 있을 만큼 마음도, 삶도 녹록지 못했다. 한여름에도 땀 흘리며 치열하게 살아야 하는 영업일에 입문했기 때문이었다. 그때 나는 마음속으로 다짐했다. '시시하게 국내여행 안 간다.' 나중에 경제적 자유, 시간적 자유를 누리며 마음껏 해외여행을 할 거야. 그렇게 스스로에게 다짐했다.

그때부터 내 꿈을 실현하기 위한 투자가 시작되었다. 때로는 땀 흘리며 때로는 눈물을 흘리며 5년여 동안 나는 내 다짐에 충실했다. 그러고 나자 시간적, 경제적 여유가 생기기 시작했다.

첫 번째 세계여행지는 하와이였다. 하와이 호놀룰루 공항에 도착하니 꽃목걸이를 걸어 주면서 환영해 주었다. 그때 실감이 났다. '아, 내가 해외에 왔구나!'라는.

일방통행 도로는 넓었고 리무진이 줄을 서서 서행하는 모습은 너무나 멋있었다. 처음 보는 서양 사람들의 훤칠한 키와 여유로운 표정과 웃음소리는 너무도 자유로워 보였다. 한 번도 해 보지 못했던 체험이었다. 고목에도 꽃이 필 만큼 예쁘고 아름다우면서 웅장하기까지 한 하와이의 풍경이 나의 온 마음과 정신을 사로잡아 버렸다.

그래, 이런 것이 여행이지. 지금 이 순간에도 가장 하고 싶은 일이 뭐냐고 묻는다면 여행이다. 사랑하는 사람들과 맛있는 거 먹으면서 세계 237개 나라 거리거리 골목골목을 누비는 여행. 그렇게 새로운 체험과 경험을 만끽할 수 있는 여행이다.

다음 날 수영복을 입고 나간 와이키키 해변은 해운대보다 수천 배는 컸다. 청량한 푸른빛으로 나의 모든 깃을 압도해 버렸다. 쌀나리가 늘씬한 서양 미녀들과 야자수 나무가 드리운 해변에서의 수영은 최고였다. 지금은 흔하디흔하지만 그 당시 우리나라에서 구경할 수 없었던 오렌지는 지상에서 제일 맛있는 과일이었다. 내게 오래도록 기억되고 있는 맛이다. 뜨거운 태양이 하루 종일 내리쬐지만 습도가 낮아 날씨는 시원시원하고 뽀송뽀송했다. 저절로 릴랙스되어 몸과 마음이 여유로워졌다.

첫 해외여행은 나에게 세상을 보는 다른 눈과 지식 넘어 지식을 갖고 마음 넘어 마음을 연 계기가 되었다. 이후로 싱가포르와 중국에는 다섯 번이나 갔다. 필리핀의 팔라완은 그야말로 오염되지 않은 청정지역이었다. 그 바닷가는 형형색색의 물고기가 떼를 지어 다니는 환상적인 모습을 연출하고 있었다.

그 밖에 멕시코, 러시아, 북한이 눈앞에 보이는 두만강, 프랑스, 네덜란드, 이탈리아를 여행했다. 캐나다 몬트리올에서 기차를 타고 눈 덮인 들판을 유리창 너머 감상하다 보니 드라마〈도깨비〉촬영지인 퀘벡에 도착했다. 그러곤 100년의 역사를 자랑하는 샤토 프롱트낙 호텔에서 그림 같은 시간을 보냈다.

아프리카 여행은 그림책에서나 본 기린, 사자, 이름도 모르는 각종 새들과 잊을 수 없는 사파리투어에서 절정을 이루었다. 뿐만 아니라 아프리카의 드넓은 파란 하늘과 자연을 대하며 아직도 존재하는 마사이족과 보디랭귀지로 소통하기도 했다. 기념촬영을 하다 저 사람들도 사랑받기 위해 이 땅 이곳에 있구나 하는 생각에 눈시울이 붉어지기도 했다. 진한 인간애를 느낀 순간이었다.

탄자니아에서 주로 아프리카 동물 그림만 그렸던 화가 팅카팅카. 그의 고향에서는 그의 제자들이 대를 이어 그림을 그리고 있었다. 그 모습에 감동받아 그림을 한 점 샀다. 그들의 작품 활동에 조금이라도 도움을 주고 싶어서. 그런데 공항에서 커피를 마시다 그냥 거기에 두고 오고 말았다. 안타까웠지만 지금 생각하면 모두가 그리운 추억이다.

나의 꿈인 세계여행은 계속되고 있다. 세계 1위인 미국. 그중에서 뉴욕은 지구에서 가장 가보고 싶은 곳이었다. 문명이 가장 발달되었다는 그곳은 어떤 모습일까? 늘 궁금했다. 나는 뉴욕의 가장 중심지 맨해튼 미드타운에 위치한 월도프아스토리아 호텔에 여장을 풀었다. 힐튼 소유였고 미국의 역대 대통령들과 세계 명사들이 뉴욕에 오면 묵는 호텔이었다.

조식은 호텔에서 해결했다. 그러곤 구글지도 하나 달랑 들고 걸어서 걸어서 에비뉴엘 5번가, 쇼핑의 천국 소호가를 쏘다녔다. 뿐만 아니라 내가 좋아하는 그림이 가득한 곳, 메트로폴리탄박물관과 모아현대미술관에서 하루 종일 살았다. 너무 감사하고 행복했다. 땀 흘리며 일한 자의 자유를 만끽한 셈이다. 거리의 꽃들이 나를 반기는 듯했고 말을 걸어오는 듯했다. 건물 하나하나가 너무나 멋진 예술 작품들이었다.

매일매일 걷고 또 걸으며 미술관에서 살았다. 쉬고 싶을 때는 도시락을 싸 가지고 센트럴파크에 갔다. 그곳에서 36세라는 늦은 나이에 기도로 받은 선물인 귀한 내 딸, 일하는 엄마 때문에 생후 7일부터 다른 사람 손에서 커 온 사랑하는 딸과 한없는 쉼을 누렸다.

40년 이상 세계에서 가장 높은 건물의 자리를 지켜 왔던, 엠파이어

스테이트 빌딩에서 바라본 허드슨 강, 360도로 볼 수 있는 맨해튼의 야경, 록펠러 빌딩 등. 모두가 멋졌다. 브로드웨이의 뮤지컬 〈오페라의 유령〉 중 웅장했던 바리톤의 울림은 아직도 나의 가슴을 뛰게 한다.

뉴욕 지하철을 타고 브루클린으로 넘어갔다. 그러곤 1866년에 건설된 브루클린 교를 걸어서 맨해튼으로 건너왔다. 이 다리는 맨해튼과 브루클린 두 도시를 연결하고 있다. 19세기 말 뉴욕의 진보된 모습을 보여줬던 역사적인 다리다. 다리를 건너오면서 강을 바라보니 너무나 행복했고 꿈만 같았다.

미국 국내선 델타에어라인 비행기를 타고 보스턴으로 넘어갔다. 그곳에서 높이 넓이 깊이가 있는 하버드대학의 규모에 넋을 잃었다. 자연사박물관의 지적 수준에 매료당하기도 했다. 어딜 가도 미술관이 있고 너무나 맛있었던 보스턴 바닷가의 해산물 요리와 보스턴 피자. 2층 버스에서 내려다보는 보스턴은 꼭 한 달 살기를 해 보고 싶은 아름다운 곳이었다.

너무 좋아서 몇 번이나 갔던 미 서부 라스베이거스의 할리우드 거리에서는 월드스타들과 함께 걸어 보는 것처럼 걸어 보기도 했다. 베벌리힐스는 세상 아름다운 저택들, 명품거리, 가구거리가 즐비했다. 사 오고 싶었지만 마음에만 담아 와야 했다. 유니버셜 스튜디오, 디즈니랜드, 희귀한 쇼, 먹거리가 넘쳐 나는 호텔들. 모든 것들이 천국의 그것들이었다.

끝없이 펼쳐진, 창조주의 위대함이 그대로 느껴지는 장엄한 자연. 그랜드캐니언, 자이언트캐니언, 브라이언캐니언은 너무나 감동적어서 할 말을 잃게 만들었다.

개인적으로는 브라이언캐니언을 직접 걸어 내려갔던 기억이 오래갔다. 아이들까지 땀을 뻘뻘 흘리며 내려갔다 오는 서양인들에 비해 이 먼 곳까지 시간과 돈을 투자해 와서는 사진만 찍는 동양인들이 아쉬웠다.

이렇게 세계여행을 하겠다던 나의 꿈은 현재도 진행 중이다.

〈시애틀의 잠 못 이루는 밤〉 영화의 배경지인 시애틀 스타벅스 1호 매장. 그 앞에서 길게 줄 서서 기다렸다가 커피도 마시고 텀블러도 샀다. 펄떡이는 물고기가 가득한 파이크 플레이스 마켓과 시애틀 껌벽도 구경했다. 그리고 피시앤칩스에서 조개가 들어 있는, 고소한 클램차우더 수프를 맛보기도 했다.

그러곤 그 맛을 뒤로한 채 크루즈여행을 떠났다. 알래스카 크루즈 No.1 선사인프린세스 11만 톤급 루비호를 타고. 이 크루즈는 19층에 탑승객 3,110명, 승무원 1,200명을 자랑하는 크기였다. 그 외에도 스포츠 바, 커피 바, 와인 바, 스카이 바, 휘트니센터, 재즈 바, 스파, 사우나, 대극장, 면세점 등등 없는 게 없는 규모였다.

끝없는 망망대해를 지나 주노 기항지에 도착해서 거대한 빙하에서 놀다가 배로 돌아오면 모든 것이 풍부하게 준비되어 있었다. 내가 좋아하는 거씨노 마음껏 마실 수 있었다. 12시 가 넘었는데도 샌드위치, 햄버거를 마음껏 즐길 수 있었다. 저녁에는 날마다 정장을 입고 정찬과 파티를 즐겼다.

베트남의 달랏, 다낭, 나트랑의 해변 야시장, 무인의 사막 지프투어를 하면서 건강의 중요성을 깨닫게 되었다. 지금은 하루하루 만 보 걷기에 도전하고 있다.

스페인의 가우디 성당, 사그라다 파밀리아 성당은 가우디가 31세에 공사를 시작했지만 아직도 미완성이다. 성당 정면에서는 예수 그리스도를 상징하는 중앙의 첨탑이 아직도 세워지고 있었다. 또한 마태복음, 누가복음, 마가복음과 요한복음을 상징하는 4개의 첨탑과 예수님의 12제자를 상징하는 12개의 첨탑이 바로 보였다. 자연 빛이 들어오게 설계된 성당 내부의 영롱한 분위기가 우리를 매료시켰다. 신은 불가능함이 없도록 인간을 만드셨다고 한다.

요즘 부쩍 나는 어떤 인생작품을 남겨 후대에 도움이 될까 사색에 잠기곤 한다. 중국 속담에 '만 권의 책을 읽는 것보다 만 리를 여행하는 편이 낫다'라는 말이 있다. 그만큼 가슴을 키우고 무의식의 세계에 가능성의 씨앗을 심는 과정이 여행이라 생각한다.

이제 살고 싶은 나라를 선정해 '한 달 살아 보기'를 실천해야겠다. 그래서 많은 경험을 토대로 어느 나라에서든지 누구든지 와서 편안히 쉴 수 있는 복합문화힐링센터 한국관, 미국관, 유럽관, 중국관, 일본관, 아프리카관 등을 건축할 것이다. 그렇게 선한 영향력을 끼치는 인생작품을 후대에 남기고 싶다.

02.
영업에 대한 책 쓰고 동기부여가, 자기계발 작가, 코치 되기

나는 만남이 인생의 전부라고 생각한다. 백성은 어떤 지도자를 만나느냐? 자녀는 어떤 부모를 만나느냐? 학생은 어떤 스승을 만나느냐? 어떤 친구를 만나느냐에 따라서 삶의 방향은 엄청나게 차이가 나게 된다.

길을 알고 있는 사람에게 길을 물으면 직선으로 갈 수 있고 길을 모르는 사람에게 길을 물으면 둘러서 가느라 시간을 낭비하게 된다. 답을 가지고 사는 사람은 목적이 분명하기 때문에 답을 줄 수 있다. 살면 살수록 시간의 중요함이 피부에 와 닿는다. 한 살이라도 젊었을 때 시간이 부의 원천이고 성공의 씨앗이란 사실을 알았더라면, 작은 차이가 큰 차이와 결과를 만들어 낸다는 사실을 알고 실천했더라면 지금 나의 모습은 어떻게 되어 있을까? 요즘 나는 마음도 행동도 바쁘게 움직인다. 세월을 아껴야 하니까. 누군가 나와 나의 경험을 만나 비전을 찾고 꿈을 이루는 만남의 축복을 이루어 가야 하니까.

나는 생각이 막힐 때, 일이 잘 풀리지 않을 때 빙산의 일각이라는 말을 되뇌곤 한다. 보이는 의식의 세계가 5%라면 보이지 않는 무의식의 세계는 95%이니까.

1990년대 초에 영업 현장에는 전화기도 없었다. 삐삐라는 통신수단이 처음 나오던 시절이었다. 삐삐에 가정집 전화번호가 찍히면 얼른 공중전화 박스로 달려가 연락을 취하는 방법으로 소통했다. 그야말로 각자도생이었다. 아무도 길을 몰랐고 방법을 아는 사람도 없었다. 후배는 선배를 보고 배워야 하는데 앞서가는 사람도 당연히 롤 모델도 없었다. 그냥 알아서 가가호호 무대포 정신으로 누구든 만나러 다녔다. 그야말로 살아남는 자가 강할 뿐이었다.

그 당시 나의 목표는 해 떨어지기 전에는 집에 안 간다! 였다. 나도 나를 못 믿었기 때문에 주먹구구식의 나와의 약속이었다. 아는 사람도 없고 오라는 데도 없고 갈 데도 없던 내가 할 수 있는 건 그것뿐이라 생각했다. 누구든 만났고 나와 약속한 시간도 지켰다. 여름날의 낮 시간은 너무도 길었다.

다음 목표로 월·화·수·목·금·토·일 요일별로 땅을 정해서 그 요일엔 그 정한 땅으로 가서 누구든 열심히 만났다. 그때 나의 모토는 '만남이 경쟁력, 우선 만나자!'였다. 그렇게 만남의 씨를 심었더니 꽃도 피고 열매도 열렸다. 그러자 새로운 각오와 다짐이 생겼다.

처음에는 하루 10만 원, 그다음에는 하루 20만 원. 못 팔면 집에 안

간다는 각오였다. 어디서 그런 용기가 생겼던지…. 한번은 밤 12시에 포장마차에서 목표를 달성하고 집에 간 적도 있었다.

내 속에 그런 열정이 있음을 그때 알게 되었다. '반복이 대가를 만든다'는 경험도 하게 되었다.

나는 운이 좋은 사람이었다. 내가 어렸을 때의 부모님을 생각하면 늘 머리에 수건을 쓰시고 동트기 전 이른 새벽부터 해가 떨어진 밤까지 일하시던 모습이 떠오른다. 농번기가 지난 겨울에도 아버지는 서울 외갓집으로 일을 찾아 떠나셨다 .엄마는 늘 동네 사람들에게 뭐든지 나누어 주시는 분이셨다. 김치를 새로 담그면 김치를 나눠 주시고 햅쌀이 나오면 팥 시루떡을 해서 동네잔치를 하셨다.

엄마를 생각할 때면 늘 다른 사람들에게 무엇이든 나눠 주시던 모습이 떠오른다. 그때는 우리도 풍족하지 않은데 왜 그러실까 섭섭하기도 했다. 하지만 갖다 주라는 심부름은 잘했다. 누구든 항상 빈손으로 보내지 않으시던 분. 지금 생각해 보면 그때부터 나의 무의식 세계에 영업의 씨앗이 심어지기 시작했나 보다.

영업을 하다 보면 많은 사람을 만나게 된다. 울면서 가정사 얘기를 털어놓기도 하고 자녀의 진로를 의논해 오기도 한다. 내가 뭐라고. 어찌 보면 길 위에서 우연히 만나서 필연으로 익어 가는 사이가 된 것이니 얼마나 고마운 일인가.

그러다 어느 순간부터 누군가의 길이 되고 싶다는 욕심이 생기기 시작했다. 그동안 경험한 노하우로 사람 살리는 전문가가 되어 봐야겠다는 새로운 마음이 나를 도전하게 했다.

영업은 나를 행복으로 인도한다. 왜냐하면 내가 가고 싶은 곳으로 데려다주니까.

30년 동안 현장에서 상품 판매로 돈 버는 봉사도 하면서 많은 여성들의 정체성에 대해 토론해 왔다. 그러면서 그들의 삶의 질을 높이는 데 기여하며 살고 있다고 생각해 왔다. 그런데 이제부터는 다져진 현장 경험을 토대로 사람을 남기는 사람이고 싶다. 지금 이 시간에도 현장에서는 영업에 입문한 많은 사람들이 어디서 무엇을 어떻게 해야 할지 갈등하고 있을 것이다. 나의 고충을 거울삼아 균형 있고 안정감 있게 일할 수 있는 프로세스를 만들어 그들에게 꿈을 이룰 수 있도록 도움을 주는 사람이 되고 싶다.

교육은 사람을 바꾸고 사람은 세상을 바꾼다. 영업은 사람이 살아가면서 객관적, 합리적으로 잘 살 수 있도록 행복하게 살 수 있는 방법을 알아 가게 하는 종합예술이라 생각한다. 영업을 통해 사람들을 만날 때 그 사람의 전 생애를 만나는 여행이고 산책이었다.

부끄러움이 많고 내성적으로만 알았던 내가, 집 밖으로 나가는 것보다 집 안에 있는 걸 좋아하고 편안해하던 아이였던 내 속에 좋은 걸 나누고 싶어 하고 좋은 일에 함께 웃어 주고 어깨를 들썩이며 울어줄 줄 아는 이런 마음이 있었다는 것을 알게 해 준 것도 영업이었다. 남이 보지 못하는 것을 보게 하고 남이 가지 못하는 길을 갈 수 있도록 용기를 준 것도 영업이었다. 남과 비교하는 것이 아니고 어제의 나와 비교해서 내가 오늘 얼마나 성장 성숙을 향해 매진하고 있는가를 점검하며 살 수 있도록 해 주는 것이 영업이다.

많은 세일즈우먼들을 키우면서 함께했던 노하우를 남겨 후대에게 길이 되고 싶다. 지금도 어디를 가야 할지, 어떻게 해야 할지 막막해하는 사람들에게, 영업의 현장에서 잘해내고 싶어서 갈등하고 고민하고 있는 사람들에게, 수천수만 시간의 나만의 공부와 경험으로 영업국장이 되기까지의 방법을 전하고 싶다.

많은 사람들이 억대 연봉을 꿈꾼다. 식당에 가서 음식을 주문하면 메인요리가 나오기 전 밑반찬들이 먼저 나온다. 보통 사람들은 그것들로 허겁지겁 배를 채운다. 그러고 나면 이미 배가 불러 오고 있기 때문에 메인요리는 먹을 수가 없다.

그런 것과 같다. 영업하기 전 힘들다 하더라. 거절로 상처받는다 하더라. 돈 안 된다 하더라. 한 번뿐인 내 소중한 인생을 이러한 카더라 통신에 맡겨 버리는 사람들이 의뢰로 많음을 알게 되었다. 이런 말들에 정신이 팔려 나는 어떻게 살고 싶은 사람인지, 나는 무엇을 원하는 사람인지 본론에 들어가기도 전에, 인생을 꽃피우기도 전에 포기하는 사람들이 많다.

나도 영업을 배우기 전에는 진정 우아하게 사는 것이 무엇인지 몰랐다. 생각해 보면 현실을 정직하게 보고 인정하는 것이 두렵고 고통스러워 회피한 것이었다. 일복이 가장 큰 복이고 몸을 바닥에 내려놓고 꿈은 크게 갖는다는 것이 얼마나 소중한 일인지 몰랐던 것이다. 내가 내 삶의 주인이라는 걸 몰랐던 것이다.

내 삶의 주인은 어느 곳 어디를 가든지 남이 보지 못하는 것들을 보는 주인의 삶을 산다. 내가 해야 될 것이 보이게 되는 것이다.

나는 어딜 가든지 습관처럼 내가 이곳에 왜 있을까? 내가 할 일은 뭘까 생각한다. 마음의 눈으로 보기 때문에 어떻게 하면 내가 만나는 사람들에게 도움을 줄까? 생각하게 되고 고마운 것을 고맙게 느끼며 표현할 줄 아는 사람이 되는 것이다.

건강한 정신에 건강한 육체가 깃드는 것이다. 내가 배우고 깨달은 이 모든 것들을 전하며 사는 삶이 나의 인생 이모작이다.

문화센터가 겸비된
힐링센터 건립하기

'타샤 튜더의 정원'은 미국 버몬트 땅 30만 평의 대지에 내가 좋아하는 작약, 패랭이, 붓꽃, 물망초, 장미, 나리, 노란수선화, 양귀비, 부채꽃들과 나무와 동물들이 함께 사는 초자연적 정원이다. 그것을 보며 언젠가 나도 저런 정원을 가꾸어야지. 그곳에 몸과 마음을 건강하게 해 주는 약용식물을 심어야지. 그리고 그 식물들로 먹거리를 만들어야지 했다. 그래서 아프지 않고 건강하게 살고자 하는 사람들과 또 건강을 잃어 이전의 모습으로 회복하고자 하는 사람들에게 건강과 행복을 찾아주는 힐링 공간을 만들어야지 했다.

우리는 모든 것이 풍족한 21세기에 살고 있다. 하지만 비교 경쟁으로 인한 스트레스, 각종 이름 모를 화학첨가물 섭취, 미세먼지, 환경호르몬, 생활독소 등으로 사람들은 아픔을 호소하고 있다. 뿐만 아니라 돈 때문에도 아프고, 사람 때문에도 아프다.

육체도 아프다. 육체는 적당한 운동과 5대 영양소인 탄수화물, 지방,

단백질, 비타민, 무기질이 균형 있게 채워져야 한다. 그래야 건강하고 활력 넘치게 살 수 있다.

그 외에 인간만이 가지고 있는 마음, 생각, 정신, 영적인 힘이 충만해야 편안한 삶을 영위할 수 있다.

1992년 4월, 목사님은 3일 금식을 하든지, 하루 한 끼만 먹든지 하자고 하셨다. 예수님이 우리를 위해 십자가에서 죽으시고 또 우리를 위해 3일 만에 부활하셨으므로. 그리고 인간의 힘으로 해결할 수 없는 모든 문제를 다 해결해 주셨으므로. 그런 기쁜 복음을 전해 받은 만큼 우리를 향한 예수님의 사랑과 고난에 동참하자 하시면서.

교회에 나간 지 얼마 되지 않은 새내기 신자였던 나는 통 크게 생전 처음 3일을 굶었다. 배가 너무 고팠다. 3일이 너무 길게 느껴졌다. 배가 고프다는 생각에 사로잡혀 버렸다.

금식 후 죽으로 속을 달래 줘야 하는데 빵이 너무 먹고 싶었다. 미리 사다 놓은 빵을 3일째 12시 땡하고 바로 먹었다. 먹는 행위가 얼마나 귀하고 소중한 일인지 다시금 뼛속 깊이 느끼게 한 기억이다.

배가 고프니 사람이 너무너무 겸손해지고 낮아졌다. 그러자 무의식에 새겨져 있던 본심이 올라왔다. '하나님. 저는 멋있게 살고 싶어요.' 그런 마음으로 다음 날 길을 지나는데 '주부사원을 모집'한다는 곳이 눈에 들어왔다. 나도 모르게 발길이 그곳으로 이끌렸다. 그곳이 유니베라(구 남양알로에)로 30년째 내가 다니고 있는 곳이다. 그날 나는 직감했다.

'이 일은 다른 사람도 살리고 나도 살릴 수 있는 일이겠구나!'

아버지는 50세가 넘으시고, 어머니는 40세가 넘은 나이에 2남 3녀 중 막내로 나를 낳으셨다. 어릴 때부터 나는 항상 배가 아팠다. 그리고 머리끝에서 발끝까지 온몸에는 시도 때도 없이 두드러기가 올라왔다. 너무 가려워 피가 나도록 긁어서 온몸은 피투성이였다. 퉁퉁 부은 얼굴은 다른 사람들이 알아보지 못할 정도였다. 고등어 때문인지 돼지고기가 원인인지 사과 때문인지 알 수 없었다. 심지어 한창 멋 내기를 좋아할 나이인지라 귀를 뚫었는데 5년이 지나도 상처가 아물지 않았다. 귀고리를 끝내 하지 못하고 고생만 했던 기억이 있다.

그러나 세월이 많이 흐른 지금 나는 먹고 싶은 걸 마음대로 먹을 수도 있고 예쁜 귀고리도 마음껏 할 수 있다. 가족력이 있는 고혈압, 당뇨도 내겐 없다.

어떤 음식을 먹고 어떤 생각을 하느냐에 따라 삶의 질은 천차만별 다르다. 아기가 태어나고 이틀 동안(48시간)은 모유가 나오지 않는다. 그러니 그 시간에는 아무것도 먹이지 말아야 아기 장 속의 찌꺼기인 태변이 빠진다. 태변이 빠져야 깨끗한 장에서 면역 물질이 나온다. 그래야 영양분이 흡수된다. 그런데 그 자연요법을 모르는 요즘 병원에서는 아기가 태어나자마자 우유병을 물린다. 그 결과 신생아의 30%가 아토피와 같은 원인 모를 피부병, 천식, 알레르기성 비염 등 자가면역질환으로 고통 받고 있다. 가슴 아픈 현실이다.

2019년, 코로나 바이러스가 전 세계에 퍼져 사람들을 두려움에 빠지게 했다. 사람들은 행동을 통제당하고 의무적으로 마스크를 쓰고 생활해야 했다. 그 때문에 사람들의 인내는 한계에 달하고 있다. 예민해지고 점점 날카로워지고 있다.

바이러스는 계속 바뀌면서 인간을 공격한다. 지구상에서는 바이러스와의 전쟁이 끊임없이 이어지게 될 것이다. 2020년 6월 7일자로 40만 명이 넘는 사람들이 코로나 바이러스 사태로 소중한 목숨을 잃었다. 안타깝게도 확진자는 계속해서 늘어나고 있다.

우리는 곰팡이, 세균(박테리아), 병원균 바이러스에 둘러싸여 산다. 눈에 보이지 않는 것이 그나마 다행인지 모른다. 건강을 지키기 위해서는 개인위생을 철저히 지켜야 할 것이다. 내 건강은 내가 지켜야 하니까. 마찬가지로 우리 몸의 파수꾼인, 면역력을 높이는 생활습관을 실천하는 일이 우리 각자가 할 일이다.

건강의 절실함과 중요함을 일찍부터 깨달은 나는 내가 하는 일이 하나님이 내게 맡기신 천명, 사명, 소명이라 생각하며 살고 있다.

우리 몸의 1차 검문소는 코점막과 코털이다. 코점막은 영하 10도의 찬 온도를 36.5도의 인체 온도로 맞춰 주는 자동시스템이다. 그런 사실을 모르는 부모들은 방학이 되면 비염, 축농증을 치료해 준다며 아이들의 코점막을 레이저로 지지는 우를 범하고 있다. 그로 인한 부작용으로 콧물이 줄줄 흐르는 등 더욱 심각한 상태를 초래할 수 있다.

우리 인체를 구성하는 최소 단위는 60조~100조 개에 이르는 세포다. 그런 세포는 재생주기가 각각 다르다. 건강한 피부세포는 28일마다 재생되고 면역세포 백혈구의 재생일은 4일~2주다. 머리끝에서 발끝까지 산소와 영양분을 실어 나르는 적혈구의 재생주기는 4개월(120일)이며, 간세포 2~3주, 체세포 25~30일, 두피 세포(탈모, 백모, 기미) 60일, 인체 장기(위장, 혈관, 간장) 4개월, 손발톱 뿌리에서 손톱 끝까지 자라는 데 6개월, 뼈 근육 7개월, 뼈조직 전체 재생 7년, 신경세포 전체 재생 7년, 뇌세포(기존 세포가 분열) 60년 등 인체를 회복시키려면 최소한 이 기간은 집중 관리해야 한다.

대부분의 사람들은 이러한 사실을 모른 채 잘못된, 쉽고 빠른 방법을 원한다. 때문에 관리에 실패한다. 그리고 중요한 건 어떤 한 가지만의 방법을 고집하고 자만심을 가지면 큰 낭패를 보게 된다는 사실이다.

이러한 안타까운 사연들을 보고 들으며 나는 천연 약용식물의 효능 효과가 우리 몸에 미치는 영향, 대체의학이 우리의 몸을 어떻게 바뀌게 하는지 수천 시간 공부했다. 더불어 우리 몸의 오장(간장, 심장, 비장, 폐, 신장)육부(담낭, 소장, 위장, 대장, 방광)를 꾸준히 공부했다. 그렇게 전문적인 지식을 기반으로 도움을 주는 사람이 될 수 있도록 준비하고 있다.

혹시라도 공기 좋고 아름다운 곳에 세워진 병원이 있는지 촉각을 세우고 있으며, 일하는 중에도 짬짬이 시간을 내어 힐링센터를 꾸밀 골동품과 그림 등을 수집하고 있다. 유럽 앤티크 찻잔과 가구들의 수집은 덤이다.

어떤 아픔을 가지고 나의 힐링(치유)센터에 들어오든지 치유되어 이전보다 더욱 왕성하고 활기찬 에너지로 살아갈 수 있도록 도와주는 삶을 살고 싶다. 그렇게 선한 영향력을 끼치며 사는 것이 내가 꿈꾸는 최고의 삶이라 생각한다. 그 일과 사람들을 생각하면 가슴이 뛰고 설레며 기대된다. 그래서 오늘도 나는 나의 꿈을 향해 도전 중이다.

04.
교회 100개 개척하고, 학교 도서관 짓기

"진리를 알지니 진리가 너희를 자유케 하리라."《요한복음》 8장 32절)

이 언약의 말씀 뜻을 그때는 몰랐다. 성경을 처음부터 끝까지 읽기를 마친 어느 날, 아침잠에서 깨자 이 성경 구절이 선명하게 떠올랐다. 그런데 그 말이 나에게 어떤 의미인지 그 말씀의 뜻이 무엇인지 그때는 몰랐다. 세월이 흐른 후에 나를 설계하시고 지으신 그분이 나보다 나를 더 잘 알고 계신다는 걸 깨닫게 되었다.

부끄러움이 너무 많아 사람 앞에서 말도 제대로 못하던 나였다. 하나님은 그런 나를 말을 해야만 일이 성사되는 영업의 길로 인도하셨다. 처음엔 영업이 무슨 일을 하는 것인지, 어떻게 하는지 아무것도 모르는 채로 이 길에 이끌려 들어왔다. 그런데 지금은 사람의 마음을 움직이고 살리는 말로 사람들을 자신감 넘치게 만드는 동기부여가가 되었다. 편히, 쉽게, 자주, 사랑하는 사람 누구에게도 밥을 살 수 있고, 커피를 살 수 있는 사람이 되었다. 중요하고 급한 일부터 시간을 어떻게 분배해서 써야 하는지 알게 되었다. 모든 문제는 변장하고 내 앞에 온 축복의 또 다른 모습이라는 사실을 알게 되었다. 그 언약의 말씀은 이 모든 자유를 주시 겠다는 약속임을 알게 되었다. 나는 날마다 내 속에 어떤 무한능력과 비밀스러운 보물들이 숨겨져 있는지 기대하고 상상하며 살고 있다.

어느 날 교회에 갔는데 꽃꽂이가 있어야 할 양쪽 강대상 자리가 비어 있었다. 자주 있다가 없다가 그랬다. 그런데 그때 '아, 이 꽃꽂이 내가 한번 해 볼까?'라는 마음이 들었다. 평소의 나는 꽃꽂이를 좋아하지 않았다. 왜 멀쩡한 꽃을 잘라서 버리는지 이해가 가지 않았다. 큰 항아리나 꽃병에 푹 꽂아 두면 풍성하고 좋을 건데 왜 아까운 꽃을 잘라 버리지?

그랬던 내가 옆 사람에게 "꽃꽂이는 누가 하나요? 꽃꽂이를 배우려면 어딜 가야 하나요?"라고 질문하기 바빴다. 내 질문에 내 옆 사람은 "저 위 복지관에 가면 꽃꽂이 수업을 한다던데요."라고 대답해 주었다. 나는 예배를 마치고 그 복지관을 찾아갔다. 마침 금요일 꽃꽂이 수업이 진행되고 있었다.

그길로 30여 년간의 나의 꽃꽂이 봉사가 시작되었다. 꽃을 꽂으면서 참 신기했다. 내가 너무너무 꽃과 꽃꽂이를 좋아하는 사람이라는, 나도 모르던 사실을 발견하게 된 것이다.

그때부터 정함이 없이 무슨 일이든 일단 실천해 보는 습관이 생겼다. 같은 디자인의 옷 만 고집하며 입었던 나는 옷 입는 스타일도 다양하게 바꿔 보았다. 항상 다니던 길만 다니던 습관을 고치려고 의도적으로 다른 길로 다녔다. 그러자 새로운 눈이 열렸다.

교회를 다니면서 일을 하니 너무 자유롭고 감사했다. 희망도 생기고 '나'라는 정체성도 생기면서 날마다 아이디어가 샘솟았다. 들에 핀 꽃, 나무, 하늘, 사람들이 좋아졌다. 내가 누리는 자유를 사람들에게도 느끼게 해 주고 싶었다. 자다가 너무 좋아서, 행복해서, 감사해서 벌떡 일어나 감사합니다, 고맙습니다, 인사하고 또 자곤 했다. 일주일 열심히 일하고 토요일에는 꽃시장에 가서 꽃을 사다 교회에 꽂았다. 강대상 양옆에 꽂힌 꽃들은 너무 예뻤다. 그것들을 보며 나는 행복한 시간을 보냈다.

이렇게 행복한 교회에 사람들이 다 왔으면 좋겠다고 생각하면서 만나는 사람마다 나와 교회에 가자고 했다. 전도자 상도 받았지만, 마음은 늘 안타까웠다. 어떻게 하면 사람들에게 이 행복과 자유로움을 전할 수 있을까?

그때 1885년(지금으로부터 135년 전) 언더우드라는 최초의 영국 선교사가 지금의 연세대학교의 전신인 연희전문대를 세웠다는 사실이 떠올랐다. 그렇게 인재육성의 씨가 심겼고, 이는 도산 안창호, 이승만, 김규식에게 영향을 주었다. 그렇게 우리나라 정치 문화 교육에 큰 영향을 준 언더우드는 한국 사회 죄초로 보육원과 학교도 세웠다.

지금은 마음만 먹으면 누구나 대학교에 다닐 수 있는 세상이 되었다. 하지만 그 당시는 우리나라가 너무나 어둡고 배고팠던 시절이었다. 때문에 그 시작은 목숨을 건 사랑의 실천이었으리라. 그 사실을 깨닫게 된 순간 나는 '그래! 우리나라의 1970년대 수준인 필리핀, 베트남, 중국 등에 교회를 세우자. 그러면 그들의 교육과 문화에 도움을 줄 수 있으리라.' 그렇게 생각의 씨앗을 심었다.

그러던 어느 날, 필리핀 팔라완이라는 곳에 선교를 다녀오신 목사님이 1,000만 원이면 그곳에 교회를 세울 수 있다고 했다. 그곳은 더운 지역이기 때문에 난방시설이 필요하지 않다. 그러니 콘크리트로 지붕과 벽만 쌓고 의자만 놓아도 교회가 되고 학교가 되고 문화 현장이 될 수 있다는 것이었다.

10년 전에는 500만 원에서 1,000만 원이면 그곳에 교회를 세울 수 있었다. 단순하게 계산해서 1,000만 원×100개는 10억이다. 해낼 수 있을 것 같았다.

첫 교회 개척지는 필리핀 남서부 해상에 있는 팔라완 섬이었다. 마닐라국제공항에서 3시간 동안 비행기를 타고 들어가면 팔라완이라는, 청정 지역인 섬이 있다. 첫 번째인 룩부안 교회를 세우고 가서 보니 그곳은 미래의 인류를 책임지고 갈 꿈을 열어 준 성소가 되어 있었다. 나중에는 몰려드는 아이들을 합창으로 하나님 만나는 길로 인도했다. 울려 퍼지는 그 합창 소리는 이 세상 어떤 음악 소리보다 아름다웠다.

유난히 빛나는 별을 보며 울퉁불퉁한 시골길을 내려오는데 나도 모르게 뜨거운 감동의 눈물이 줄줄 흘러내렸다. 믿음의 나무가 될 아이들이 너무 많이 자라나고 있었다. 입당예배를 마치고 나서 생각했던 것을 바로 행동으로 옮겼다. 처음에는 한 명씩 끌어안고 영접 기도로서 하나님의 자녀가 되는 축복의 길로 인도했다.

나의 교회 100개 세우기 꿈은 현재 필리핀 교회 4곳, 우리나라 교회 5곳, 총 9곳에서 진행되고 있다. 그리고 필리핀의 룩부안 교회, 컨셉션 교회, 로하스 교회에서 악단을 만들고 매달 악기 관리비를 지원하고 있다.

사업을 시작하면서 나는 1년에 1~2회 바자회를 열었다. 1부에서는 김밥, 잡채, 파전, 떡볶이, 커피, 식혜, 다과와 차를 판매했다. 2부에서는 경매를 진행해 재미와 득템의 기회를 주었다. 처음엔 주로 55 사이즈에서 77 사이즈로 변한 내 옷과 액세서리, 가방 등을 판매했다. 쿠폰을 제작해 교환하는 방식으로.

바자회에 온 교인들 중 좋은 일 한다면서 비싼 가격으로 물건을 구매해 가는 분들도 계셨다. 그러다 규모가 아나바다(아껴 쓰고 나눠 쓰고 바꿔 쓰고 다시 쓰자)로 커지면서 더 많은 분들이 동참해 주셨다. 수익금으로는 불리하게 태어났지만 열심히 사는 소년소녀 가장 돕기, 장애아들과 놀아주기, 치매 중풍 든 어른 찾아가기를 실천했다. 또한 백향목 선교회를 세워 필리핀, 아프리카 아이들의 공부에 도움을 주고 있다.

네 번째로 세운 로하스 교회의 입당예배 때는 2,000만 원 이상의 경비를 떼 놓았다. 그리고 때로는 동료로 동역자로 친구로 건강하고 아름답게 함께 일하는 식구들과 필리핀 룩부안 섬으로 갔다. 낮에는 배를 타고 팔뚝보다 더 큰 로브스터, 처음 보는 큰새우, 오징어 및 각종 해산물을 먹었다. 또한 형형색색의 물고기를 볼 수 있는 아일랜드 호핑투어는 잊을 수 없는 행복한 추억이었다.

바닷가에 바로 붙은 리조트에서 잠을 자며 아무도 없는 밤에는 모래밭에 누워서 별을 헤다 목청껏 노래도 부르고 수영도 했다. 그렇게 엄마로 아내로 산업현장의 주역으로 그동안 열심히 살아온, 사랑하는 사람들과 함께 행복한 시간을 보냈다. 내 삶의 아름다움을 키우는 사랑 실천의 시간이었다.

그즈음에 아프리카에 가게 되었다. TV에서나 봤던, 코 흘리고, 배 볼록한 그 아이들을 만났다. 지금 다시 봐도 함께 찍었던 사진 속 나의 새하얀 스카프가 너무 깨끗해서 미안해했던 마음이 떠오른다. 돌아오는 비행기 안에서 저 아이들이 마음껏 읽을 수 있는, 책이 가득한 도서관을 만들어 주고 싶다고 읊조렸다. 한 평의 밭을 가꾸는 마음으로 나에게 주어진 지경을 넓혀 가리라.

05.
선한 영향력을 끼치는
억만장자 되기

　10억은 노력하면 누구나 벌 수 있는 돈이고, 100억은 하늘의 도움이 있어야 가능한 돈이라는 말이 있다. 그만큼 꿈의 숫자라는 뜻일 테다.

　요즘은 집값이 오르면서 10억 정도는 많은 사람이 가지고 있다고 본다. 내가 처음 일하던 1990년대 초 1억은 꿈의 숫자였다. 사업을 하면서 사원들과 매년 1월이면 적금 통장을 만든다. 본인이 원하는 만큼. 대략 1회 200만 원에서부터, 150만 원, 100만 원, 50만 원, 30만 원, 20만 원, 5만 원까지. 그렇게 1년이 지나면 2,400만 원에서 60만 원까지 형편에 맞추어 모으게 된다.

　그러면 또 다른 통장에 그 돈을 모아 두었다가 집을 산다든지 땅을 살 때 쓰도록 하는 시스템이다. 그런 이유로 우리 회사는 무조건 질긴 종짓돈 모으기를 강요하고 실천한다. 우리는 그걸로 집 사기, 차 사기, 건물 사기 프로젝트를 실현한다. 그렇게 모은 돈은 성실하게 잠도 자지 않고 나를 위해 일한다.

그렇게 정해 놓고 경제의 규모를 갖추도록 한다. 생각하는 힘에도 근육이 있어야 하듯, 돈을 모으고 관리하는 데도 근육이 필요하기 때문이다. 그렇게 근육이 자라나야 돈을 키울 수 있고 지킬 수 있기 때문이다.

내가 번 돈에는 다 이름이 있다. 내 돈 일부분이 있고 아기 때부터 떼어 놓은 자녀 돈 일부분, 도와준 고객 돈 일부분 등. 이렇게 여러 개로 쪼개어 만든 명목별 통장은 용도에 맞게끔 지출하고 나면 질긴 종잣돈이 되어 주었다. 꿈을 이루어 갈 수 있도록 길을 열어 준 것이다.

아이들 용돈도 학생 본분에 맞게끔 관리시켰다. 책 읽기에는 얼마? 설거지에는 얼마? 신발 정리에는 얼마? 하는 식으로. 세뱃돈이라든지 친척에게 받은 용돈도 주신 분의 이름을 조목조목 통장에 기록해 그분의 사랑과 마음을 기억하도록 했다. 더불어 경제의 습관과 인성도 가르쳤다.

나의 극성스러움 때문인지 사원들에게 집 구입은 당연시되었고 문화로도 정착되었다. 그들의 집들이 때는 소파나 냉장고를 선물했다. 차를 사기 전에는 운전면허 학원비로 100만 원씩을 지원해 주기도 했다. 그렇게 종잣돈 모으기 저축을 습관화하는 시스템을 생활화했다.

나의 목적은 가정에 도움을 주는 경제적 활동과 건강, 평안과 행복에 도움이 되는 일자리 창출에 있다. 나는 내 아이가 잘 자라고 엄마를 보면서 함께 성장하길 바란다. 그런 만큼 꾸준히 가족의 특성을 알고 소통할 수 있는 복지정책에 힘쓰고 투자했다. 사원들의 자녀들이 초등학교 1학년에 입학하면 꼭 책가방을 선물하면서 함께 기쁨을 나눴다. 남편들의 생일에는 직업에 맞는 넥타이, 티셔츠 등도 선물했다. 연말 송년 행사에서는 '남편 가요제'를 열어 회사와 가족 간의 문턱을 낮추어 안정감을 가지고 일할 수 있도록 했다.

우리 사원들은 집안 살림에 아이들을 키우면서 일해야 하는 주부들이다. 때문에 무엇보다 먼저 자녀와의 대화 기법 및 미술 심리치료 수업(강인숙 강사)을 진행했다. 이유아 교수와는 아이에게 우산을 준비해 주기 등의 공부로 틱 장애, 대인기피증, ADHD 강박증 등 여러 가지 드러나지 않은 문제들을 해결해 가면서 일하도록 했다. 봄에는 전 사원 단합 운동회를 열고 해마다 가을이면 우리나라의 아름다운 산을 등반했다. 그렇게 서로를 격려하며 애로사항을 토론하고 보물찾기 게임 등으로 창의력을 계발해 나갔다.

몇 년 전에는 전라북도 마이산을 갔는데 빨간 단풍 위로 예고 없이 흰 눈이 펑펑 내렸다. 그 모습에 축복을 받은 듯했다. 평생 잊지 못할 자연의 신비를 체험한 순간이었다. 그 자리에서 어린아이들처럼 마냥 신나하며 눈싸움했던 기억은 잊을 수 없는 행운이었다. 전북 진안 홍삼스파의 눈 내리는 노천탕에서 온천하며 사원들에게 행복을 선물하기도 했다. 이것들은 내 인생에서 두고두고 참 잘한 일들이다.

지리산 통패지 바비큐 파티, 경호 강 래프팅, 무주리조트 스키 타기, 제주도 여행은 수없이 다녀왔다. 일본 여행, 홍콩 여행 등 지금 와 생각해 보니 사원이 나였고, 내가 사원이었다.

혼자 가면 빨리 가고 함께 가면 멀리 갈 수 있다는 말을 일하면서 늘 생각한다. 우리가 이렇게 함께하기 때문에 힘들다 하는 영업의 세계에서도 더욱 행복하게 일할 수 있다고 생각한다. 30여 년간 일해 오면서 나는 항상 어떻게 하면 함께 일하는 동료들이 행복한 부자로 살아가도록 도울까 고민하며 기도한다.

나는 행동도 느리고 성격도 느리고 머리도 반짝반짝하지 못한다. 그래서 무슨 일이든 유비무환의 정신으로 살려고 노력한다. 늘 정해진 약속 시간보다 일찍 나가서 상대를 기다린다. 잠자는 시간을 줄여서 출근도 한 시간 먼저 한다. 재테크도 미리미리 한다. 틀리더라도 고칠 시간이 있어 다시 시도할 수 있는 여유가 있기 때문이다.

돈을 모으는 것도 일도 처음에는 지루하다. 하지만 그것들은 눈덩이처럼 저절로 커지게 되어 있다. 나는 '자연의 혜택을 인류에게'라는 정신으로 화장품과 식품을 판매했다. 현장에서 18만 원짜리 제품을 판매하면 2만 원을 보태서 저녁에는 반드시 20만 원을 입금시키는 방법으로 일했다. 오늘 일은 오늘 마무리하는 습관을 지켰고 금액을 맞추는 습관은 돈을 모으는 데도 적용시켰다.

내가 돈을 버는 이유는 잘 쓰기 위해서다. 돈은 참 좋다. 사랑하는 사람들에게 맛있는 것도 마음껏 사 줄 수 있고 사랑하는 아이 공부도 시킬 수 있고 쾌적한 공간에서 살 수도 있으니까.

뿐만 아니라 여행도 마음껏 다닐 수 있고 불우한 이웃을 도울 수도 있다. 나는 내가 판매하는 제품으로 고객들을 이롭게 하고, 그 대가를 당당하게 받고, 나의 연봉을 내가 늘 수정할 수 있게끔 선순환을 이루는 지금이 참 좋다. 연봉 1억, 100억, 1,000억을 강조하다 목적을 잃어버리는 우를 범하는 경우가 있다. 나의 목적지는 행복한 부자다! 목적지를 가기 위해서 비행기를 타든 버스를 타든 걸어가든 방법은 바꿀 수 있지만 목표는 바뀌지 않는다.

나를 만나는 사람들은 나보고 인복이 많다고 부러워한다. 그렇다 나는 사람 복이 많다. 일복도 많고 일을 좋아한다. 일이 잘 풀리지 않을 때는 항상 바닥으로 내려가서 다시 시작한다. 그때 새로운 기회의 문이 열린다는 것을 알게 되었기 때문이다.

우리 사원들이 간부로 승진하면 나는 그들에게 옷을 선물했다. 더 선한 영향력을 끼치는 좋은 리더가 되길 바라는 마음에서다.

평소 아침교실 시간이면 사원들을 향한 기도와 축복의 마음으로 앞에서 무슨 말이든 하도록 사원들을 독려한다. 굿 뉴스라는 제목으로 자기 얘기를 하도록 강대상 앞에 세운다. 처음에는 사람들이 앞에 서라고 하면 출근 안 한다고 겁을 주기도 했다. 그러다 세월이 지나니 그들이 마이크를 잡으면 놓지를 않는다. 그만큼 성장하고 의식 수준이 높아지고 자존감이 높아져 가고 있다는 증거다.

변해 가는 동료 사원들을 보면 뿌듯하고 행복하다. 첫 마음에 다짐했던 함께 행복한 부자 되기를 실천하면서 지금처럼 뚜벅뚜벅 걸어갈 것이다. 그렇게 장학재단을 만들어 후대를 양성하는, 사람 살리는 전문가, 선한 영향력을 끼치는 억만장자가 될 것이다. 그것이 나의 사명이다.

PART 14

무인현금흐름시스템 만들어 자유를 누리는 디지털 노마드 되기

|표성원|

표성원

오프더샐러리 대표, 마케팅시스템 설계자, 2030 삐딱한 머니코치, 자기계발 작가,
동기부여가

월급 밖의 삶을 위한 구독서비스 '오프더샐러리' 대표이다. 작가이자 동기부여가라
는 가슴 설레게 하는 꿈을 그리며 대한민국 2030들의 월급 밖의 삐딱한 재테크를
알려 주는 멘토로 상담 활동을 하고 있다. 현재 '월급쟁이 젊은 부자로 은퇴하기'를
주제로 개인저서를 집필 중이다.

01.
젊은 부자로 은퇴해서
매일 여행하는 삶 살기

아버지의 꿈은 마흔에 직장에서 은퇴하고 자신의 사업을 시작하는 것이었다.

내가 초등학교 6학년 때, 아버지는 나이 마흔에 퇴직하고 레미콘 법인회사를 시작하셨다. 어렸을 적에는 생각 못했지만 지금 떠올려 보니 아버지는 마흔에 사업을 시작하시면서 나에게 꿈을 이룬 모습을 보여주셨다. 그래서인지 나는 사춘기에 아버지만큼 성공하는 것이 꿈이었다. 그 뒤로 아버지는 20년간 레미콘회사를 운영하셨다. 직원들과 직원들 가족까지 합치면 300명 가까운 식구들을 책임지는 대표이사가 되셨다.

아버지는 평생 외박을 한 번도 하지 않으셨다. 그 정도로 가족을 최우선으로 생각하시는 분이었다. 그래서 나도 지금까지 출장 이외 이유 없는 외박은 하지 않았다. 늦게 간 군대에서 말년 휴가를 나왔을 때 아버지께서 하신 말씀을 기억한다. "아들, 아빠가 건설 경기의 막차를 탄

것 같아. 예전만큼 사업이 잘되지가 않아. 이제 사업을 접으려고 해. 너에게 물려주려 했지만 그만해야 할 것 같아. 그리고 아버지 아직 젊으니까 걱정 말아라." 하셨다. 그렇게 아버지는 마흔에 시작한 사업을 예순에 그만두시면서 은퇴하셨다.

나는 초등학교 때까지 아버지와 함께 여행을 다니거나 운동을 하거나 낚시를 다니며 즐거운 시간을 보낸 기억이 있다. 아버지는 한 달에 한 번 나오는 월간 만화책을 꼬박꼬박 퇴근길에 사 오시는 자상한 분이셨다. 그날이면 나는 아버지가 퇴근하시기만을 들뜬 맘으로 기다렸다.

그런데 그런 아버지와의 추억은 초등학교 6학년 이후 안타깝게도 없다. 사업을 시작하시면서 아버지는 직장생활을 할 때보다 훨씬 많이 바쁘셨다. 책임져야 하는 식구들이 많아질수록 더 바빠지셨다. 짧게는 2,3일 길게는 몇 달에 한 번씩 집에 오시기도 했다.

아버지가 사업을 하신 기간이 나에게는 사춘기 시절이었다. 다행히 그 시절 아버지에 대한 내 기억에 전혀 서운함은 없다. 아마도 어린 시절 아버지가 행복한 기억을 많이 심어 주셨기 때문이라 생각한다. 그런데 만약에 아버지가 마흔에 사업을 하는 것이 꿈이 아니라 은퇴하는 게 꿈이셨다면 어땠을까? 아버지와 나의 시간이 더욱 풍성해지지 않았을까. 아버지와 더 많은 추억들을 쌓았다면 지금 내가 좀 더 행복하지 않을까. 그 시절 아버지를 통해 배운 것 중 한 가지는 '나는 젊은 부자로 은퇴하겠다'라는 것이다.

나는 이제 아이 셋의 아빠로서, 젊은 부자로서 은퇴를 시작한다. 아버지가 직장생활을 끝내고 사업을 시작하신 나이에 나는 은퇴하고 가족들과 더 많은 시간을 보내려고 한다. 주영, 주은, 주원 세 아이들과 인생의 멋진 시간들과 경험들을 함께하려고 한다. 한 번뿐인 인생, 젊은 시절 은퇴해 남은 시간들을 여행으로 채우고 싶다.

서울대 심리학과 교수이자 〈행복연구소〉 소장인 최인철 교수는 TV 강연에서 여행을 행복을 위한 뷔페, 종합선물세트로 표현한 적이 있다. 사람에게 행복감을 주는 행동인 걷기, 먹기, 말하기, 놀기를 모두 할 수 있는 것이 여행이라는 것이다.

지금도 어릴 적 아버지와 함께 비를 맞으며 텐트를 치고 계곡에서 여울낚시를 하며 물놀이하던 기억이 생생하다. 바다낚시 중에 어깨에 낚싯바늘이 걸리는 사고를 당해 치료하는 아버지 옆에서 많이 아프실까 봐 발 동동 구르며 울었던 기억도 난다. 주문진 바닷가에서 아이스박스 한가득 숭어를 잡아 이 집 저 집 선물로 주었던 기억 또한 생생하다. 아버지와 함께 여행한 시간이 나에겐 행복한 기억으로 남아 있다. 최인철 교수의 말이 기막히게 맞는 것 같다.

아들이 초등학교 1학년, 딸이 5세이던 해 보라카이로 여행을 갔었다. 그 뒤로 여러 가지 일들을 진행하며 바쁘다는 핑계로 함께 여행을 못 다녔다. 나도 아버지처럼 가족을 위해 열심히 일하느라 가족들과의 행복한 기억을 남기지 못하는 것 같아 그동안 내내 마음에 걸렸다.

첫째 아들이 아빠 생일 선물로 편지를 써 줬었다. 아빠랑 함께 보라카이로 여행 갔을 때 정말 즐거웠다고. 그리고 식구들을 위해서 고생해 줘서 감사하다고. 나도 우리 아들에게 아빠와의 여행이 행복한 기억으로 남아 있는 것 같아서 감사했다.

그 후로 아이들과 함께 가고 싶은 여행지 사진들을 출력해 집 한쪽 벽에 붙여 놓기 시작했다. 싱가포르의 마리나베이샌즈, 두바이의 쥬메이라비치, 멕시코의 칸쿤, 미국의 유니버셜스튜디오와 유덥(University of Washington) 등등 아이들과 생각날 때마다 하나씩 하나씩 꿈을 더하고 있다. 이렇게 생생하게 꿈꾸는 대로 아이들과 함께 꿈같은 여행을 다니고 싶다.

자기계발 전문가들이 이야기하는 끌어당김의 법칙을 나는 오늘도 실천하고 있다. 실제로 우리 가족은 지금 더 큰 꿈을, 많은 꿈을 더해 가면서 오늘 하루를 충실하게 살아가고 있다

주영, 주은, 주원 세 아이들과 함께 내 아버지가 어린 시절 나에게 해 주었듯이 함께 많은 곳을 여행 다닐 계획이다. 삶에 부대끼며 시간을 다 보내고 아이들도 다 큰 후에 여행하는 것은 원치 않는다. 한 살이라도 젊을 때 빨리 은퇴해서 아이들에게 유년시절에 많은 것을 보고 느끼게 해 주고 싶다.

함께 여행하는 동안 아이들과 많은 이야기를 나누고 싶다. 책으로만 보던 많은 역사적인 곳들도 가 보고 싶다. 이집트 피라미드도 보고 싶고,

잉카문명의 고대도시 마추픽추도 아이들과 함께 가 보고 싶다. 어렸을 때 선물 받곤 했던 종합선물세트처럼 아이들이 아빠와 함께 여행 다니는 시간이 종합선물세트처럼 즐거움을 주는 것이었으면 좋겠다.

02.
영, 은, 원 3명 아이에게
부자 DNA 넘겨주기

나는 첫째 주영, 둘째 주은, 셋째 주원 3남매의 아빠다. 주위의 많은 사람들이 다둥이 아빠로 살아가는 것을 부러워하기도 하고 많이 힘들 것이라 걱정들도 한다. 힘들지 않다거나 부담이 없다고 하면 거짓말일 것이다. 대한민국에서 아이를 셋 키운다는 것이 참 쉽지 않은 것만은 사실이다. 남들은 아이 셋을 키우는 동안 육아는 도사가 되었겠다고 생각한다. 하지만 아이들 모두 각각 개성이 있으니 매일매일 새로운 일들의 연속이다.

막내가 태어난 후 '아이들에게 든든한 아빠가 되어 주자', '부자의 DNA를 물려주자'라는 꿈이 생겼다. 미국에서는 아이들에게 경제활동을 통해서 돈을 버는 것을 가르친다. 나의 미국인 친구도 어렸을 때 음료를 만들어서 행사 때 판매하며 돈을 버는 법을 배웠다고 한다. 단순히 물건을 파는 것을 알려 주는 것이 아니라 타인의 필요를 채워 주고 이를 돈으로 보상받는 것을 가르치는 것이다.

내가 아이들에게 넘겨주고 싶은 DNA는 첫 번째로 높은 의식 수준을 가질 수 있도록 훈련하는 법이다. 《결국 당신은 이길 것이다》에서 나폴레온 힐은 악마와의 대담을 통해서 사람의 성공을 가로막는 악마의 방법이 방황하는 습관을 만드는 것이라고 한다. 따라서 높은 의식 수준을 가질 수 있도록 훈련하고 모든 사안에 대해 분명하게 결정짓는 습관을 익히는 것이 중요하다 하겠다. 그러면 아이들은 방황하지 않고 자신의 인생에서 뚜렷한 그림을 그리며 살아갈 수 있을 것이다.

두 번째로 시스템을 만드는 사고를 가르치는 것이다. 부자를 공부하면서 알게 된 사실 하나는 모든 부자들에게는 자신만의 시스템이 있다는 것이다. 시스템이 없이 부자가 되는 사람은 없다. 그러니 자신에게 맞는 시스템을 찾아서 이를 고도화시키는 것이 부자가 되는 길이다. 이러한 시스템을 만드는 사고를 할 수 있는 아이들로 키우고 싶다.

세 번째로 이 모든 것들을 빠른 시간에 해낸다면 부자가 된다는 것이다. 방황하는 대신 시스템을 갖추고 있다면 《부의 추월차선》의 엠제이 드마코의 말처럼 돈을 기하급수적으로 벌어들여 젊은 부자로 은퇴할 수 있게 된다. 이렇게 젊은 나이에 부자가 되는 빠른 길이 존재한다는 걸 아이들에게 알려 주고 싶다. 그리고 그 해답을 당당히 본인들의 DNA로 만들어 갈 수 있도록 키우고 싶다.

아이들에게 물려주고 싶은 DNA는 너무도 많지만 크게 이 세 가지를 물려주고 싶다. 그러면 이를 가지고 아이들이 각자 자신의 개성에 맞게 해답을 찾아 가지 않을까 싶다. 내가 20년 동안 배운 것들을 아이들은 10년 만에 배우고 다시 10년 동안 더욱 갈고닦았으면 싶다. 그래서 지금의 나보다 더욱 내공을 갖춘 40대를 맞았으면 좋겠다.

세 아이에게 부자가 되는 방법을 넘어서서 부자 DNA를 물려주고 싶다. 그래서 부자 가문을 이루도록 아이들을 가르치고 또한 그 방법을 깊이 체득할 수 있도록 훈련시키고 싶다. 앞으로 20년, 본인들의 힘으로 세상을 멋지게 살아갈 아이들을 꿈꾼다. 생존을 위해서 돈을 벌어야 하는 삶에서 벗어나길 바란다. 자유로운 삶을 누리면서 불가능해 보이는 많은 꿈들을 하나씩 하나씩 이루면서 살아가길 바란다.

03.
무인현금흐름시스템
복제하기

나의 군대 제대를 앞두고 아버지가 은퇴하셨다. 가장의 은퇴는 가족들의 삶에 많은 변화를 가져왔다. 나는 그때부터 부자가 되겠다는 목표가 생겼다. 뚜렷하게 그림을 그리진 못했지만 경제적 자유를 꿈꾸고 있었다. 이상하게도 그때는 서점에 가든 도서관에 가든 내 눈길을 잡아끈 것은 돈에 관한 책들이었다. 자기계발 서적들은 끌어당김의 법칙을 이야기하고 있었다. 이때 나의 생각을 사로잡은 책은 많은 사람들이 알고 있는 로버트 기요사키의《부자아빠 가난한 아빠》다.

재테크 책을 읽으며 열심히 공부하던 중 한 저자가 운영하는 부동산 경매 수업을 무료로 듣게 되었다. 나는 무작정 저자에게 메일을 보냈다. 그러곤 나는 아직은 학생이다. 큰 금액의 수강료를 낼 형편이 되지 않는다. 하지만 수업만 듣게 해 주면 강의 준비나 PPT 작성, 서류 작업 등 총무 역할을 하겠다고 이야기했다. 그러자 그 저자는 '나중에 자산이 10억 이상이 되면 잊지 말고 또 다른 내가 되어 달라'며 흔쾌히 강의를 듣도록 허락해 주었다.

6주간 진행되는 강의는 일분일초도 놓칠 수 없는 소중한 시간이었다. 이때 우리 반 반장은 30대 후반의 회계사 형님이었다. 현금자산이 20억 정도 있다고 했다. 주식으로 돈을 번 그에게는 부동산을 통해서 부를 이룬 멘토가 있었다. 그는 그분처럼 부동산 자산을 늘리기 위해서 경매 공부를 시작했다고 했다. 반장은 자신이 매일매일 업무상 만나는 많은 자산가들에게서 배운 것들을 우리에게 전해 주었다. 그런 자산가들을 많이 만나는 반장이 참 부러웠었다.

어느 날 반장이 자신의 멘토 이야기를 해 주었다. 이분은 동대문과 남대문 시장에 2,000채 이상의 상가를 가지고 있는, 자수성가한 60대 후반의 부자였다. 이 멘토가 평생을 두고 만든 시스템이 무인현금흐름시스템이라는 것이다. 2,000채 이상의 상가에서 월세가 들어오고 그 월세로 다시 건물을 살 수 있는 구조를 만들었다는 것이다. 이후로 나는 상가 건물 2,000채 이상을 소유한 정도의 멘토를 찾기 위해 많은 사람들을 만났다.

시간이 지나고 그 무인현금흐름시스템이라는 것을 부자들은 모두 가지고 있다는 것을 알았다. 많은 책을 읽고 강연을 들으며 부자들은 결국 노동수입을 벗어나 시스템이 돈을 벌어 주는 환경을 구축했고, 이를 통해 수익을 만들 수 있게 된 것이었다.

지금 나는 무인현금흐름시스템을 구축하고 있다. 구독경제모델을 구축해 매달 일정 금액을 지불하고 내가 전달하는 정보를 꾸준히 받는 회원그룹을 형성했다. 그리고 그 회원들에게 양질의 정보를 제공하기 위해 멘토들을 더욱 늘려 나가고 있다. 잠깐 큰돈을 버는 것에 눈을 돌리지는 않는다. 수고롭더라도 시스템을 만드는 것에 집중한다. 시스템이 만들어지고 올바른 환경에서 돌아가기 시작한다면 시스템이 돈을 벌어 줄 것을 알고 있기 때문이다.

나의 무인현금흐름시스템을 완성하고 나면 이를 복제해서 많은 사람들에게 컨설팅해 줄 수 있는 교육과정을 만들고 싶다. 지금의 나처럼 꿈을 꾸는 사람들이 시행착오를 줄이고 하나부터 열까지 모든 노하우를 흡수하고 실천했으면 한다. 그래서 자신의 무인현금흐름시스템을 만들고 또 이를 복제해 나감으로써 장소, 경제, 시간, 행동의 자유를 갖는 젊은 청년 부자들이 더욱 많아졌으면 좋겠다.

04.
매년 책 1권씩
평생 부자 되는 책 쓰기

뉴스를 보니 앞으로 세상은 코로나 전과 후로 나뉜다고 한다. 코로나 이전의 세상으로 돌아가지 못한다는 것이다. 같은 맥락에서 보면 나의 독서법은 책을 쓰기 전과 책을 쓴 이후로 나뉜다. 중학생 때 속독법을 배우는 것이 유행이었다. 수능시험 문제의 긴 지문을 읽으려면 속독법을 배운 학생들이 유리하다는 것이었다. 그래서 난 성인이 된 이후에도 가끔씩 빠르게 눈을 굴리며 속독 연습을 했다. 그러면서 나는 내가 독서법을 배웠다고 생각하며 살았다.

하지만 책 쓰는 법을 배우면서 나는 이제 예전의 독서법으로 돌아갈 수 없다는 생각을 한다. 예전의 독서가 소모적인 독서였다면 지금의 독서는 생산적인 독서이기 때문이다. 생산적인 독서란 그것을 통해 변화가 있고 결과가 있는 독서를 의미한다.

작가가 되기로 마음먹고 제일 먼저 바뀐 것은 책을 사는 데 돈을 아끼지 않게 된 것이다. 왜냐하면 그 책들의 내용이 내가 쓰는 책의 재료가 되기 때문이다. 나는 책을 많이 빌리는, 도서관의 회원 명단에도 올라갈 정도로 독서를 많이 한다고 생각했다. 그러나 결국 빌려 읽은 책들은 내가 정리하지 않으면 내 책의 재료가 되지 않는다는 것을 깨달았다.

두 번째는 책을 정독하지 않게 된 것이다. 핵심만 뽑아서 읽게 된 것이다. 내 책의 재료로 삼기 위해 이 책을 골랐으니 재료로 써먹을 수 있는 핵심만 뽑아서 읽는 것이다. 핵심만 뽑아서 읽는 방법을 깨치고 나면 독서는 나를 단련시키는 가장 큰 무기가 된다.

세 번째는 책 내용에서 적용할 것들을 정리하고 이것을 모아 책을 만들게 된 것이다. 책을 쓰면서 책 읽기를 모두 다시 배웠다. 1년 동안 한 주제로 공부하면서 1권씩 책을 쓴다면 10년이면 열 가지 주제의 전문가가 될 것이다.

언택트 시대에 오프라인으로 강의를 하는 강사들은 설 곳을 잃어 힘들어한다. 하지만 발 빠르게 온라인 강의로 필드를 옮긴 강사들은 지금 최고의 시간은 보내고 있다고 해도 과언이 아니다. 온라인의 특성상 지역의 한계를 넘어 많은 사람들이 강의를 듣기 때문이다. 하지만 자기계발의 목적을 잃어버린 채 실행은 하지 않고 강의 수강에만 빠진 수강생들이 적지 않아 걱정이라는 말도 한다.

내 마음속에 많은 경험들이 쌓여 갈수록 더 빨리 책을 쓸 수도 있을 것이다. 나는 1년에 한 번씩 부자가 되는 책을 쓸 것이다. 책을 쓰기 위해서 사례를 만들고, 책을 쓰기 위해서 독서를 하고, 책을 쓰기 위해서 시간을 사용할 것이다. 책을 쓰기 위해서라도 나는 점점 더 부자가 될 것이다. 나의 책 쓰기는 관점이 바뀌고 적용점이 바뀌면서 완전히 새로운 모습으로 탈바꿈했다.

내가 쓰는 책들이 나를 부자로 만들었듯이 내 책을 읽고 많은 사람들이 부자의 길로 들어서길 바란다. 책을 통해서 멘토를 만나고 삶의 방향을 잡고 깊이 고민하는 시간을 만들기 바란다. 그런 멘토 같은 책을 쓸 수 있도록 나의 삶의 증거들을 책에 채워 넣고 싶다. 1년에 한 권씩 부자가 되는 책을 쓰면서 더욱더 자유로운 젊은 부자가 되고 싶다.

05.
시간적·경제적 자유 누리는 디지털 노마드로 살아가기

디지털 노마드가 젊은 사람들에게는 선망의 단어가 되었다. 인터넷의 보급과 기술의 발전으로 원격 근무가 가능해졌다. 그러면서 시간과 공간을 자유롭게 선택하며 일하는 방식이 널리 퍼지고 있다. 그 선구자들인 2030들이 추구하는 삶이 바로 디지털 노마드의 삶이다. 내가 어느 곳에 있어도 인터넷과 휴대전화, 컴퓨터만 있으면 일할 수 있는 세상이 되었다. 이제 젊은 사람들은 직업이 주는 안정성을 버리고 인터넷 세상에서 자신의 이야기를 펼쳐 나간다. 그런 디지털 노마드가 많아지는 시대다.

몇 년 전 싱가포르의 비즈니스 행사에 참여했었다. 참석한 곳은 한 공유오피스 회사 본사였다. 그곳에서 디자이너, 프로그래머 등 전 세계에서 싱가포르를 방문한 젊은 디지털 노마드들을 많이 만날 수 있었다. 한 예로 영국 출신의 제이미라는 디자이너를 보자. 그 친구는 영국, 홍콩, 호주 등 다양한 나라에서 업무를 아웃소싱 받는다. 그러곤 본인이 현재 지내고 있는 싱가포르에서 그 업무를 처리한다. 이렇게 어디서든 인터넷에 접속하기만 하면 자신의 일을 할 수 있도록 해 놓았다. 때문에 장소와 시간의 불편 없이 본인이 원하는 곳에서 원하는 시간에 일을 처리할 수 있다.

이러한 개념은 처음에는 프로그래머나 디자이너의 영역에 속했다. 하지만 이제는 언택트 시대의 원년이다. 언택트하게 일하는 세계관이 이제 우리의 머릿속에 들어왔다. 그리고 우리는 상당히 빠르게 그 세계관에 적응해 가고 있다. 심지어는 학교 선생님도 영상으로 아이들과 수업한다. 예능 프로그램 중에는 화상으로 요리대회를 진행하기도 하는 기발한 아이디어까지 나오고 있다. 이와 같은 때에 나도 디지털 노마드로 변신을 준비하기로 했다.

나는 디지털 노마드가 되기 위해서 일단 내 삶의 많은 부분을 자동화하기로 했다. 정해진 시간에 자동으로 내가 쓴 글이 포스팅이 된다. 글은 시간이 날 때, 글이 잘 쓰일 때 그리고 깊이 있게 한 주제에 대해서 공부할 때 정리하면서 적어 놓는다. 그러면 자동으로 정해진 규칙에 따라 포스팅이 된다. 그리고 내가 정해 놓은 규칙에 맞춰 사례들을 모아 한 곳에 자동으로 정리해 놓는다. 그러면 나중에 글 재료가 필요할 때 들어가서 확인하면 정확하게 내가 원하는 사례를 찾을 수 있다.

일징관리 등노 죄대한 자동화시키고 나니 기존에 내가 하던 자잘한 일들이 50% 이상 줄어드는 것 같다. 상대적으로 이렇게 늘어난 여유시간에 나는 중요하지만 당장 급하지 않은 일을 할 수 있게 되었다. 작가가 되어 1인 창업을 준비하면서 가장 중요하게 다가오는 것이 시간 관리다. 중요하지만 지금 당장 급하지 않은 일들을 할 수 있는 시간을 확보하는 것이다.

디지털 노마드로 살아간다면 글쓰기, 강의, 컨설팅, 세미나 이런 일들을 하는 데 더욱 시간을 쓸 수 있을 것 같다. 이 일들도 자동화하고 인터넷상에서 처리할 수 있게 된다고 치자. 그때는 지구상 어느 곳에 있어도 인터넷만 연결된다면 그곳이 나의 사무실이요, 나의 집이 되는 것이다. 이미 작가의 삶을 시작하면서 컴퓨터만 있으면 어디서든 일할 수 있는 디지털 노마드의 삶을 시작하고 있는 것 같다. 그래서 매일매일 즐겁게 글을 쓰고 있다.

홀쩍 어딘가로 떠나도 인터넷과 휴대전화와 컴퓨터만 있으면 어디든 내 사무실이 되는 디지털 노마드의 삶을 살고 싶다. 꿈꾸기만 했던, 세계 방방곡곡에서 디지털 노마드의 삶을 살고 있는 작가의 모습을 빨리 보여 주고 싶다. 미국 스타벅스 1호점에서 노트북을 펴 놓고 책을 쓰고 있는 나의 모습을 상상한다.

PART 15

미래를
미리 준비하여
윤택하고 건강한 삶
누리기

| 유현이 |

유현이

세계로 부동산 컨설팅 이사, 라이프 코치, 자기계발 작가, 동기부여가

부동산으로 인해 부를 이루었고 희망을 찾았다. 경제적 자유를 얻고자 하는 이에게
동기부여를 해 주고 싶다. 청소년들에게 라이프 코칭을 통해 꿈을 가지도록 희망의
메시지를 강의하려고 한다.

01.
남편과 한 달 동안
크루즈여행 하기

남편은 25년 동안 마도로스였다. 외항 송출선의 선원이었기 때문에 세계 여러 국가를 다녔다. 물론 나도 여러 번 동승했다.

남편은 승선 시에는 항상 업무로 인한 긴장 속에서 살았다. 그래서 퇴직하면 오붓하게 크루즈여행을 하자고 약속했다. 하지만 퇴직 후 캡틴의 로망인 도선사 공부를 6년 동안 하고 평택이 도선구로 정해진 후론 바쁜 세월을 보냈다. 그렇게 8년이 흘렀다.

이젠 경제적 자유도 얻었고 휴가도 조절할 수 있으니 연말에 크루즈여행을 가리라 계획을 짜 놓았다. 그때는 코로나도 사망 선고를 받으리라 확신한다. 권마담의 크루즈여행 관련 도서를 열심히 참고해서 가성비 좋은 곳을 알뜰히 선택하려 한다.

"인생은 생각하는 대로 이루어진다."

긴 시간 성공과 행복의 법칙을 연구한 사람들이 하는 말이다. 내가 바라는 행복은 종이에 쓸 때 보이는 것이다. 그런 만큼 종이 위에 기적을 적어서 벽에 붙여 두었다. 조석으로 주문을 외우듯이 읊으려고.

목적지를 정한 사람의 일상은 더 열정적이다. 꿈을 이루고자 하는 용기만 있다면 모든 꿈은 이룰 수 있다. 버킷리스트를 크게 적어 기도방에 붙여 놓고 조석으로 시각화하며 꾸준히 자기암시를 하고 있다. 그렇게 한 단계씩 노력하다 보면 꿈이 이루어질 것이라고 확신한다.

처음 가는 크루즈여행이지만 크루즈여행 관련 책자도 여러 권 읽고 대비를 해야겠다. 선상에서 진행되는 여러 가지 이벤트를 놓치지 않겠다. 그리고 의상도 골고루 잘 챙겨 가야겠다. 한복도 한 벌, 파티복과 무용복도 준비할 예정이다.

나는 한국 무용을 배웠었다. 그것으로 치유를 위한 강연이나 요양원 봉사활동을 하며 어르신들의 외로운 마음을 위로해 드렸었다. 크루즈 선상에서도 그런 공연을 하고 싶다. 중요 이벤트는 미리 예약해야 한다는 것도 알고 있어야 한다.

크루즈여행을 위해 100만 원씩 15개월째 적금을 붓고 있다. 많은 경비를 한 번에 준비하려면 무리이므로 2년 동안 모으고 나머지는 결혼 32주년 기념으로 지출하면 좋을 듯하나.

여행에서 꼭 이루고 싶은 버킷리스트가 있다.

첫째: 유튜브에 매일 2개씩 영상 올리기

둘째: 남편과 손 꼭 잡고 일출과 일몰 감상하기

셋째: 남편과 매일 일출과 일몰 시에 두 눈을 마주 보며 "고맙습니다.",

　　"사랑합니다.", "내 곁에 있어주어 행복합니다."라고 서로에게 말

　　하기

넷째: 잠들기 전 남편과 꼭 껴안고 불루스 한 곡 추기

다섯째: 잠들기 전 서로의 발 씻겨 주기

이렇게 크루즈여행 동안 할 일만 생각해도 설렌다.

주부들은 집안일에서 벗어나 오로지 남편과 모든 세상사 고민을 바람에 날리고 떠난다는 것만으로도 행복하지 않겠는가?

자아~, 떠나자아~! 크루즈 선으로~ 오~ 오오오~! 훨훨 날아서~ 출발! 야호!

이렇게 우리는 꿈도 가져 보고 상상의 나래를 펼치며 스트레스를 해소하는 건 아닐지….

의식 혁명을 이루어 "나는 크루즈여행을 할 수 있어.", "난 연말에 알래스카와 지중해를 건너고 있을 거야.", "벌써 반절 넘게 적금을 부었군. 이제 아홉 번만 부으면 크루즈여행 갈 수 있어. 넌 현명한 현이야.", "넌 행복하게 다녀올 거야!", "코로나 백신이 개발되어서 외국 가는 것 걱정 없어!" 이렇게 확언하면 꿈은 이루어진다. 한책협 김도사님의 의식 세계를 공부하면 꿈은 이루어진다.

요즘 부동산 관련 책을 집필 중이다. 이 책을 잘 홍보해 강연도 하고 개인 컨설팅도 하여 전 세계를 크루즈여행 할 것이다. 이렇게 성공하기 위해 많은 노력을 기울이는 중이다.

지금이 나의 전성기다. 부동산 임장하랴, 계약하랴, 토요일 일요일에는 책 쓰기 수업을 들으랴 피곤하지만 행복하다. 남편의 도움 없이 나 스스로 성공해서 뽐내며 크루즈여행 티켓 선물하련다.

성공을 위해 의식을 변화시키고자 미러클 사이언스 교육도 받고 홍보 마케팅 과정도 들었다. 이제 카페 제작 과정과 매출을 올리는 PPT 맞춤 디자인 제작도 공부할 것이다. 다행히 1년 전부터 해 오는 유튜브가 참 많은 도움을 줄 것 같다.

"대학원 간 셈이네!"라는 남편의 말에 나는 고개를 저으며 "대학원 졸업장 그리고 석·박사 명예보다 더 값지고 나를 어필할 수 있는 일을 하고 있어!"라고 대답했다. "내가 유명해져서 당신에게 BMW-X6도 사주고 꿈에 그리던 강남 새 아파트도 사 줄 거여!"라고 하자 남편은 "허허, 고맙긴 헌디. 너무 무리는 하지 마. 우리에게는 건강이 최고여." 하면서도 기분 좋아 한다.

나는 버킷리스트인 크루즈여행 목표 달성을 위해 부동산 책을 최선을 다해 집필할 것이다. 뿐만 아니라 말바닥에 불이 나도록 부동산 임장을 다닐 것이다.

꿈은 이룰 수 있다. 아자아자! 파이팅! 팅! 팅!

02.
강남의 아파트를 구입해
30년 로망 이루기

30년 전 남편이 귀국하면서 〈타임〉지를 한 권 가지고 왔다. 표지에는 강남의 타워팰리스가 웅장하게 찍혀 있었다. 남편이 "나는 꼭 강남에서 살 거여."라고 말하며 타워팰리스에 대한 기사를 해석해 주었다.

지금 생각해 보면 남편은 30대부터 의식세계를 공부한 사람인 셈이다. 벌써부터 확언을 하지 않았던가?

2018년 기준 서울시의 자가 비율은 43%라고 발표되었다. 우리는 강남에 집이 있었다. 5월에 강남 아파트 가격이 많이 올랐다. 그러나 코로나로 인해 앞으로는 하락할 것 같아서 매도하려고 의논하니 남편은 그 집에서 살고 싶다고 뜻밖의 말을 하는 게 아닌가?

그래서 일단은 매도하고 2년 뒤에 그 유명한 1군 아파트를 구입하기로 결정했다. 그러곤 이 바람을 버킷리스트 2위에 올렸다. 매도한 아파트 자금은 수색 뉴타운8구역에 재투자해 두었다.

나는 교통도 복잡한데 남편이 왜 강남을 선호하는지 이해가 안 갔다. 하지만 남편의 뜻은 달랐다. 자신은 전시회와 공연을 좋아한다. 그런데 공연이 늦게 끝나면 집에 오는 게 불편하다고 했다. 그러면서 코엑스와 각종 외제차 대리점들도 입점해 있는 강남에서 살고 싶단다.

그리고 보편적으로 강남은 대한미국의 상류층이 사는 동네다. 그래서 집값도 가장 비싸고 생활수준과 교육열도 가장 높다. 모든 면에서 최고인 것들이 모여 있는 곳이다. 강남은 역동성이 넘치고 새로운 가치를 창출하려는 사람들이 항상 열기를 내뿜는 곳이다. 당연히 이곳에는 새로운 문물과 새로운 문화, 패션, 새로운 생활패턴 등이 유입된다. 그런 만큼 여유만 있다면 누구나 강남에서 살고 싶어 한다.

요즘에는 중국인들이 강남의 집들을 많이 매수한다고 한다. 그래, 그렇구나. 나는 2년 후에는 나도 꼭 강남에 재진입하리라 확언했다. 지도에 강남을 표시해 놓고 조석으로 기도한다.

강남은 사회적으로 어느 정도 성공한 사람들이 모여 사는 동네다. 그런 만큼 그곳에서 살다 보면 부자들의 마인드를 배울 수 있다. 또한 부자들만의 정보를 공유해 돈을 잘 벌 수도 있다고 하니 꼭 강남에서 살아야겠다는 것이 남편의 지론이다.

그리고 교육을 통해시 상류층에 진입한 사람들이 사는 동네이다 보니 교육수준도 남다르다. 본인들이 고등교육을 받아서 상류계층으로 편입되다 보니 자녀들에 대한 교육열도 남다르다.

그래서 강남 입성을 위해 의식 개혁을 하려고 김태광 작가님의《100억 부자의 생각의 비밀》을 읽었다. 그러면서 지금까지 내가 알지 못한 다른 세계가 있다는 것을 알게 되었다.

좀 더 일찍 김도사님을 만나 책 쓰기를 시작했더라면 얼마나 좋았을까? 하지만 이제라도 만났으니 감사한 마음이다. 지금이라도 운명처럼 롤 모델을 만나 책도 쓰고 나의 잠재력을 펼칠 수 있다니, 나는 행운아다.

1년 전부터 환갑 기념으로 책을 출간하고 싶었으나 엄두가 나질 않았다. 장 제목을 정해 놓고 한 달 그리고 꼭지를 정해 놓고도 몇 줄을 써 내려가질 못했다. 마음만 앞서고 표현이 서툴렀다. 하지만 김태광 도사님을 만났으니 롤 모델을 믿을 것이다. 나의 내면의 세계를 들여다보려 노력할 것이다.

날마다 의식을 성장시키라고 김도사님이 추천해 주신《100억 부자의 생각의 비밀》,《기적수업》,《의식수업》,《성경수업》(내 생애 가장 고가의 서적이고 내용이 궁금한 책임) 등 4권의 책은 꼭 필사해서 나의 의식세계를 완전히 구축해 놓을 것이다. 그렇게 해서 평화가 깃들고 고민이 없는 삶을 살고 싶다.

결론으로 남편의 소원인 강남 입성이 이루어지는 것이 보인다. 보물 지도에 녹색 매직으로 표시해 놓고 아침저녁 명상 시간에 의식세계에 몰입하며 "입성한다, 꼭 입성한다."를 반복해 기도한다. 구체적으로는 '서초구 반포 래미안 입성이 목표다'라고 외친다.

"된다! 된다! 파이팅!"

03.
골프 그랑프리 획득하고
골프 입문 동기부여 하기

나는 매년 봄가을에 개최되는 도선사 체육대회에서 골프 격려상을 받았다. 이제 다음 목표는 리어상이다. 그다음은 그랑프리를 획득해 나의 20년 구력을 인정받고 싶다. 나는 작년 12월 5일에 홀인원을 했다. 그리고 그것을 인정해 주는 상패를 받았다. 다음은 그 상패에 기록된 내용이다.

"귀하는 태국 칸차나부리 미션 힐스 골프 클럽에서 골프 경기 중 생애에 한 번 기록하기 어려운 행운의 홀인원을 하셨으므로 이에 축하를 드리며 골프 스포츠를 통하여 심신의 수양에 전력하시는 귀하에게 본 증서를 드립니다.

증서번호: 620818

성명: 유현이

기록 장소: HILLS /16번홀

사용 클럽: 유틸 5번

사용 구: 갤러웨이 1번

캐디 번호: 55번 캐디(남자)

TEE OFF: LED(94 Y)

동반자: 김미경, 조남숙

G.M; MR. JAY JUNG"

이 상패와 트로피는 40년 만에 받아 보는 것들이었다. 그것들은 나의 가능성을 열어 주는 발판이 되었다.

공항을 빠져나올 때 1등을 하고 금의환향하는 올림픽 선수들의 기분을 느꼈다. 여러 해 태국으로 골프 여행을 갔었지만 이번은 매우 뜻깊고 영원히 잊지 못할 라운딩이었다. 글을 쓰는 지금도 기억이 생생하다.

초등학교 때부터 단체 종목인 핸드볼 선수로 뛰었고 농구선수로도 활약했다. 개인전으로는 장대 넓이 뛰기, 달리기 선수로서 새처럼 날아다녔다. 그때를 상상하며 골프 연습에 매진하고 있다. "모든 결실은 하루아침에 이루어지는 것이 아니다."라는 명언처럼 매일 열성을 다해 연습하고 있다.

연습할 때면 드라이브는 직선으로 멀리멀리 날아가 내가 원하는 지점에 착지하라고 주문한다. 그리고 홀에 쏘옥 들어간 나의 볼을 상상하며 퍼팅한다. 언제인가부터 남자 드라이브 젝시오를 사용하는데 드라이브를 4개나 가지고 있으니 관심이 있으시면 연락 바란다.

이제는 골프 입문에 대해 동기부여를 해 주겠다.

나는 조카 3명과 딸을 데리고 뉴질랜드에 갔던 적이 있다. 그런데 향수병과 긴장감에 생리도 멈출 정도로 힘들었다. 주위에는 외국인들만 살고 있어 더 외로웠다. 영어를 빨리 배우겠다고 오네웅가라는 원주민이 사는 곳을 택했기 때문이다. 다행히 나는 사교성이 있어서 이웃과 보디 랭귀지로 대화를 주고받았다.

하루는 이웃집 아주머니가 "캔 유 스피크 잉글리쉬?"라고 물으며 나에게 접근해 왔다. 나는 "오호! 쏘오리 저스트 모우먼트."라고 대답하며 손사래를 쳤다. 그러자 그 아주머니가 또 "캔 유 플레이 더 골프?"라고 물어오는 것이었다. 그 순간 나는 '아, 심심한데 골프장에나 갈까 보다'라고 생각했다. 외출할 수 있는 찬스구나 기뻐하면서. 나는 무조건 "리들 리들."이라고 손가락 한 마디를 내보이면서 대답했다.

그러자 그 아주머니가 다시 "우이 아 투게더 공녀 골프 씨씨."라고 하는 것이었다. 나는 나중에서야 공녀가 go to인 줄 알았다. 재치 9단인 나는 함께 골프장을 가자는 뜻이구나, 눈치껏 알아차렸다. 그런데 골프채도 없고 골프채를 잡아 본 경험도 없으니 난감했다.

나는 얼른 "아이 해브 노우 골프 드라이브 스틱."이라고 했다. 그러자 그 아주머니 "오오, 노노. 아이 해브 매니매니 골프 스틱."이라고 하며 "돈 워리, 돈 워어리."했다. '휴우, 이제 되었구나' 싶었는데 그 아주머니가 또 질문을 해 왔다.

"하우 매니 핸디?"라고 묻길래 내가 "바든."이라고 했더니 "하우 매니

스코어?"라고 묻는 것이었다. 나는 에라 모르겠다, 하며 볼링처럼 "마이 스코어 이즈 원 헌드레드."라고 했다. 그랬더니 그 아주머니 "유아 어 베스트 우먼!"이라고 나를 치켜세우는 것이었다.

뭔지는 몰라도 오케이다. 나는 그 아주머니를 무조건 따라나섰다. 바람이라도 쐬고 오면 되지, 하는 심산이었다. 그것도 어려울 것 같으면 오늘 컨디션이 안 좋으니 "온리 룩 앤 미." 하면 되는 것이다.

뉴질랜드에는 우리나라처럼 골프 연습장이 있는 게 아니었다. 허허벌판을 향해 혹이 달린 기다란 채를 공을 보며 한 바퀴 돌리니 탁구공만 한 공이 멀리 날아가는데 머리가 띵! 했다. 신기하기도 하고 명쾌하게 볼 맞는 소리가 후련하기도 했다. 나는 어디 한번 해 보자는 심정으로 몇 번의 헛스윙 후에 볼을 쳤는데 어림잡아 120미터 정도는 나간 것 같았다.

옆집 아주머니가 나를 껴안고 "우아 어 퍼펙트!"하며 난리를 떨었다. 나는 어리둥절했다. 그러나 나의 운동 신경이 살아 있다는 것을 인정받은 그 순간을 나는 잊지 못한다. 나는 그렇게 골프에 입문했다. 세계 어느 곳에 가더라도 운동을 할 줄 알고 사교성이 뛰어나면 쉽게 융화될 수 있다.

내가 요양원을 운영할 때 함께한 요양 보호사 선생님이 계신다. 거의 6년 만에 그분에게서 전화가 왔다.

"원장님! 잘 계시지요?"

"네에, 잘 있습니다. 선생님은요?"

"저는 3년 전에 퇴직했는데 뭔가 허전하고 지나온 세월이 답답할 뿐이에요. 모아 놓은 돈도 없고….."

들어 보니 선생님은 자존감 상실과 우울증의 늪에 빠져들고 계셨다. 어떻게 위로를 할까? 축 처진 선생님의 목소리가 내 마음을 무겁게 했다. 고민 끝에 일단 사람들을 만나게 해야겠다고 생각했다. 나는 선생님에게 먼저 주위 초등학교 저녁 프로그램에 배드민턴 교실이 있는지 알아보라고 했다.

선생님은 가 보니 사람들도 많고 서로 공을 주고받느라 정신들이 없었다고 했다. 그래서 조금 구경하다 집에 왔단다. 그럼 탁구도 당구도 힘들 테고… 무엇을 권할까? 생각 끝에 "내가 살던 아파트 지하에 가면 골프를 연습하는 아줌마들이 있을 거다. 그곳은 아파트 외부 사람도 3만 원만 내면 연습할 수 있을 거다. 레슨비가 10만 원이니 3일간 구경도 해 보고 연습도 해 보고 접수하라."고 일러 주었다.

그러고 나서 궁금해서 전화해 보니 일주일째 구경만 하고 온단다. 나는 "왜 한번 쳐 보시지."라고 용기를 북돋워 주었다. 그러자 선생님은 어색해서 도전은 못해 보았는데 가슴이 뻥뻥 뚫리는, 포대기에 부딪치는 소리의 느낌이 좋아서 1시간쯤 놀고 오신단다. 그러면 심리적으로 억눌린 화를 해소하는 효과는 있구나! 나는 가능성이 있다고 생각했다.

전주에서 볼일도 볼 겸 선생님을 만나러 갔다. 선생님의 첫마디는

"원장님, 근데 거시기 저는 돈도 없고 나이도 많고 남편이 알면 정신 빠진 여편네라고 할 것 같아요."였다. 나는 "그럼 제가 드라이브 하고 퍼팅을 줄 테니 부담 없이 2개로만 연습하세요. 그러다 자신감이 생기면 필요한 것 몇 개를 더 줄게요."라고 했다. 요양원을 운영할 때 야간 근무를 도맡아 해 주신 고마운 분이라 은혜를 갚고 싶었다.

나는 나와 잘 지냈던 회원 언니에게 선생님을 소개해 주었다. 그러면서 스크린 골프 가실 때 꼭 좀 데리고 다녀 주시라는 뜻으로 1인당 8,000원씩(오전이라서 저렴하다) 4명분을 내가 쏘았다. 두렵지 않게 함께 웃으며 선생님의 머리를 올려 드렸다.

그리고 6개월이 지난 후에 우드 3번, 샌드, 어프로치를 드렸더니 월드컵 C, C 퍼블릭 코스는 무난히 라운딩하신다고 들뜬 목소리로 전화해 오셨다. 나는 잘했다고 칭찬해 주었다. 선생님의 자존감이 회복되고 고정관념에서 해방된 것이 감사할 따름이다.

1개월 전에 김제 에뜨랑떼 퍼블릭 코스를 도는데 아주 즐겁게 라운딩을 마쳤다. 본인이 카를 직접 끌고 다니니 2만 8,000원이면 라운딩을 할 수 있다.

골프는 결코 상류층의 스포츠가 아니다. 중고 숍에 가면 드라이브는 10만 원이면 되고 풀 세트는 20만 원짜리도 있다. 그러니 기죽지 말고 일단 아파트 연습장을 방문해 드라이브로 스트레스를 텅! 텅! 텅! 날려 봅시다!

04.
농지연금
월 600만 원 받기

사실 토지를 사는 절차는 다른 부동산과 비슷하다. 하지만 좋은 투자지역을 고르려면 까다롭고 신중히 수많은 발품을 팔 각오가 필요하다. 대부분 도시를 벗어나야 상대적으로 적은 자본으로 수익이 날 만한 땅을 살 수 있기 때문이다.

나는 노후를 보낼 곳으로 농지연금이 발생하고, 텃세도 없는 곳을 고르려고 한다. 주위 환경도 좋고 병원도 가까이에 있고 편의시설과 119 이용도 편리한, 노후생활에 적합한 땅을 선택하려 한다. 그래서 만 평 정도의 규모로 경매와 공매를 검색하고 권리분석을 하고 있다.

좋은 토지를 구하는 절차를 6단계로 소개하겠다.

1단계: 토지 매입을 위한 자금 여력 확인하기

2단계: 투자지역 선정하기(편리한 노후생활 고려)

3단계: 경·공매 자료 검색하기

4단계: 세 곳을 선정한 후에 임장 활동 개시

5단계: 공부서류 확인과 농지연금액 환산 및 가능 여부 확인

6단계: 잔금일 확정하기 및 소유권 이전하기

작년 겨울에 홍성에 임장을 갔다. 산으로 둘러싸여 있어 평화로워 보였다. 여생을 보내야 할 곳이라 최소 10회는 방문하고 이웃들도 만나 보려 했다. 텃세가 심한 시골이 있기 때문이다. 노인정에 들러 찐빵도 드리고 여러 가지를 질문하고 알아보았다. 어르신들은 친절히 알려 주셨다.

질문1: "어르신! 이 동네에는 몇 가구가 살아요?"

답변: "거시기 서른댓 집 살 거여!"

질문2: "1년에 몇 번씩 잔치(동네 모임)를 하나요?"

답변: "삼례 댁! 네댓 번쯤 모이는가?"

　　　"아니지 관광까지 합치면 아홉 번은 모이지."

질문3: "이곳은 가축 기르는 곳이 가까이에 없던데요."

답변: "산 하나 넘으면 소 축사가 있지."

질문4: "그럼 냄새는 나는지요?"

답변: "이 정도는 살 만혀."

대화는 이 정도로 마치고 이장 댁을 물어보니 직접 앞장서 주었다. 시골의 대소사와 살림살이는 이장이 다 꿰고 계신다. 나는 이장에게 위

와 똑같은 질문을 했다. 대답은 조금 논리적이었다. 답변은 이랬다.

도시로 나가는 추세라서 현제 서른한 집이 살고 있다고 했다. 마을 행사로는 설날, 추석, 보름, 복날 등을 합쳐 열한 번이 있는 살기 좋은 마을이란다. 소 축사는 확장을 허가받은 상태라고 귀띔해 주었다. 겨울을 제외하고 냄새를 무시할 수 없단다. '아뿔싸! 어르신들의 말만 들었다면 코를 막고 살아야 했다.' 아찔한 임장이었다.

시골 어르신들은 동네 분들의 입장에서 대답하는 경향이 있다. 그리고 두루뭉술하게 말씀하시니 80% 정도만 참고해야 한다.

농지연금을 받을 수 있는 땅은 전, 답, 과수원이다. 임야는 포함이 안 된다. 그리고 필수조건은 농지원부 5년 보유다. 직선거리로 주거지에서 30킬로미터를 넘으면 안 된다. 이 조건은 농촌 65세 이상 어르신들을 위한 정책이다.

전은 콩, 인삼, 옥수수 등을 재배하는 밭을 말한다. 답은 물을 이용해 벼, 미나리, 연뿌리 등을 재배하는 논을 말한다. 그리고 과수원은 배, 귤, 사과, 복숭아, 대추, 감 등을 집단으로 재배하는 토지다. 이 세 가지 종류의 토지를 매입해야 농지연금을 받을 수 있다.

여러 곳을 답사한 결과 주말 농장과 힐링을 위한 세컨드하우스를 짓고자 도시 인근의 논과 밭을 매입하려 한다. 그리고 전원주택의 수요로 인해 미래에 주거지역이 될 가능성이 높은 곳을 매입하면 시세차익을 누릴 수 있다. 1~2억 원대로 쪼개 팔 수 있는 밭이 좋다. 또한 폭이 최소 4미터 이상 되는 도로에 붙어 있어야 건축이 가능하다. 그러므로 넓은 도로에 붙어 있는 밭과 논이 유리하다. 경사도가 15도를 넘으면 축대를 쌓아야 하므로 추가비용이 발생한다. 그 밖에도 공부상 중요한 확인 절차인 토지이용계획확인서를 체크해야 한다.

농지연금을 받을 땅에 전원주택을 지어서 노후를 보내는 것도 좋은 아이디어다.

3년 전 친구는 전원주택을 지으려고 봉동읍의 땅을 보러 다녔다. 주변에 국유림도 있어 언제든지 허가받아 넓게 활용할 수 있는 장점도 있는 땅이다. 그런데도 주변 땅값보다 저렴했다. 이럴 때는 토지이용계획확인서를 확인해 보고 군청의 담당공무원에게 번지를 알려 준 후 그 산 밑의 밭에 집을 지을 수 있는지 물어보아야 한다. 그래서 담당공무원에게 물었더니 "그 산에 있는 밭 옆길은 산에서 나무를 베어 실어 나르는 임도라서 집을 지을 수 없습니다."라고 말했다고 했다. 만약 군청에 문의를 안 했다면 큰일 날 뻔했던 일이다. 도로도 구분이 있다는 것을 체험한 사례다.

도시에 근접한 30킬로미터의 밭과 과수원을 매입해 농지연금을 수령하기 위한 준비를 하고 있다. 이때 연금을 받기 위한 부지는 여러 번 유찰된, 공시지가가 높은 것을 공략하면 유리하다. 예를 든다면 야산에 가까운 과수원은 경사도가 높아도 가능하다. 어떤 사람은 고압선이 지나도 공시지가가 높은 저렴한 땅만 찾기도 한다. 이것도 숨은 팁이다.

연금 책정은 공시지가 100%와 감정평가 90%를 기준으로 정해진다. 요즘에는 감정평가 기관을 본인이 정하는 제도가 있다고 한다. 연금 개시 후라도 농지 가격이 오르면 연금 수령을 취하할 수도 있다. 내 재산의 활용도가 높은 쪽을 선택할 권리가 있는 것이다.

미래를 미리미리 준비하면 윤택한 생활을 할 수 있을 것이다. 그리고 자녀들에게 떳떳한 부모가 될 수 있으니 행복할 것이다.

05.
꿈에 그리던, 정원이 있는 전원주택 짓기

어릴 적 아버지가 만드신 정원에는 각종 꽃들이 가득했다. 그중에 정원을 길게 두른 황금색의 황매는 지금도 포근함을 안겨 준다. 아버지는 장미와 사철나무 묘목을 전문으로 하는 묘목 사업을 하셨다. 정원에 심긴 여러 종류의 모양과 색을 뽐내는 장미는 눈을 행복하게 했다. 그렇게 각인된 정원의 모습은 육십 평생 나에게 마음의 평안과 그리움을 주는 곳으로 남았다. 고난을 겪을 때마다 나에게 긍정의 에너지를 주었다.

나는 이제 부동산으로 부를 이루었다. 그래서 구상하고 있는 정원과 전원주택을 지을 생각에 매일매일 상상의 나래를 편다. 설계도를 붙여놓고 수시로 확언한다. 여생을 마감하고 대를 이어 줄 땅을 주시고 모든 일이 순조롭게 진행되게 해 달라고.

나의 신조는 '꿈을 이루기 위해 돈을 벌고 즐겁게 살자'다. 그래서 부동산에 도전하게 되었고 부를 창출했다. 요즘 땅을 보러 다니는데 한 평의 밭도 없던 내가 만 평 정도의 정원을 가지리라 상상하면 가슴이 벅차다. 열심히 살아온 사람에게 주어지는 보상이라고 생각한다.

여러분도 10년 후의 계획을 세워서 체계적으로 부동산을 공부하고 도전해 보라. 꿈을 이룰 기회가 주어질 것이다.

정원은 2,000평 정도의 규모로 설계했다. 은행나무와 편백으로 담을 만들고 20개의 구역으로 나누었다. 예를 들면 중앙에는 장미꽃과 사이사이에 꽃을 심어 진드기와 풍토병을 해결하는 것이다. 그리고 반지름 50미터로 황금편백을 주위에 빙 둘러서 식재해 겨울에도 황금빛의 따스함을 느끼도록 배치하는 것이다.

그리고 5미터 넓이로 금잔디를 심고 빙 둘러 회양목으로 낮은 담장을 만들 계획이다. 그다음 층은 크리스마스트리를 장식할 주목을 빙 둘러 심고 흙고 둘레는 한 아름 정도까지만 전지할 것이다. 그리고 높이는 150미터로 유지하면 관리도 쉽다. 나이 들면 사다리를 세워 올라가는 것도 고민해 볼 일이다.

또한 5미터 넓이로 철쭉을 빽빽이 심는다. 참고로 멋진 철쭉 터널을 감상하시려면 5월 이전에 전동 전지기로 둥글게 만들면 된다. 5월 이후에는 꽃망울이 맺히기 때문이다. 그다음 둘레에 요즘 유행하는, 너무 인상적이었던 뉴질랜드의 에메랄드그린으로 식재하면 잘 자라지도 않아 전지가 많이 필요 없으니 관리하기가 편할 것이다.

그 외에도 잔디를 5미터 넓이로 두른다. 될 수 있으면 잔디의 범위는 작게 한다. 그리고 색이 검은 제주도 화강암 판석을 징검다리 넓이로 배치한다. 그러면 세월이 흘러서 잔디가 올라와 너무 멋있는 산책로가 될 것이다.

산책로의 편백과 은행나무 아래로는 하얀 부직포를 깔고 잡초 방지용 노란 금계국을 5미터 넓이로 심는다. 그리고 하얀 계란 꽃이 피는 개망초를 여섯 줄로 식재하면 초봄에서 늦가을까지는 눈이 행복할 것이다.

호수 주변에는 토종 창포와 부들과 갈대를 심어 자연과 조화를 이루게 할 것이다. 딸의 주문인, 감성 작물 핑크뮬리를 500미터의 호수 주위에 폭 5미터 간격으로 식재하면 핑크빛으로 한들한들 사랑이 싹틀 것이다. 아마 3년 정도면 10배로 자랄 것이다.

독일이 원산지인 이것은 한 포트에 50개 정도이므로 350포트를 7월에 식재하면 좋을 것이다. 여기에 8월 말경쯤 호수의 음영까지 반영된다면 2배로 붉게 물들어 보일 것이다. 제초제가 필요하다는 쓸쓸함도 있지만, 처음에는 이것을 사용해야 자리를 잡는 데 좋다고 한다. 그리고 갈대식물이라 습지에서도 자생력이 강한 만큼 호수 주변에도 추천할 만한 품종이다.

연면적 100평으로 지어진 전원주택 30호 정도를 방문해 검토하고 검토해서 조감도와 평면도면을 그려 보고 많은 것을 체험했다. 그렇게 하다 보니 젊은 시절로 돌아간 것처럼 가슴이 설렌다. 캐드는 어려워 엄두도 못 내었다. 그런데 일단 협회 회원에 가입하면 하나는 무료로 그릴 수 있다. 그것을 밑그림으로 삼아 유튜브 〈DAHAE SCHOOL- 내 집은 내 손으로, 컬러로 짓는 집〉을 보고 따라 하면 된다. 물론 습작한 내용을 설계사무소에 가지고 가면 많은 참고가 될 것이다.

나만의 반지하 공간에 드레스 룸, 음악실, 영화 감상실을 배치했다. 복층 구조에 노후생활을 해야 하니 엘리베이터 설치는 필수다. 스크린 승마장도 정원을 바라보며 달릴 수 있도록 배치했다. 앞면과 뒷면의 큰 통유리는 나의 로망이다.

젊은 날부터 앞으로의 인생 계획을 1년, 5년, 10년 단위로 설정해 놓고 앞만 보고 전진한 결과 꿈을 이룰 수 있었다. 부동산 공부와 투자를 통해 실패도 경험해 보고 10배의 수익도 이루었다. 그러니 한 살이라도 젊을 때 관련 서적을 읽어 간접경험하고 소액이라도 체험해 보라. 그러면 뭔가가 보일 것이다. 실질적으로 부자가 되는 데 관심을 쏟는 것이 나를 위하는 길이다.

드러나는 스펙 10개보다 부동산 경험이 쌓인다면 앞으로의 인생은 별처럼 빛날 것이다. 아름다운 정원이 딸린 그림 같은 저택을 짓고 풍요를 누릴 수 있을 것이다.

보물지도 21

초판 1쇄 인쇄 2020년 8월 10일
초판 1쇄 발행 2020년 8월 14일

지 은 이 박애숙 정미숙 남영화 신은주 허지숙 권희려 김선옥 박근희
　　　　김상월 권윤교 박소연 곽경빈 박영민 표성원 유현이
펴 낸 이 권동희
펴 낸 곳 위닝북스
기　　획 김도사 · 권마담
책임편집 김진주
디 자 인 김하늘
마 케 팅 포민정

출판등록 제312-2012-000040호
주　　소 경기도 성남시 분당구 백현로97 다운타운 2층 201호
전　　화 070-4024-7286
이 메 일 no1_winningbooks@naver.com
홈페이지 www.wbooks.co.kr

ⓒ위닝북스(저자와 맺은 특약에 따라 검인을 생략합니다)
ISBN 979-11-6415-066-3 (03190)

이 도서의 국립중앙도서관 출판도서목록(CIP)은 서지정보유통지원시스템
홈페이지(http://seoji.nl.go.kr)와 국가자료공동목록시스템(http://www.nl.go.
kr/kolisnet)에서 이용하실 수 있습니다.(CIP제어번호: CIP2020032294)

위닝북스는 독자 여러분의 책에 관한 아이디어와 원고 투고를 설레는
마음으로 기다리고 있습니다. 책으로 엮기를 원하는 아이디어가 있으실 분은
이메일 no1_winningbooks@naver.com으로 간단한 개요와 취지, 연락처
등을 보내주세요. 망설이지 말고 문을 두드리세요. 꿈이 이루어집니다.

※ 책값은 뒤표지에 있습니다.
※ 잘못 만들어진 책은 구입하신 서점에서 교환해 드립니다.